| 光明社科文库 |

潼关县移民迁移安置研究

（1956—1991）

王小平◎著

光明日报出版社

图书在版编目（CIP）数据

潼关县移民迁移安置研究：1956—1991 / 王小平著
. --北京：光明日报出版社，2023. 7
ISBN 978－7－5194－7337－2

Ⅰ. ①潼… Ⅱ. ①王… Ⅲ. ①移民安置—研究—潼关县—1956-1991 Ⅳ. ①D632. 4

中国国家版本馆 CIP 数据核字（2023）第 122482 号

潼关县移民迁移安置研究：1956—1991

TONGGUANXIAN YIMIN QIANYI ANZHI YANJIU：1956—1991

著　　者：王小平

责任编辑：刘兴华　　　　责任校对：李　倩　张慧芳
封面设计：中联华文　　　　责任印制：曹　净

出版发行：光明日报出版社
地　　址：北京市西城区永安路 106 号，100050
电　　话：010－63169890（咨询），010－63131930（邮购）
传　　真：010－63131930
网　　址：http：//book. gmw. cn
E － mail：gmrbcbs@ gmw. cn
法律顾问：北京市兰台律师事务所龚柳方律师

印　　刷：三河市华东印刷有限公司
装　　订：三河市华东印刷有限公司
本书如有破损、缺页、装订错误，请与本社联系调换，电话：010-63131930

开　　本：170mm×240mm
字　　数：305 千字　　　　印　　张：17. 5
版　　次：2023 年 7 月第 1 版　　　　印　　次：2023 年 7 月第 1 次印刷
书　　号：ISBN 978－7－5194－7337－2

定　　价：95. 00 元

始终沿着创造性的方向前进

——《潼关县移民迁移安置研究》序

王小平把他的书稿寄给我，要我为他写一篇序。现在书稿即将付梓出版，仓促之间写了以下文字，作为对他的祝贺！

这本书是研究潼关县的移民安置问题的。潼关县的移民问题起源于三门峡水利枢纽工程的建设，所牵涉的移民规模甚大，包括潼关、华阴、朝邑、大荔、华县5个县40多万人，其中潼关涉及3539户16463人。作者把对潼关县的移民安置问题，放在三门峡水利枢纽工程库区移民的总问题之中，形成了潼关县的完整个案。可以这么说，库区移民所涉及的其他各县，问题的发生和解决，其路径应该是大致一样的。作者系统收集和梳理了潼关县的档案，使这个问题的解释更具可靠性。目前关于水库移民安置的研究，很少能做到这样。这是王小平做出的一个重要贡献。

三门峡库区潼关县的移民安置，从1956年开始实施，到1991年前不少外迁移民陆续返回库区，并且得到当地政府妥善安排，前后历时30多年。作者完整地叙述了潼关县移民问题的起源、移民安置的实施过程、经费的使用、诸多前期安置和后续问题的解决，形成了当代历史上关于移民安置的一个典型案例。由于有足够的时间沉淀和丰富的档案资料，潼关县的移民安置问题已经基本上固化定型，因此，作者的叙述是对一种已经相对稳定的历史现象的解读。书中总结的关于水库移民安置的经验教训是实事求是的，而这些经验也为今后类似问题的解决提供了非常有益的参考。

潼关县的移民问题是三门峡水利枢纽工程的建设导致的，因此本书必然要涉及三门峡问题。作者在书中用恰当的篇幅回顾了三门峡建设的有关问题，既交代清楚了移民安置与三门峡工程的关系，同时又没有冲淡本书的主题——移民问题。作者的另一个贡献是，他把三门峡水利枢纽工程的前因后果，清晰地展现在读者的面前。通过作者的介绍，可以看到三门峡水利枢纽工程的设计、建设和遗留问题的解决，这在当代水利建设史上，乃至于在世界水利建设史上，都具有不可替代的价值。这是作者在研究潼关县移民问题的同时，所提供的三门峡水利枢纽工程从上马到严重淤塞、从三次改造到起死回生的客观记录。

说起三门峡水利枢纽工程，这是一项至今看法并不统一，且社会各界非常关注但了解不够，甚至还有待于继续实践和总结经验的重大工程。

应该看到，由于黄万里等少数专家在三门峡工程问题上的不同意见，他遭受了不公正待遇，引起了社会各界的广泛同情。同时，三门峡水库的堵塞问题，也曾经引起高度关注。今天，更应该回过头来，客观地、实事求是地加以总结，以便认真吸取经验教训。

在谈到三门峡问题的时候，当然要对黄万里先生表示崇高的敬意。在当时的环境下，他能够坚持自己的科学立场，独立地提出自己的看法，而且不屈服于外界的压力，真正体现了一个科学家的良知和人格。他的高风亮节，堪称一个时代的典范。

读了作者根据丰富档案资料所作的《潼关县移民迁移安置研究》，若回到当初，有没有可能不修三门峡水库，从而避免后来出现的那么严重的问题呢？我个人认为是没有可能的。

各方面的资料告诉我们，在三门峡修筑水利枢纽工程，并不是1949年以后的突发奇想。最早在1934—1935年间，就已经有专家提出了设想。从1935年国民党政府黄河委员会正式提出在三门峡修建水利枢纽工程的计划，到1955年中国政府最后确定工程上马，历时20年。先后提出意见的，有各方面的专家，包括国民党政府的专家、国民党政府聘请的西方专家、中国聘请的苏联专家，甚至包括40年代日本侵华期间有关日本水利专家。因此这个工程的上马，不是一时兴起，而是经历了长期讨论、拥有一定科学依据的。

还应该看到，千百年来黄河水患的严重威胁，每到汛期黄河决口的危险，对黄河淤积造成的下游部分地区地上悬河的恐惧，历史上黄河改道的噩梦，历朝历代政府在黄河治理问题上的巨大投入，都造就了中国人千百年来根治黄河水患的梦想。因此，中国政府最后决定在三门峡建造水利修枢纽工程的时候，很少有人怀疑这个决定的正确性。

1955年前后，百废待兴，我国将工业化确定为过渡时期的中心任务。就全国而言，治理黄河、治理淮河、实现工业化，无疑具有极大的振奋人心的作用。黄河三门峡工程，已经成为一个具有时代象征意义的重大工程。

当时，中国政府实行“一边倒”方针。苏联是我们的老大哥，它的工业化成就举世公认。三门峡水库最后决定上马，苏联专家的意见起了很大的作用。有新中国的工业化渴望，有苏联专家的帮助，因此三门峡工程的上马，在当时应该是不二的选择。这就是说，上马三门峡工程的决策是无法避免的。后来发生的三门峡水库的严重淤塞乃至差点报废，历史已经证明是设计思路和具体方案存在问题。因此，研究三门峡水库的决策过程，有以下几点值得注意：

第一，最初的大坝设计水位是350米。这个水位高程，是1950年中国政府黄河水利委员会提出来的。1958年4月，中国政府的最后决定也是按照350米水位施工的。一方面，这个水位高度不是完全没有依据；另一方面，这个水位高度并未经过严格的科学实验和论证。

第二，苏联专家的意见起了很重要的作用，但是中国政府对苏联专家的意见并没有全盘接受。苏联专家的意见是高坝、大库、设计水位 360～370 米。当时采用的是 350 米水位高度。这对苏联专家的意见的部分否定，应该说是正确的，也是中国专家和有关部门慎重讨论的结果。

第三，以黄万里为代表的少数专家的反对意见是正确的。黄万里明确不赞成苏联专家关于高坝、大库的意见，不赞成苏联专家按照 360～370 米水位高度设计建造大坝的意见，而且坚持要充分考虑排沙。另外一个专家温善章明确提出，总的指导方针应当是拦洪排沙。假如后来的设计思路和方案，充分地采纳这两位专家的意见，相信之后无论是造成问题的速度，还是问题的严重程度，应该都会好得多。非常遗憾的是，他们的意见从一开始就被否定了。

第四，应该看到在整个决策的过程中，周恩来总理的态度是非常谨慎的。两次针对对不同意见的讨论，都是按照周总理的意见组织的。他还亲自参加了 1958 年 6 月的论证会。而这次会议上，一个最重要的决定就是把大坝的泄水孔的底槛降低到 300 米，比原先的设计降低了 20 米。这是周总理充分考虑不同意见，并且反复做了有关方面的工作才达成的一个保守性方案。当然，这个决定没有从根本上解决问题。后来经过反复的改造实践证明，即使汛期的水位高度也只能控制在 300～305 米。因此，泄水孔的底槛降到 300 米，不可能避免后来的问题。

第五，三门峡工程的实施，没有严格遵照先设计后施工的科学程序，而带有边设计、边施工；边调整、边施工的性质。这种程序上的缺陷，导致了后面的一系列严重问题。也许正是由于这个教训，后来有关重大工程，包括青铜峡工程、小浪底工程、葛洲坝工程，甚至三峡工程，都是遵循了先设计后施工的原则。一定意义上可以说，这是汲取了三门峡工程之惨痛教训的结果。

回顾这个过程，我的问题是，假如当初接受了黄万里和温善章的意见，有没有可能完全避免三门峡水库后来出现的严重淤塞呢？我个人认为很困难。事实已经告诉我们，当时三门峡工程的设计和施工有两个重大失误：一个是对黄河水含沙量巨大而必然会导致淤积的快速度估计不足，另一个是对上游地区加快水土保持，从而能有效保证三门峡水库减少淤积的积极效果估计过于乐观。这就造成了三门峡水库在建成后的一年多时间里，就出现了严重的堵塞，而几乎使水库报废。

为什么假如当初按照有关专家的意见，充分考虑拦洪排沙，也没有可能避免后来的问题呢？因为即使在起初，并没有专家能够准确地计算出黄河水含沙量造成的淤积速度，并且根据这个速度，精准确定大坝应该采取的水位高度。按照温善章当时的看法，水位高度应该在 336～337 米，而直到最后，三门峡水库经过三次改造，经过反复实践摸索，掌握了“蓄清排浑，调水调沙”的正确方针，最后才确定水库汛期的最高水位应以300~305米为妥。也就是说，即使按照温善章关于水位高程应为336米的意见，和实际水位应该在300米左右的最后结果，仍然相差30多米。这就造成一个问题，排水孔底槛的高度不可能按照整体300米的水位高度设计。如果这个问题不能妥善解决，那么排沙问题就不可能解决，泥沙的最终淤积就不可能避免。当然，这样说并不是否定黄万里和温善章的意见，他们的意见是非常宝贵的。如果当初充分汲取他们的意见，毫无疑问损失要小许多。

在三门峡这个地方修建水库，要科学测算泥沙淤积速度，科学解决排沙问题，这是非常复杂的问题，本质上是一项前无古人的实践。必须经过不断探索，不断实验，不断总结，才能获得相对科学的认识并制定正确的实施方案。从1955年决定修建三门峡水库，到1990年代经三次改造，最后达到水库的冲淤平衡，使三门峡工程起死回生，有这30多年的漫长而艰难的实践及经验，不仅属于三门峡水库，不仅属于中国，同时也属于世界。

这是我读了王小平的书稿所得到的初步结论，是否正确有待于更多资料的证明，甚至，也有待于三门峡水利工程继续运营所提供的经验的证明。

我呼吁建造三门峡水利枢纽工程展览馆，把所有材料都如实地展示出来，供人们去思考。我还呼吁，要对三门峡工程建成以来，三次顶着巨大的压力，经过充分的论证，克服了重重困难，为改造这个工程，使之起死回生而做出了重大贡献的有关部门、库区的员工和工程技术人员的贡献，进行广泛宣传，使社会各界更充分地了解三门峡工程建设以来的曲折过程和深刻教训。

王小平这本书，是他继博士论文之后所做的又一项研究。2010—2013年间，王小平在我这里读书。在攻读博士学位的过程中，他经受了非常严格的艰苦训练，学会了从收集材料开始的史学研究方法。我曾经说过：

“我们这里，读书已经制度化了。收集资料，写作训练，做选题报告，做开题报告，反复修改提纲，写作初稿，预答辩提意见，其他各种交流，就是一整套程序。这些就是我们的方法。按照方法进行训练，才能把人培养出来。”（在第46次读书会上的发言）

我曾经不止一次号召同学，要下定决心，在毕业离开南京大学之后，埋头苦干，写出比博士论文具有更高水平的著作。王小平的这本新书证明，他的确开始走向成熟了，相信他将会拥有广阔的前途。

是为序。

李良玉

2023年7月9日

（本文由笔者口述，刘王芳录音，潘亚莉根据录音整理，谨对他们表示衷心感谢）

前　言

习近平总书记说："一切向前走，都不能忘记走过的路；走得再远，走到再光辉的未来，也不能忘记走过的过去，不能忘记为什么出发。"只有总结历史，善于继承，才能更好发展，创造未来。

在新中国建设史上，三门峡水利工程建设是一项标志性成就，其水库建设和库区移民具有特殊的历史意义和影响。一般而言，修建水库不仅深深改变了当地环境，更重要的是产生了"库区移民"这一特殊类型的非自愿移民。众所周知，在工程建设中，移民安置是一个世界性的难题，它不仅表现为对移民各项权益的保障，还会涉及移民如何融入迁入地社会生活、移民难以适应而返乡等诸多深层次问题。这是一个值得研究的课题。

王小平博士长期关注三门峡库区移民问题，以潼关县移民为切入点，在掌握了第一手资料和进行了充分研究的基础上，撰写形成《潼关县移民迁移安置研究（1956—1991）》一书。该书关注的三门峡库区移民牵扯到陕西、河南和山西三省，且该问题持续的时间长达几十年，还涉及补偿与安置政策、移民返迁、移民与本地人的关系等具体问题，具有典型性意义。三门峡库区移民的经验教训也为日后制定库区移民安置政策提供了一定借鉴。

本书在前人研究的基础上，以潼关县的库区移民为例，基本按照时间顺序，详细叙述了三门峡工程的决策与库区移民规划、从外迁到内迁的移民政策变化以及移民返陕返库问题，呈现出库区移民问题的复杂性与长期性。本书大量运用原始档案材料，特别是公社、大队一级基层组织的材料，还专门整理了几个公社的移民经费清理过程，从而能较为真实且具体地展现出潼关县库区移民的状况。这些翔实的资料也为后续进一步研究三门峡库区移民的社会心理以及在不同历史时期移民安置政策的变化、比较三省的库区移民的历史、研究治水引发的区域社会变迁等问题奠定了坚实的基础。本书从潼关县移民迁移安置这样一个具体案例出发，推动读者客观看待三门峡水利工程的利弊得失，深入思考移民与区域社会变迁的关系。

立足新的历史方位，以人民群众对美好生活的向往为目的，不忘过去走过的路，牢记历史的经验教训，建设人与自然和谐共生的美丽库区，应当是我们追求的目标，也是该书写作的目的和意义所在。

李晓彤
2023 年 7 月 15 日

目 录
CONTENTS

绪 言

热播剧《山海情》，讲述了20世纪90年代西海固的人民迁移后，将飞沙走石的“干沙滩”建设成“金沙滩”的故事。该剧高度还原了当时贫困的生活状态与自然地域特征，更是通过移民幽默的语言“一年一场风，从春刮到冬”“蚊子都能把人给吃了”“饿得直吐酸水”，再现了移民的真实生活和真实感情，因而获得了观众的好评。

同样是移民，潼关县的移民更为艰巨复杂。1955年，为了根治黄河，彻底消除水患，变害为利，新中国决定在黄河三门峡兴建大型水利枢纽工程。这一决策为黄河下游的人们带来了拦洪、发电、灌溉、交通之利，却要淹没陕西的“白菜心”。为了支援三门峡水库的修建，陕西省大面积地迁移库区居民。潼关县移民从1956年开始，迁移安置库区居民3539户16463人，其移民地区和安置人数：

一、移民银川

1956年至1958年，陕西省迁往银川6281户31529人①。潼关县经多次审核，确定迁移城关镇东关、北关两个初级社，吊桥乡公联高级社151名农民男性青壮年。这批青壮年到达中卫县后，以修建房屋为主，相应地开荒生产，为移民创造生活生产条件②。到1958年，潼关县向银川中卫县移民434户1907人，迁出牲口125头，迁送移民物资743600斤③。

---

① 《中共渭南地委关于三门峡库区移民安置工作的意见》（1962年4月5日），全宗号J001，目录号2，案卷号255，长期，潼关县档案馆藏档。

② 《潼关县第一批移民工作总结》（1956年9月3日），全宗号J071，目录号1，案卷号3，永久，潼关县档案馆藏档。

③ 政协潼关县委员会．潼关移民档案［M］．北京：中国文史出版社，2016：22.

二、移民白水县

1958 年三门峡水库区初期移民线确定在 338.5 米，淹没地区涉及潼关、华阴、朝邑、大荔、华县等五县的 61 个乡镇，需要迁移城乡居民 268418 人（其中城镇 24104 人，居住在 335 米高程以内的有 177319 人）。1958 年已迁往银川 31529 人，所余移民 236889 人，陕西省决定从 1959 年开始在省内后靠插社安置①。1959 年潼关先进队和十里铺七里村大队向白水县迁移 392 户 1628 人，其中先进社 265 户 1110 人，七里村 127 户 518 人。这年冬季，潼关又将 89 户 302 人迁往白水。到 1959 年年底，潼关 481 户 1930 人迁往白水县②。

三、县城迁建

1960 年三门峡水库建成后，潼关县城在迁移范围之内，必须迁移。1959 年至 1962 年，潼关县将城镇居民迁移安置到新县城。城镇移民 2328 户 10946 人，除迁移白水县 89 户 302 人外，其余 2239 户 10644 人在全县分点集中安置，迁安于新潼关 902 户 5994 人，迁安于港口公社 514 户 2051 人，迁安于太要公社 44 户 221 人，转入农业分散插队 53 户 113 人，投亲靠友和返回原籍的移民 726 户 2265 人③。

四、后靠安置移民

1960 年冬至 1961 年，三门峡水库三次蓄水，回水塌岸影响潼关 8 个村 253 户 1178 人，同时还要迁移 335 米高程遗留 75 户 326 人，共需安置 328 户 1504 人④。此次迁移安置了 258 户 1215 人，2 个村庄（沙坡、西社 70 户 289 人）因回水塌岸影响不大未迁移⑤。在回水塌岸移民后靠过程中，高桥公社公庄大队碱坡村 21 户 107 人未经上级批准自行后靠。1964 年 7 月，渭南专署同意该村按回

---

① 《关于三门峡水库区陕西境内移民迁移安置的规划意见（草案）》（1958 年 10 月 22 日），全宗号 J071，目录号 2，案卷号 5，长期，潼关县档案馆藏档。

② 《渭南县潼关人民公社一九五九年移民工作总结报告》（1959 年 12 月 23 日），全宗号 J071，目录号 1，案卷号 14，永久，潼关县档案馆藏档。

③ 《潼关县移民安置工作概况》（1966 年 12 月 10 日），全宗号 J071，目录号 2，案卷号 45，长期，潼关县档案馆藏档。

④ 《潼关县移民安置工作概况》（1966 年 12 月 10 日），全宗号 J071，目录号 2，案卷号 45，长期，潼关县档案馆藏档。

⑤ 《县人民委员会关于一九六三年移民工作总结报告》（1964 年 2 月 28 日），全宗号 J020，目录号 1，案卷号 238，永久，潼关县档案馆藏档。

水塌岸区居民迁移看待。回水塌岸移民工作一直到1972年结束，后靠移民共385户1982人①。另外，铁路系统、关中内河航运公司等单位迁移6000余人。

20世纪50年代末的灾荒、饥饿几乎把潼关移民逼上绝境。当移民得知自己的土地未被淹没时，强烈要求返回库区。于是，潼关移民接连不断返库。各级政府采取种种措施遣送移民，但送了又逃，逃了再送，阻止不了移民回归故里。1962年移居宁夏的移民全部返陕安置。白水移民于1986年返潼安置，后靠移民也逐步安置。移民安置后，在政府的各种扶持下，逐步安居乐业。

移民期间，国家共拨付潼关县移民经费4434109元（截至1963年底），实际支出3831390元，其中，用于迁安白水移民32612元，用于返陕移民安置105512元，用于回水塌岸移民迁安252570元，各种行政经费35575元，城镇迁安共支出3405121元，余602719元②。

移民是世界性的难题，大型工程项目涉及的移民问题常常成为制约工程建设的主要因素，自然灾害、生态与环境保护涉及的移民问题也困扰着人类。因此，开展移民研究工作显得非常必要。目前，学界与本研究相关的研究主要集中在以下两个方面：

（一）水库移民研究

20世纪80年代以来，越来越多的学者关注移民研究，移民研究成果随之增多。从目前来看，移民研究成果多为研究中国古代人口迁移，而涉及近现代人口迁移的研究多为宏观研究③。

移民一般分为自愿移民和非自愿移民两类。自愿移民大多因经济因素进行移民，如中国历史上的“闯关东”“走西口”“下南洋”等经济移民以及不同国

---

① 上述数据是笔者根据档案资料汇总而成。回水塌岸后靠移民，包括原计划迁移328户1504人（沙坡、西社70户289人未迁），实际迁移安置258户1215人，加上自迁后补批的硷坡村21户107人，共279户1322人；1967年迁移港口公社凹里大队四队和五队及市民44户244人（内有返陕移民5户20人）；1970年9月迁移港口公社十里铺大队三队32户201人，12月迁移十里铺大队三队31户196人；1972年迁移十里铺大队三小队后靠4户39人。

② 《关于对潼关县当前移民工作中几个问题的处理意见》（1964年5月29日），全宗号J071，目录号2，案卷号41，长期，潼关县档案馆藏档。

③ 田方，林发棠．中国人口迁移［M］．北京：知识出版社，1986. 沈益民，童乘珠．中国人口迁移［M］．北京：中国统计出版社，1992. 李德滨，石方，高凌．近代中国迁民史要［M］．哈尔滨：哈尔滨出版社，1994.［美］何炳棣．明初以降人口及其相关问题1368—1953［M］．葛剑雄，译．北京：生活·读书·新知三联书店，2000. 罗平汉．大迁徙——1961—1963年的城镇人口精简［M］．南宁：广西人民出版社，2003.

家与地区之间的人才流动①。非自愿移民又叫强制移民，因工程项目建设而导致的人口迁移、土地征用、房屋拆迁等国内一般称之为工程移民，世界银行等国际机构称之为非自愿移民。水库移民属于非自愿移民的范畴②。

学界对水库移民关注较多，有一些不同的看法。朱东恺、施国庆认为，水库移民涉及面最广、实施难度最大，这是因为水利水电工程所引起的移民，不仅牵涉人口多，而且引起永久征地、城镇迁建等损失，还需要进行社会系统恢复与重建③。陈阿江认为，虽然不能改变水库项目影响人的非自愿移民性质，但若项目影响人能从足够多的安置方式中选择适合自己的某种安置方式如就地后靠、以土为本的农业安置、投亲靠友、自谋生计和社会保障等，以满足其需要，则可实现自愿安置，并且因“非自愿”特性而引发的种种经济社会问题也不复存在④。王茂福认为，水库移民第一次返迁的高潮在移民迁入安置地的初期，这时影响移民返迁的因素更多的是经济的差异、环境的不适应、文化的冲突和社会关系重组的迟滞等⑤。

一些学者关注特定区域的水库移民，如李丹、郭万侦、刘焕永、张江平主编的《中国西部水库移民研究》，分析了西部地区水库移民的特点和难点，探讨了各种移民安置模式⑥。宋子然主编的《四川水库移民史》⑦，梳理了四川省的水库建设情况，还介绍了长江三峡工程库区移民的情况。曾建生、黄美英、曹建新主编的《广东水库移民理论与实践》⑧，回顾了广东水库移民历史、现状，论述了广东省水库移民发展战略。

有些学者关注水库移民的心理变化、移民的社会记忆，如景军在《移民、媒体与一位农村老年妇女的自杀》中指出，在三峡库区老年移民中，迁移的焦

---

① 施国庆．移民学探讨．中国水力发电工程学会会议论文集，2005：122.

② 陈阿江．非自愿移民的自愿安置——市场经济条件下农村水库移民安置策略研究［J］．学海，2006（01）：107.

③ 朱东恺，施国庆．水利水电移民制度研究——问题分析、制度透析与创新构想［M］．北京：社会科学文献出版社，2011.

④ 陈阿江．非自愿移民的自愿安置——市场经济条件下农村水库移民安置策略研究［J］．学海，2006（01）：1.

⑤ 王茂福．水库移民返迁——水库移民稳定问题研究［M］．武汉：华中科技大学出版社，2011：280.

⑥ 李丹，郭万侦，刘焕永，等．中国西部水库移民研究［M］．成都：四川大学出版社，2010.

⑦ 宋子然．四川水库移民史［M］．成都：巴蜀书社，2002.

⑧ 曾建生，黄美英，曹建新．广东水库移民理论与实践［M］．广州：华南理工大学出版社，2006.

虑是普遍存在的一种心理状态①。景军的《神堂记忆：一个中国乡村的历史、权力与道德》，记述了人们如何运用记忆重构社会关系②。

新世纪以来，三峡库区移民研究成为学术热点。关于三峡库区移民研究的著作有：佐斌的《迁移者的心灵——三峡库区移民的社会心理研究》③、徐素环的《三峡移民就业与库区经济发展研究》④、刘国辉的《三峡重庆库区人口分布变化与人口布局研究》⑤、聂晓晴的《三峡库区城市居住空间重构研究》⑥，等等。

近年来，越来越多的高校研究生将三峡库区移民研究作为自己的学位论文，如杨飏的《三峡移民适应状况研究——对宜昌市猇亭区移民适应状况的调查》⑦、王辉的《中国当代水库移民政策比较分析——以三门峡与三峡水库移民政策为样本》⑧、曲文江的《迁徙自由视野中的三峡移民问题》⑨、赵冰的《三峡移民的习俗文化变迁研究——基于湖北省S村的田野调查》⑩、邱建斌的《三峡移民的文化适应研究——以山东曲阜移民安置点为例》⑪、范晶晶的《外迁三峡移民社会融入研究——基于山东省淄博市张店区的调查》⑫、赵倩的《三峡移民集体记忆的媒介建构——以〈湖北日报〉为例》⑬，等等。

---

① 景军．移民、媒体与一位农村老年妇女的自杀［J］．中国乡村研究，2003（02）：173-196.

② 景军．神堂记忆：一个中国乡村的历史、权力与道德［M］．福州：福建教育出版社，2013.

③ 佐斌．迁移者的心灵：三峡库区移民的社会心理研究［M］．武汉：华中师范大学出版社，2002.

④ 徐素环．三峡移民就业与库区经济发展研究［M］．重庆：西南大学出版社，2003.

⑤ 刘国辉．三峡重庆库区人口分布变化与人口布局研究［M］．北京：中国人口出版社，2007.

⑥ 聂晓晴．三峡库区城市居住空间重构研究［M］．南京：东南大学出版社，2011.

⑦ 杨飏．三峡移民适应状况研究——对宜昌市猇亭区移民适应状况的调查［D］．武汉：华中师范大学，2005.

⑧ 王辉．中国当代水库移民政策比较分析——以三门峡与三峡水库移民政策为样本［D］．武汉：华中师范大学，2006.

⑨ 曲文江．迁徙自由视野中的三峡移民问题［D］．济南：山东大学，2006.

⑩ 赵冰．三峡移民的习俗文化变迁研究——基于湖北省S村的田野调查［D］．武汉：武汉大学，2012.

⑪ 邱建斌．三峡移民的文化适应研究——以山东曲阜移民安置点为例［D］．重庆：西南大学，2013.

⑫ 范晶晶．外迁三峡移民社会融入研究——基于山东省淄博市张店区的调查［D］．淄博：山东理工大学，2014.

⑬ 赵倩．三峡移民集体记忆的媒介建构——以《湖北日报》为例［D］．武汉：中南民族大学，2019.

（二）三门峡水库移民研究

目前，学界对三门峡水库的研究，集中在三门峡水库的规划、改建以及运用中的争论等方面，如包和平的《工程的社会研究——三门峡工程中的争论和解决》，考察了三门峡工程规划、改建过程，论述了三门峡工程给库区带来的负面影响①。王瑞芳的《当代中国水利史（1949—2011）》②，考察了三门峡水利工程的规划、改建以及运用中的争论与解决过程。其他关于三门峡水库的研究大多是技术性研究，如赵志仁的《三门峡大坝的观测与分析》③、贾福海、夏其发的《黄河三门峡水利枢纽工程地质勘查史》④、侯素珍、王平的《三门峡库区冲淤演变研究》⑤，等等。此外，还有些论文涉及三门峡水库，如包和平、曹南燕的《“规划”的失误及其对三门峡工程的影响》⑥、小坡的《从“三门峡去留争议”看科学决策》⑦、张建国的《慎言放弃三门峡水库》⑧，等等。

有些学者在上述研究的基础上，关注三门峡库区移民，如高峻在《新中国治水事业的起步（1949—1957）》中论述了三门峡水利工程的规划、兴建过程以及出现的各种问题，总结了三门峡工程移民的经验教训⑨。胡英泽的《流动的土地——明清以来黄河小北干流区域社会研究》，考察了修建三门峡水库所引起的黄河小北干流的生态环境变化，论述了陕西库区人口外迁宁夏、内安渭北的过程以及移民长期的闹返库行为⑩。

一些学者关注陕西省三门峡库区移民迁移过程，如田蕊在《新家园之他者：陕西省三门峡库区移民研究（1956—1966）》中指出，在二十世纪五六十年代的历史背景下，缺乏相关治理经验的国家政权以政治宣传与行政手段暂时遮蔽了迁移赔偿、优化安置等问题，致使三门峡库区移民的问题不断累积，最终于

---

① 包和平．工程的社会研究——三门峡工程中的争论和解决［M］．呼和浩特：内蒙古教育出版社，2007.

② 王瑞芳．当代中国水利史（1949—2011）［M］．北京：中国社会科学出版社，2014.

③ 赵志仁．三门峡大坝的观测与分析［M］．天津：天津科学技术出版社，1993.

④ 贾福海，夏其发．黄河三门峡水利枢纽工程地质勘查史［M］．北京：地质出版社，2007.

⑤ 侯素珍，王平．三门峡库区冲淤演变研究［M］．郑州：黄河水利出版社，2006.

⑥ 包和平，曹南燕．“规划”的失误及其对三门峡工程的影响［J］．自然辩证法研究，2005（09）：89-92.

⑦ 小坡．从“三门峡去留争议”看科学决策［J］．中国改革，2004（04）：27-28.

⑧ 张建国．慎言放弃三门峡水库［J］．水利发展研究，2004（05）：29-31.

⑨ 高峻．新中国治水事业的起步（1949—1957）［D］．福州：福建师范大学，2003.

⑩ 胡英泽．流动的土地——明清以来黄河小北干流区域社会研究［M］．北京：北京大学出版社，2012.

1980 年代中期再次发生大规模的移民闹返库事件①。其余考察三门峡库区移民过程的多为纪实性文学作品，如冷梦的《黄河大移民》②、靳怀堵的《悲壮三门峡》③。

综合以上所述，在水库移民研究的已有成果中，三峡库区移民研究成果硕果累累，而三门峡库区移民研究成果屈指可数。2016 年潼关县政协发现此种情况后，编写了《潼关移民档案》。此书记述了潼关县移民及县城迁建的全过程，探讨了三门峡水库的决策、改建以及存废之争等内容，还做了大量的移民访谈，丰富了三门峡库区移民研究内容④。

遗憾的是，《潼关移民档案》没有挖掘劝返移民的过程以及返陕移民安置的过程，也没有挖掘移民经费使用和清结的过程。鉴于此，笔者利用档案资料，对潼关县移民进行全面梳理，以弥补《潼关移民栏案》之遗漏，同时也希望为学界薄弱的三门峡库区移民研究做一点贡献。

---

① 田蕊．新家园之他者：陕西省三门峡库区移民研究（1956—1966）［D］．上海：华东师范大学，2017.

② 冷梦．黄河大移民［M］．西安：太白文艺出版社，2013.

③ 靳怀堵．悲壮三门峡［M］．北京：作家出版社，2013.

④ 政协潼关县委员会编．潼关移民档案［M］．北京：中国文史出版社，2016.

第一章

三门峡水库的选址、设计与改建

选址三门峡修建水库，民国时期就有人提出。新中国成立后，三次提出在三门峡修建水库，又三次放弃这种主张。确定在三门峡修建水库后，水利专家围绕水库设计展开讨论，最终确定修建水库的原则。三门峡水库建成后，由于库区淤积严重，进行两次改建，三次调整其运用方式。三门峡水库由此起死回生，发挥出防洪、灌溉、发电等多方面的综合效益。

第一节　三门峡水库的选址

黄河在历史上决溢、改道频繁，从战国时期演变到现行河道，发生过九次重大的迁徙。改道迁徙的范围，西起孟津，北抵天津，南达江淮地区，纵横25万平方千米。据统计在这一广大地区内，自西汉文帝十二年（公元前168年）到清道光十年（1840年）的2008年间，计316年有黄河决溢灾害，平均6年半一次；从1841年到1938年的98年中，计52年有黄河决溢，平均两年一次①。由于黄河每次决口都会带来严重的后果，历朝历代为治理黄河，曾先后提出过多种治理方略，但未能彻底改变黄河水害。近代越来越多的人提出在三门峡修建水库治理黄河的方案。

三门峡是河南省陕县与山西省平陆县交界的一段黄河峡谷，河中有两座石岛，将黄河分为三股激流，由左至右，分别称为人门、神门、鬼门，三门峡即因此而得名。洪水之际，浊浪排空，翻腾回漩，惊心动魄，是黄河潼关以下最险恶的地方，向有“三门天险”之称。石岛及河床均为坚硬致密的闪长玢岩，

---

① 黄河三门峡水利枢纽志编纂委员会编．黄河三门峡水利枢纽志［M］．北京：中国大百科全书出版社，1993：4.

地形、地质条件优越，是筑坝建库的理想坝址①。

最早提出在黄河干流潼关至孟津河段修建蓄洪水库的主张，是著名水利专家李仪祉②先生。1933 年夏至 1935 年，李仪祉亲赴黄河各地查勘，提出治理方案。他主张治理黄河要上、中、下游并重，防洪、航运、灌溉、水电兼顾，并在中游干支选择适当地点修建蓄洪水库③。1935 年 8 月至 9 月，南京国民政府“黄河水利委员会”工程技术人员与挪威籍主任工程师安立森，共同查勘黄河干流的潼关至孟津段。他们认为，“就地势言之，三门峡诚为一优良库址。”④ 从此，三门峡成为修建水库的坝址，进入人们视野。

日本侵华期间，也曾组织人员查勘黄河中下游，提出在三门峡建库。1938 年 4 月，日本水利专家对河南开封至山西河曲黄河段进行航空摄影。1941 年 6 月，日本东亚研究所第二调查（黄河）委员会第四部会踏勘三门峡后，提出“其上下游为砂岩与砾岩，故于此处建立 100 米高坝，无甚困难。”⑤ 日本人设想建筑 350 米高坝，库容 400 亿立方米，获取巨额电力，为经济掠夺服务。

抗战胜利后，国民党政府继续展开治理黄河事务，对以往主张修建三门峡水库提出不同的观点。1946 年与 1947 年之交，国民政府聘请外国专家成立“治黄顾问团”查勘黄河。该“治黄顾问团”提出，“在三门峡修建水库，对潼关以上的农田淹没损失太大，是日后无法弥补的。”⑥ 故建议建坝坝址改移至三门峡下游百余公里的八里胡同。由于各种原因，在三门峡建坝的设想与规划最终未能付诸实施。

新中国成立后，水利部和黄河水利委员会（后边简称为“黄委会”）多次组织有关专家对黄河流域实地勘察，三次提出在三门峡修建水库，又三次放弃这种主张。1949 年黄委会提出《治理黄河初步意见》，主张在三门峡建坝，“水库蓄水位定为 350 米，以防洪、发电结合灌溉为开发目的。”⑦ 到了 1951 年，又认为黄河干支流上修大水库，就当时我国的政治、经济、技术条件看，均有很

---

① 王化云．我的治河实践［M］．郑州：河南科学技术出版社，1989：132.

② 陕西省三门峡库区管理局．陕西省三门峡库区志［M］．北京：中国水利水电出版社，2007：425.

③ 黄河三门峡水利枢纽志编纂委员会．黄河三门峡水利枢纽志［M］．北京：中国大百科全书出版社，1993：259.

④ 黄河三门峡水利枢纽志编纂委员会．黄河三门峡水利枢纽志［M］．北京：中国大百科全书出版社，1993：271.

⑤ 黄河水利委员会．民国黄河大事记［M］．郑州：黄河水利出版社，2004：130、155.

⑥ 靳怀堾．悲壮三门峡［M］．北京：作家出版社，2013：47.

⑦ 王化云．我的治河实践［M］．郑州：河南科学技术出版社，1989：175.

大困难，于是首次放弃三门峡建水库，转向研究支流水库方案。但经查勘与初步计算，发现支流建水库花钱多，效益小，施工困难。

1952 年，黄委会、水电总局和苏联专家，组织查勘了三门峡水库坝址，认为地质条件好，能筑高坝，利用水库库容多拦沙，以解决水土保持不能迅速发生效益的矛盾。但是，由于淹没损失大，故第二次放弃三门峡修建水库，转向邙山建库方案的研究。

1953 年，黄委会的邙山建库方案因无综合经济效益被否定后，第三次提出修建三门峡水库。水利部对于修建水库解决黄河下游的防洪问题，作出明确的指示：第一要迅速解决问题；第二，根据国家目前的状况，花钱、淹人都不能过多，钱不能超过 5 亿元，移民不能超过 5 万人。由于这一限制，第三次放弃修建三门峡水库，转而考虑邙山和芝川两个水库的修建方案①。

1954 年，来华帮助制订黄河规划的苏联专家组到达北京。苏联专家组在黄河查勘的过程中，否定了邙山建库方案，竭力推荐在三门峡建库。专家组组长柯洛略夫明确指出："从龙门到邙山，我们看过的全部坝址中，必须承认三门峡坝址是最好的一个坝址。任何其它坝址都不能代替三门峡为下游获得那样大的效益，都不能像三门峡那样能综合地解决防洪、灌溉、发电等各方面的问题。"对于三门峡水库淹没损失大的问题，柯洛略夫断言："任何一个坝址，无论是邙山，无论是三门峡或其它哪个坝址，为调节洪水所必需的水库容积，都是用淹没换来的。"② 柯洛略夫"用淹没换取库容"的观点，对三门峡工程的决策与上马产生重大影响。

1954 年 10 月，黄河规划委员会在《黄河综合利用规划技术经济报告》中最后选定三门峡水利枢纽为实施根治黄河规划的第一期重点工程，指出："在选择第一期工程时，必须能够解决防洪、拦沙、灌溉、发电以及航运等综合利用的任务。在黄河中游，只有三门峡是唯一能够达到这样要求的水利枢纽。"认为邙山建库方案"从技术、经济上看都是不合适的，本技经报告否定了以邙山方案作为第一期工程。"③

1955 年 5 月和 7 月，中共中央政治局和国务院先后讨论通过了《黄河综合利用规划技术经济报告》。中共中央政治局和国务院认为，这个规划虽然还是一

① 王化云．我的治河实践［M］．郑州：河南科学技术出版社，1989：176.
② 王化云．我的治河实践［M］．郑州：河南科学技术出版社，1989：155-156.
③ 王化云．我的治河实践［M］．郑州：河南科学技术出版社，1989：176.

个轮廓，但是它的原则和基本内容是完全正确的①。

1955年7月30日，第一届人大第二次会议通过了《关于根治黄河水害和开发黄河水利的综合规划的决议》，批准国务院提出的黄河规划的原则和基本内容，并要求国务院迅速成立三门峡水库和水电站建筑工程机构，保证工程及时施工②。

第二节 三门峡水库的设计

1954年10月，《黄河综合利用规划技术经济报告》（简称“技经报告”）确定：三门峡水库正常高水位为350米，总库容360亿立方米，设计允许泄量8000立方米每秒。共淹没农田200万亩，迁移人口60万人。为了减轻移民困难，拟采取分期抬高水库水位、分期移民的办法，即初期最高库水位不超过335.5米，共需移民21.5万人；其余居民可根据需要在今后15—20年内陆续迁移。

关于库区泥沙淤积问题，技经报告认为：除预留147亿立方米堆沙库容外，必须与广大黄土高原区内全面的水土保持措施结合起来解决。在水土保持措施生效前，为了减轻三门峡水库的淤积；第一期计划先修“五大五小”拦泥库，总库容75.6亿立方米，长期和根本解决泥沙的办法，仍需依靠大规模的全面的水土保持工作③。

1955年8月，《黄河三门峡水利枢纽设计技术任务书》即初步设计任务书，正式提交苏方。国家计委在审查任务书时提出以下三点意见：（1）技经报告中三门峡水库正常高水位定为350米，水库寿命为50—70年。由于三门峡水库淤积速度和中上游水土保持效果尚未完全判明，应考虑将水库寿命可能延长的问题，因此要求初步设计中提出正常高水位在350米以上的几个方案，供国务院选择决定。（2）由于三门峡以下伊、洛、沁河支流水库的防洪效果尚未判明，为确保黄河下游防洪安全，在初步设计中应考虑将最大泄洪量至6000立方米/秒和延长关门时间的可能。（3）在初步设计中应进一步研究扩大灌溉面积的

① 黄河三门峡水利枢纽志编纂委员会．黄河三门峡水利枢纽志［M］．北京：中国大百科全书出版社，1993：33.

② 王化云．我的治河实践［M］．郑州：河南科学技术出版社，1989：177.

③ 王化云．我的治河实践［M］．郑州：河南科学技术出版社，1989：177.

可能。

1956年4月，苏联专家向我国提交《三门峡工程初步设计要点》报告，提出“高坝大库蓄水拦沙”方案，即正常高水位最低不应低于360米，如考虑水库寿命100年的话，应该提高到370米。三门峡以上发生千年一遇洪水时，设计最大泄量为6000立方米/秒。

1956年7月，国务院对三门峡工程初设要点报告进行了审查，决定大坝和水电站按正常高水位360米一次建成，1967年前正常高水位应维持在350米，并要求1961年第一台机组发电，1962年工程全部建成。按照以上意见，国外于1956年底完成初步设计①。

三门峡水库初步设计的正常高水位由350米变为360米，国内产生两方面的争论：一是三门峡水利枢纽的正常高水位由《技经报告》确定的350米高程提高到360米高程，库区淹农田由200万亩增加到325万亩；淹人由58.4万人增加到87万人。淹没大部是关中沃野，陕西省强烈反映三门峡库区淹没损失太大，要求降低水库的正常高水位。二是清华大学教授黄万里1956年5月向黄规会提出了《对黄河三门峡水库现行规划方法的意见》，主张经济坝高的确定应通过全面经济核算，三门峡水库正常高水位应比360米—370米高程为低，并建议切勿把底孔堵死，以备将来泄水排沙，起减缓淤积的作用。水力发电建设总局青年技术员温善章于1956年12月和1957年3月先后向水利部和国务院陈述《对三门峡水电站的意见》，提出三门峡水利枢纽应按低水位、少淹没、多排沙的思想进行设计，认为三门峡水库应按拦洪排沙的方式运用，水库正常高水位335米高已足。

1957年2月，国家建委已邀请有关方面的专家对苏方提交的初步设计进行了审查，正准备送国务院审批。工地已进行了大量的准备工作，工程即将开工。在这种情况下，周恩来得知上述不同意见后，指示水利部邀请各方面的专家认真讨论，以期正确解决②。

水利部于1957年6月中旬邀请有关方面的专家、教授共70人在北京召开了三门峡水利枢纽讨论会，对三门峡水库的任务、正常高水位、运用方式等进行讨论。会上温善章等人提出：“水库设计正常高水位为336米—337米高程，死水位为300米—305米高，水库容积110亿立方米—120亿立方米，可满足20年

① 王化云．我的治河实践［M］．郑州：河南科学技术出版社，1989：178.

② 黄河三门峡水利枢纽志编纂委员会．黄河三门峡水利枢纽志［M］．北京：中国大百科全书出版社，1993：47.

内防洪淤沙，灌溉农田1500万亩—2000万亩，发电装机容量25万千瓦—30万千瓦。”“库区淹耕地50万亩以下，移民15万人以下，工程造价4.5亿元。较正常高水位360米高程的设计方案少淹耕地250万亩、少迁移人口70万人。”“水库运用原则为拦洪排沙，不调节径流，汛期敞泄排沙，汛后蓄水供兴利用。”①

温善章等人的建议和原设计的蓄水拦沙原则截然相反，争论很激烈。大多数意见否定了拦洪排沙方案：“排沙方案没有制止下游河道继续淤高，实际上没有根本解决下游防洪问题，亦未能充分发挥水库的综合效益，因此这个方案不宜采用。”② 一致同意通过水库分期抬高水位运用，分期移民的原设计方案，以解决移民的困难和泥沙淤积问题。

1957年7月，水利部将上述意见进行综合，于11月3日向国务院写了《关于三门峡水利枢纽问题的报告》。11月23日国务院将该报告批转给陕、晋、豫等省，要求各省组织讨论：三门峡水库的正常高水位究竟多少为妥？水库蓄水后对上游的影响及库区泥沙淤积速度，上、中游水土保持速度及下游河道淤积等主要问题，并提出意见于12月中旬报国务院。陕西省回文提出：

一、水土保持减沙效果，原预计1967年入库沙量减少20%，50年后减少50%，现在认为有可能加快，因此可缩小三门峡水库的拦沙库；二、水库回水末端泥沙淤积将逐渐向上游延伸，350米高程的库水位，渭河两岸浸没影响可达15千米—30千米，西安市北郊375米高程地带的工业区，很可能受到影响；三、建议正常高水位按350米高程设计，340米高程建成，可少淹耕地46%，可减少移民50%。其他省份分歧意见都不大③。

三门峡水利枢纽自1957年4月13日开工以来，施工进展迅速，至1958年初已完成了很大的工程量，施工人员1万多人干劲十足，计划将工期提前一年。当时设计已赶不上施工需要，如再改变设计，苏联列院的设计工作就要推迟，工地势必要停工，损失将很大。

在这种情况下，陕西省估计水土保持速度可以加快，可以减少三门峡水库的淤积库容，建议大坝按正常高水位350米设计，340米建成。因此，周恩来于1958年4月21日至1958年4月24日到三门峡工地主持召开三门峡水库现场会

---

① 黄河三门峡水利枢纽志编纂委员会．黄河三门峡水利枢纽志［M］．北京：中国大百科全书出版社，1993：48.

② 王化云．我的治河实践［M］．郑州：河南科学技术出版社，1989：180.

③ 黄河三门峡水利枢纽志编纂委员会．黄河三门峡水利枢纽志［M］．北京：中国大百科全书出版社，1993：49.

议，听取各方面的意见。陕、晋、豫等省和水利电力部、黄委会、三门峡工程局的领导人及有关专家都在会上发了言。水利电力部、黄委会、三门峡工程局则主张维持原设计。周恩来在倾听各方面的意见后做了总结发言，指出三门峡水利枢纽到现在还有争论，其原因就是规划的时候，各方面研究不够造成的。

周恩来在广泛了解情况的基础上，明确指出：一、三门峡水利枢纽修建的目标是以防洪为主，综合利用为辅，先防洪，后综合利用，最基本的目标是在遇到特大洪水时不使下游决口，防止洪灾，免得下游四五个省受大灾害；二、上下游兼顾，确保西安，确保下游；三、不能孤立地解决三门峡问题，不能一搞三门峡就只依靠三门峡，要同时加紧进行水土保持，整治河道和修建黄河干支流水库；四、从全局考虑，留有余地，争取降低泄水孔底槛高程。泄水孔底槛高程苏联列宁格勒水电设计院认为闸门启闭有困难，降到310米高程为宜①。

周恩来在三门峡水库现场会上，一面仔细听取各种不同意见，一面又耐心地说服教育大家，要从全局考虑，辩证地看问题，不要绝对化，要留有余地。当时有人对水土保持的减沙效果越估越高，周恩来总理当场说服教育，统一了大家的思想。

1958年6月，周恩来再次召集有关省的领导人交换意见。6月29日，中共水利电力部党组根据这一阶段研究的意见进行了综合，向中央写了《关于黄河规划和三门峡工程问题的报告》。根据周恩来主持的两次会议上确定的几项原则，最后一致明确为：三门峡水利枢纽拦河大坝按正常高水位360米高程设计，先按350米高程的蓄水位施工，1967年前最高运用水位不超过340米高程，死水位降至325米高程（原设计335米高程），泄水孔底槛高程降至300米（原设计320米），大坝坝顶先修筑至353米高程。

1959年10月，周恩来在三门峡工地再次主持召开现场会议，研究确定并最后经中央批准：1960年汛前三门峡水库移民高程为335米，近期水库最高拦洪水位不超过333米②。

三门峡水利枢纽蓄水水位等方面的争论，历时一年半终有结论。这期间，有关领导和专家对三门峡水库的蓄水位、泥沙、水库浸没及黄河下游河道变迁和治理等问题做了大量的研究工作，特别是1958年4月在三门峡现场会议上所提出的“确保西安，确保下游”的指导思想，成为后来三门峡水利枢纽改建工

---

① 黄河三门峡水利枢纽志编纂委员会．黄河三门峡水利枢纽志［M］．北京：中国大百科全书出版社，1993：49.

② 王化云．我的治河实践［M］．郑州：河南科学技术出版社，1989：183.

程所遵循的原则。

第三节 三门峡水库的改建

1960年9月至1962年3月，三门峡首次蓄水拦沙运用，最高蓄水位332.58米高程（1961年2月9日），蓄水量72.3亿立方米。蓄水后库区泥沙淤积严重，在一年半的时间内水库332.58米高程以下淤积15.3亿吨，有93%的来沙淤在库内，淤积末端出现“翘尾巴”现象，淤积速度和部位都超出预计。潼关站流量1000立方米每秒的水位，1962年3月比1960年3月抬高了4.4米，并在渭河口形成拦门沙，渭河下游泄洪能力迅速降低，两岸地下水位抬高，水库淤积末端上延，渭河下游两岸农田受淹没和浸没，土地盐碱化面积增大。

为了减缓水库淤积和渭河洪涝灾害，1962年3月，水电部在郑州召开“三门峡水库运用方式讨论会”上决定：三门峡水库的运用方式由原设计的“蓄水拦沙”改为“滞洪排沙”，汛期闸门全开敞泄，只保留防御特大洪水的任务。由于水库泄水洞底槛过高，低水位泄洪能力不足，大部分泥沙难以带走，水库淤积仍在继续。

1962年4月，在二届全国人大第三次会议上，陕西省代表提出了第148号提案，要求三门峡水利枢纽增建泄流排沙设施，加大泄流排沙能力。人代会以后，周恩来召集三门峡水利枢纽问题的技术讨论会。会上绝大多数人认为，三门峡水库的运用方式由“蓄水拦沙”改为“滞洪排沙”是正确的，但对于是否增建泄流排沙设施及增建规模等则分歧较大，对此进行了三次讨论①。

1964年12月18日，周总理对三次改建讨论做了总结，指出：“治理黄河规划和三门峡枢纽工程，做得是全对还是全不对，是对的多是对的少，这个问题有争论，还得经过一段时间的试验、观察才能看清楚，不宜过早下结论。”周总理集中了大家的意见，最后决定：三门峡工程改建时机不能再等，确定在枢纽的左岸增建两条泄流排沙隧洞；改建5—8号四条原建的发电引水钢管为泄流排沙管道，以加大枢纽的泄流排沙能力，解决库区泥沙淤积问题。三门峡水库第一次改建的争议至此统一②。

---

① 黄河三门峡水利枢纽志编纂委员会．黄河三门峡水利枢纽志［M］．北京：中国大百科全书出版社，1993：121.

② 王化云．我的治河实践［M］．郑州：河南科学技术出版社，1989：212.

1965 年 1 月，国家计委和水电部批准施工，三门峡大坝增建两条泄流隧洞和改建四条发电引水钢管为泄流排沙管道（简称“两洞四管”）。“两洞四管”工程自 1965 年 1 月开工至 1968 年 8 月全部竣工。

“两洞四管”投入使用后，三门峡水库水位为 315 米时，泄洪能力提高到 6102 立方米/秒，泄流规模增大了一倍，缓解了水库的严重泥沙淤积，但仍有 20%的来沙淤在库内。潼关以下库区已由淤积变为冲刷，潼关以上库区和渭河仍继续淤积。1967 年黄河倒灌渭河，渭河口 8.8 千米长的河槽全被淤塞。1968 年渭河在华县一带防护堤决口，造成大面积淹没，关中平原的工农业生产受严重威胁。为了解决库区淤积，发挥已建工程的效益，三门峡水库需第二次改建。

1969 年 6 月，周恩来委托河南省革委会主任刘建勋在三门峡主持召开陕、晋、豫、鲁“四省会议”，讨论三门峡工程进一步改建和运用原则。会议确定在确保西安、确保下游的前提下，合理防洪、排沙放淤、径流发电，并要求黄河三门峡工程局根据会议确定的原则，进一步制定改建方案。

第二次改建工程自 1970 年 1 月开始，至 1973 年 12 月完成，改建项目是：挖开 1—8 号原施工导流底孔；改建电站坝体的 1—5 号机组的进水口，将发电进水口高程由原建的 300 米下降至 287 米。安装五台轴流转桨式水轮发电机组，总装机容量为 25 万千瓦。

三门峡工程改建基本完成，枢纽泄流排沙能力大增，水库排沙效果明显。根据黄河水沙分布不均，潼关以下河道比较陡、输沙能力较大等特点，自 1973 年 10 月，水库按“蓄清排洪”的运用方式，水库泥沙淤积得到控制，库区年内泥沙冲淤基本平衡，潼关以下峡谷段的库容可长期稳定保持。改建后的三门峡汛期防洪、排沙，非汛期防凌、灌溉、发电。

经过两次改建，恢复功能仅 10 年的三门峡水库，其泄洪排沙的孔洞又出现了新的问题：1—8 号底孔泄洪洞在高含沙水流的冲击下严重磨损，尤其是工作闸门槽导轨破损严重，启闭困难①。

1986 年 9 月，水电部天津勘测设计院提出《黄河三门峡水利枢纽泄流工程二期改建初步设计说明书》。1987 年 1 月 2 日，水电部同意初步设计提出的改建内容，其主要项目有：溢流坝 1—8 号底孔进口斜门槽及工作门槽改建；流坝 5 个双层孔增设一门一机；再打开 9 号和 10 号两个底孔并进行改建。并同意底孔改建按斜门方案Ⅰ实施，出口压缩按斜门方案Ⅱ布置，鉴于泥沙问题复杂，采

① 黄河三门峡水利枢纽志编纂委员会．黄河三门峡水利枢纽志［M］．北京：中国大百科全书出版社，1993：135-138.

取留有余地的做法，将来必要时再过渡到方案Ⅲ。

经过参建各方的共同努力，先后完成了三门峡枢纽1—8号底孔大修、张公岛导水墙加固处理、两条隧洞冲坑及底板补强；又陆续打开了9—12号施工导流底孔。

目前，三门峡水利枢纽的泄洪设施：2条隧洞、12个深孔，12个底孔，1条钢管，形成了不同进口高程的27个孔洞。当水库水位达到315米时，泄洪能力为9701立方米/秒（加上发电机组过流能力，可达10096立方米/秒）①。

三门峡水库两次成功的改建，运用方式从“蓄水拦沙”变为“滞洪排沙”，再变为“蓄清排浑”，直至现在的“蓄清排浑，调水调沙”，使大量泥沙得以排出水库。三门峡水库终于起死回生，不仅基本实现了泥沙的冲淤平衡，也使水库在防洪、防凌、灌溉、供水、发电等方面发挥出显著的综合效益。

---

① 靳怀堾．悲壮三门峡［M］．北京：作家出版社，2013：151.

第二章

陕西省向银川[①]移民

三门峡水库确定修建后，陕西省对库区展开技术经济综合调查，摸清了库区移民总体情况，规划了全省移民工作，并选择农业社试办移民工作，派出移民先遣队安置移民，为后期移民积累了工作经验。

第一节　库区综合调查

1956 年 2 月 22 日，陕西省支援三门峡水库修建工程工作委员会制定《关于陕西境内水库区清理工作初步设计阶段综合调查工作计划》（以下简称《计划》），指出 1956 年 5 月底完成陕西境内水库区和安置移民地区的初步设计调查工作，查明水库区范围内一切淹没损失和破坏对象，并将调查统计资料进行汇总编写：1. 水库淹没区的综合调查报告书，附图表。2. 安置移民地区的野外调查报告书，附图表。3. 水库清理规划设计报告书，附图表。给中央提供研究水库区淹没前清理措施的各种方案，并对本省进行移民及安置移民工作奠定基础。

《计划》提出，从 1956 年 1 月 15 日到 1956 年 5 月底止，用四个半月的时间完成综合调查统计资料和书面报告等多项工作。根据时间要求，分三个阶段进行：

第一阶段，调查前的准备工作。从 1956 年 1 月 15 日起到 1956 年 2 月底止，用 44 天时间做好以下准备工作：（一）抽调干部，组织学习。从 1 月 15 日到 1 月底止，将所抽调的 250 名干部全部集中到省，2 月初至 2 月底，组织干部进行技术经济综合调查工作的专业学习。（二）拟定开展工作的实施计划，编印宣传

---

① 1954 年宁夏省并入甘肃省，银川专区属甘肃省。1958 年 10 月，宁夏回族自治区成立，银川专区属宁夏。

资料，研究修正调查提纲和表格，准备好图标及调查所需仪器等用品，并收集有关资料等项工作。（三）拟出并通过学习计划和讲授提纲。

第二阶段，3 月初到达工作地区，3 月上旬全面展开水库区及安置移民区的调查工作，并做好乡一级的汇总工作，3 月底结束。

第三阶段，做好县、省两级的调查①统计资料汇总和书面报告工作，4 月上旬至 4 月中旬，做好以县为单位的汇总和书面报告工作；4 月下旬至 5 月底，省根据各县所报材料、书面报告进行审核汇总，打印装订成册，上报黄河规划委员会。

根据调查工作范围的大小、任务繁简，省支援委员会办公室设立调查综合指导组，负责业务指导，巡回检查，并研究规划设计工作。还设立 4 个综合调查工作大队：

第一大队暂编 50 人，设正副队长各 1 人（工作组派），技术人员 3 人，负责潼关、华阴、华县三县的农村、城镇典型调查工作和规划设计工作。大队下设 3 个小队（潼关、华阴两县 1 个小队，华县 1 个小队，城镇调查 1 个小队），每队设 15 至 20 人，正队长由潼关、华阴、华县三县的县长或副县长担任，副队长由工作组干部担任。

第二大队暂编 70 人，设正副队长各 1 人（工作组派），技术人员 3 人，负责渭南、临潼、高陵三县的农村、城镇典型调查工作和规划设计工作。大队下设 3 个小队（临潼、高陵两县 1 个小队，渭南 1 个小队，城镇调查 1 个小队），每队设 20 至 25 人，正队长由渭南、临潼两县的县长或副县长担任 2 名，工作队派 1 人，副队长统由工作组干部担任。

第三大队暂编 50 人，设正副队长各 1 人（工作组派），技术人员 2 人，负责朝邑、大荔、蒲城、韩城、合阳五县的农村、城镇典型调查工作和规划设计工作。大队下设 3 个小队（朝邑、合阳、韩城三县 1 个小队，大荔、蒲城两县 1 个小队，城镇调查 1 个小队），每队设 15 至 20 人，正队长由朝邑、大荔两县的县长或副县长担任 2 名，工作队派 1 人，副队长统由工作组干部担任。

第四大队暂编 85 人，设正副队长各 1 人（工作组派），技术人员 7 人，负

① 调查的方法，采取全面调查和典型调查，即人口、土地、房屋、牲畜等基本数字，采取全面调查，要求按规定高程分级统计；不宜进行全面调查的项目如社员收入、房屋造价等则采用“划分区域，选择典型”的方法，不考虑分级。安置移民地区的调查工作方法，应参照水库区的调查方法结合实际情况进行。见《陕西省支援三门峡水库修建工程工作委员会关于陕西境内水库区清理工作初步设计阶段综合调查工作计划》（1955 年 2 月 22 日），全宗号 J020，目录号 2，案卷号 4，长期，潼关县档案馆藏档。

责千山、马栏、黄龙等安置移民地区调查和规划设计工作。大队下设3个小队（千山1个小队，马栏1个小队，黄龙1个小队），每队设15至22人，正队长由千阳、旬邑、黄龙三县的县长或副县长担任，副队长由工作组干部担任。

另外，给甘肃省派一个调查小队，负责甘肃省的调查规划汇总工作，暂编20人或35人，设正副队长各1人。该队在调查和规划设计时，由甘肃省负责领导，汇总材料受第四大队领导。

《计划》指出，除省组织巡回检查工作组及时检查外，各队长、组长必须深入下层，选择重点，创造经验，指导全面，并及时帮助干部解决调查中的具体问题和困难，按照综合调查提纲和四十五种表格的规定要求，既要完成任务，又要做好工作，不出偏差，争取按计划圆满地完成综合调查工作①。

1956年3月2日，陕西省人民委员会发出《关于在三门峡水库区进行全面技术经济综合调查工作的指示》，提出省支援三门峡水库修建工程工作委员会制定关于陕西境内水库区清理工作初步设计阶段综合调查工作计划，并决定于1956年3月1日开始在三门峡水库区的陕西地区及黄龙、马栏、千山等地准备安置移民区，进行全面的技术经济综合调查工作。

该指示要求，专、县安置移民委员会的专职干部及民政、农林、水利、建设、卫生等部门的干部，应积极参加调查工作，公安、财粮贸易、税务等有关部门应积极支援，供给调查工作各种必要的数字和情况，保证调查工作按计划完成。

该指示提出，潼关、华阴、华县、渭南、临潼、朝邑、大荔、黄龙、旬邑、千阳等县，应由县长或副县长一人担任县调查工作队的队长，副队长由工作队干部担任。综合调查工作的乡间调查，必须于3月底或4月初完成，4月中旬做好县一级的汇总规划工作，以便5月底做好省一级的汇总规划设计工作并上报中央。各县应积极布置，抓紧进行，务须如期完成，不许延误②。

3月22日，根据水库区和移民安置区各县工作队的报告及指导检查组的汇报，各工作队均在重点试办、总结经验的基础上于3月上旬全面展开了工作。水库区的综合调查工作已经完成了九百多个村庄，占水库区村庄总数的一半以

① 《陕西省支援三门峡水库修建工程工作委员会关于陕西境内水库区清理工作初步设计阶段综合调查工作计划》（1956年2月22日），全宗号J020，目录号2，案卷号4，长期，潼关县档案馆藏档。

② 《关于在三门峡水库区进行全面技术经济综合调查工作的指示》（1956年3月2日），全宗号J020，目录号2，案卷号4，长期，潼关县档案馆藏档。

上，3 月 25 日左右可以完成野外综合调查与乡一级的汇总工作①。4 月中旬，各县结束技术经济调查工作②。

第二节 规划库区移民

1955 年 7 月，第一届全国人民代表大会第二次会议通过《关于根治黄河水害和开发黄河水利的综合规划的报告》。该报告指出：从 1957 年到 1961 年在河南陕县到陕西潼关以北山西临晋和陕西朝邑的黄河两岸，潼关以西临潼以东的渭河两岸和大荔以南的洛河两岸等地，建立三门峡水库。三门峡水库水位控制在 350 米，在 350 米以内的居民，从 1956 年到 1961 年分期分批迁完。

陕西省淹没的地区有潼关、朝邑、华阴、华县等四县和固市、平民、赤水等六个集镇 1022 个村庄，淹没耕地 1852601 亩，需要迁移的居民 457259 人，其中朝邑 112179 人，潼关 25454 人，华阴 99986 人，大荔 49796 人，华县 76145 人，渭南 91832 人，临潼 422 人，蒲城 105 人，合阳 1340 人。

淹没区的居民采取省外、省内和集体与分散相结合的安置办法，其移民地区和安置人数：

一、省外安置：迁移到甘肃省 25 万人，每人平均分配 4.03 亩土地，需 1007500 亩荒地。

二、省内安置：选择条件好的蒲城、合阳、白水、澄城、富平等五县安置 18 万人，每人平均分配 4 亩土地，共需 720000 亩土地。

三、向库边后靠：水库修成后，尚有 10%左右的边沿地（约 17 万亩）可耕种，还可以大量发展水产事业，安置一部分居民，向水库边沿后靠安置 27259 人。

根据水库工程进度，淹没区的居民从 1956 年至 1961 年分两期迁移：

第一期（1956 年至 1960 年秋收前），移民 25 万人，朝邑 72228 人，潼关 4462 人，华阴 63563 人，大荔 9747 人，华县 40000 人，渭南 60000 人，需土地 1007500 亩。从 1956 年开始到 1960 年全部迁移到甘肃银川专区，具体步骤

---

① 《陕西省支援三门峡水库修建工程工作委员会关于水库区和移民安置区综合调查工作情况报告》（1956 年 3 月 22 日），全宗号 J020，目录号 2，案卷号 4，长期，潼关县档案馆藏档。

② 《渭南专区会议精神》（1956 年 5 月 13 日），全宗号 J020，目录号 2，案卷号 3，长期，潼关县档案馆藏档。

如下：

一、1956年夏收后至秋收前，先行试办，从潼关（150人）、朝邑（2500人）、大荔（550人）、华阴（2000人）水库淹没区的农业社中先动员一部分党团员、积极分子共5200人到甘肃银川专区修房、开垦荒地，创造生活、生产条件，打下全部迁移的基础（1956年8月中旬移完）。

二、1957年春至秋收前迁移到甘肃34800人（朝邑16500人、华阴13450人、大荔3850人、潼关1000人）。除1956年已去的青壮年的家属全部迁移外，仍应以青壮年为主，按农业社分批迁移（以后均采用此法：第一步先去青壮年，第二步全社搬）。

三、1958年春至秋收前迁移60000人（朝邑28500人，潼关1725人，华阴24428人，大荔5347人）。

四、1959年春至秋收前，迁移80000人（朝邑24728人，华阴23685人，潼关1587人，华县10000人，渭南20000人）。

五、1960年春至秋收前迁移7万人（渭南40000人，华县30000人）。

第二期（1960年秋收后至1961年底），移民207259人，其安置地区为：

一、省内安置180000人，其中朝邑迁出33351人，华阴迁出30923人，潼关迁出19700人，华县迁出32145人，渭南迁出26832人，大荔迁出37049人，分别安置在蒲城、合阳、白水、澄城、富平等五县。

二、向库边后靠安置27259人，其中朝邑6600人，潼关1292人，华阴5500人，华县4000人，渭南5000人，大荔3000人，临潼422人，蒲城105人，合阳1340人①。

陕西省人民委员会在作出上述移民安排工作后，要求各移民县要做好以下工作：

一、在做好思想动员工作的基础上，按照计划，以社为单位，组织迁移，分别召开家庭会、合作社员会、村民会、人民代表大会等，讨论迁移中的具体问题，做到“本人通、家庭通、全社通”。

二、移民地区的各县应当根据本地区的移民任务和具体情况，制订分期、分批移民计划，安置区的各县要制订接受移民计划，做好各项准备工作，使移民到安置区后迅速投入生产。

三、采取先青壮年后家属，由社带动个体农民的办法，组织整社、整村进

---

① 《陕西省人民委员会关于三门峡水库区陕西境内移民工作计划》（1956年9月24日），全宗号J020，目录号2，案卷号5，长期，潼关县档案馆藏档。

行分批迁移。在迁移时，干部带头，村干部随村走，乡干部随乡走（供销社、信用社、医务人员、学校教员等一同迁走）。移民到达安置区后，建立新社，一时不能建立的，可分散安置在当地基础好的合作社，使移民劳力能够在生产中得到充分的发挥。

陕西省人民委员会还要求，各专区、县应结合当地具体情况，制定第一期移民计划。各级领导要深入下层，选择试点，创造经验，及时解决移民中的具体问题和困难，按照计划完成移民任务①。

1957 年 2 月，青铜峡水坝高程提高，中宁县的一半和中卫县一部分被淹没，居民需外迁。因此，陕甘移民委员会会议决定，原定 25 万人的移民任务改定为 17 万人（包括插社安置和马太沟农场在内），从 1956 年开始至 1961 年迁完。计划：1957 年和 1958 年共移 3 万人，1959 年移 3 万人，1960 年移 4 万人，1961 年移 5 万人，其余 2 万人安置在马太沟农场，其迁移时间在 1961 年以前的任何一年均可②。

1957 年 6 月，三门峡水库坝高将按 340 米施工，水库水位将降至 335 米。因此，三门峡水库区陕西境内移民任务相应减少。1957 年陕甘移民委员会决定："将原定迁往银川专区 17 万的总移民人数暂定为 27000 人，除已迁去 12000 余人外，下余 15000 人，必须是先迁青壮年家属或已迁去半户的家属，尽量争取在今年下半年迁移 2 千至 3 千人，在明年内全部迁完。"③

三门峡水库陕西境内的移民人数变更三次，原先决定迁移 25 万人，后改为 17 万人，最后确定 27000 人。这不仅导致移民干部在语言、行动和思想上难以保持一致，而且引起移民思想变化和情绪变动，还给安置区增加了因移民人数减少合并庄点的工作量（银川安置区原按 14 万人规划 59 个置庄点安置移民，后移民人数变为 27000 人，须合并移民庄点④）。

---

① 《陕西省人民委员会关于三门峡水库区陕西境内移民工作计划》（1956 年 9 月 24 日），全宗号 J020，目录号 2，案卷号 5，长期，潼关县档案馆藏档。

② 《三门峡水库区陕甘移民委员会第一次会议（扩大）纪要》（1957 年 2 月 18 日至 20 日），全宗号 J071，目录号 2，案卷号，12，长期，潼关县档案馆藏档。

③ 《关于今秋移民宣传工作要点》（1957 年 6 月 29 日），全宗号 J020，目录号 2，案卷号 16，长期，潼关县档案馆藏档。

④ 《陕甘移民委员会第二次会议（扩大）纪要》（1957 年 6 月 19 日），全宗号 J020，目录号 2，案卷号 16，长期，潼关县档案馆藏档。

第三节　试办移民工作

1956年5月中旬，陕西省移民试办工作开始，6月上旬全部结束。这次试办点选了6个具有代表性的高级农业生产合作社：朝邑县东方红和前进农业社，华阴聂家和东升农业社、大荔荔潮第五农业社、潼关公联农业社，共1997户9234人。根据移民、生产两不误的原则，6个农业社要移出青壮年393名。最后，有928名青壮年自愿报名到安置区修建房屋、开荒生产，批准了419名①。

移民试办工作分为三个阶段：第一阶段，开展宣传动员，掌握情况，消除群众顾虑，做好青壮年移民对象的摸底、排队工作，为报名登记做好准备。第二阶段，做好动员男性青壮年报名登记、审查批准和对青壮年的记工付酬、家庭困难等问题的处理工作。第三阶段，确定与公布批准的青壮年名单，做好编组编队，处理遗留问题，总结试办工作。

这次试办移民为后期移民工作打下了基础，也取得了如下经验：

首先，党政领导重视是试办移民工作成败的关键。这次试办工作抽调了57名能力较强的干部，省委又派去了三人协助，加强了领导力量。有些县的领导亲自布置工作，深入基层检查指导，帮助总结交流经验，及时解决工作中存在的问题，保证试办工作顺利完成。如大荔县杨县长除试办工作组出发前作了指示外，还深入杨、苏村两乡试办点召开主要干部会议，进行思想动员，检查试办工作情况，有关干部极力配合，结果试办工作做得较好，出现父母劝子、妻劝夫、兄弟相争报名的事例。

其次，在乡党支部领导下，依靠社干发挥集体智慧做好工作。工作组到达农村后，向乡支部说明来意，在乡支部具体领导下展开工作。朝邑县东方红社在乡支部领导下，制定了议事日程，统一布置检查，按时完成了试办工作。

再次，在搞好生产的前提下，做好移民工作。华阴县聂家农业社移民试办一开始，工作组与社干部研究分工，指定专人帮助社干部安排了10天的生产工作，订出了夏收方案，结果社干部生产情绪饱满，移民试办按计划进行。大荔县荔潮第五农业社也采用这种办法，不但做好了移民试办工作，而且提高了群众的生产积极性。

① 《三门峡水库区陕西境内第一批移民工作试办总结报告》（1956年7月20日），全宗号J020，目录号2，案卷号5，长期，潼关县档案馆藏档。

第四，做好宣传教育，提高群众觉悟，是完成移民工作的重要基础。在试办工作中，群众的思想顾虑主要是对安置区的情况和移民安置情况不了解，怕青壮年走后影响社内生产和家庭生活，怕儿子走后家庭困难没人管，怕安置区没学校等。针对这些思想顾虑，工作组进行了广泛的宣传教育，并召开党团员大会、妇女会、青壮年会，根据思想顾虑有目的对一些思想顾虑较多的人采用个别谈心、登门访问、开家庭会讲解移民政策，或通过各种关系以先进带动落后的办法互相串联。同时，工作组干部和农业社干部分工、分片包干，并组织人民代表、宣传员、复员军人、农村知识分子进行宣传，消除群众的各种思想顾虑。如大荔县荔潮第五农业社拜德润的父母不愿让两个儿子迁移（兄弟俩愿意去），经工作组和村干部讲解迁移道理后，老两口表示娃去我没意见，最后兄弟俩报了名。

第五，及时处理具体问题，是解除群众顾虑的有效措施。青壮年走后，各地采取两头记工一头付酬的办法，解决青壮年的工分问题，即根据每个人的年龄、体力、生产技术和劳动态度，采取以在社参加生产的同等劳动力在正常情况下的实得劳动日或按底分评出全年应做劳动日的办法，确定记工标准，再根据每个人在安置区的具体情况分别记工（月底将每一青壮年实做工分报原社登记，统一付酬）。为了激发其在安置区的生产积极性，若实得劳动日超过上述标准者，除应得工分外可增加5%至10%的奖励，若实得劳动日已达到标准的90%以上者可按原标准记工，以示奖励；若实得劳动日在原定标准90%以下者，除因特殊情况应统一研究记工外，对个别人因怠于劳动，致所得劳动日很少者，应按其实得劳动日记工。关于途中和未正式投入生产前的误工，应按各人的底分70%记工，由国家给农业社酌情补贴。

青壮年走后，家庭因缺劳动力确实困难者，由农业社负责解决。青壮年携带的牲畜、农具以高级社为单位，根据本社第一批移民人数及安置区的实际需要与本社的可能，统一解决。

如牲畜，按规定数量在现有性口中评价携带（如没有骡马者由社购买）；较大农具（大车在内）由社统一抽配，评出合理价格；小农具，按规定数量和质量由各人自带，灶具由各户调剂解决，评价由社付款记账。上述款项暂时作为投资，在并社时统一处理。被褥、衣物由各人自备。个别人无钱购置以及青壮年走后，家庭生活费用确有困难者，根据具体情况，经社管会研究提出意见，社员会讨论通过，由社预借记账，在年终决分中统一扣除。特别困难者可由公益金内予以照顾①。

这次试办移民为陕西库区移民工作积累了工作经验，但还存在一些问题需处理：

一、大多数县依据既不影响安置区盖房、垦荒任务，又不影响农业社生产的原则，给各社分配的任务比较合理（一般任务占男全劳的20%左右），各社都能完成或超额完成。潼关县给公联社分配的任务较大（占男全劳的40.8%），不仅没有完成任务，而且已报名的青壮年也出现不少问题需处理。

二、各试点在报名前，均做了思想动员工作，报名登记工作顺利。但个别试点由于思想发动工作不充分，因而不能完成报名任务。还有个别干部简单急躁、强迫命令，影响了青壮年的情绪，使报名工作走了弯路。各地需要对有关干部进行思想教育，以免类似问题再次发生。

三、大多数党政领导均能深入基层布置、检查试办工作，但个别地方对移民试办工作不够重视，如潼关县办公室的干部不能专职专用，华阴县的移民专职干部缺额较多。这两县还需纠正这一现象。

四、大多数干部在试办移民工作中积极认真，但有部分干部对移民工作产生不同程度的畏难，信心不足，盲目乐观，或不愿继续做艰苦工作等情绪。因此，还需加强干部思想教育，组织干部学习，端正干部思想认识，提高业务水平，以保证移民任务的顺利完成②。

第四节　派出移民先遣队

1956年6月1日，为了做好移民安置工作，陕西省组建了20人的先遣队（县长1人、县科级干部6人、一般干部13人），按安置县的情况分为8个组，每组1—4人。先遣队分两路从西安出发，一路经兰州（4人）向甘肃领导汇报工作任务，交代干部情况，提出时间要求，后留1人（县科级干部）在兰州协助专办木料运送工作。一路由西安直达银川，了解沿途路程远近，根据里数确定站址，了解有关食宿站、住房、灶具的来源，提出设站意见，并报省领导确定。

---

① 《三门峡水库区陕西境内第一批移民工作试办总结报告》（1956年7月20日），全宗号J020，目录号2，案卷号5，长期，潼关县档案馆藏档。

② 《三门峡水库区陕西境内第一批移民工作试办总结报告》（1956年7月20日），全宗号J020，目录号2，案卷号5，长期，潼关县档案馆藏档。

6月14日，银川专署召开了民政科长会议，林业、水利、木材等有关单位同志参加。会议主要讨论了以下内容：一、统一部署安排工作；二、初步划定荒地面积，分配移民安置任务；三、计划分配建房任务及备料数字；四、明确了经费开支等有关具体问题①。

安置区各县会后传达会议精神，教育干部。如平罗县召开各乡文书、乡长座谈会，动员布置，任务很快达到各乡。各县加强移民委员会，成立五至七人的办公室。陶乐县抽调干部5人，前往安置点，开始备料。

7月5日，先遣队抽调干部4人去银川、固原、中宁三个站协助工作。银川专署和有关县市在所辖区内抽派干部4人，具体领导各站，做好一切准备工作。移民到站后，各站增加一至二人，省、专派得力干部各一人，经常巡回检查，帮助解决问题，给予移民亲切关怀。

8月11日至24日，陕西省水库区青壮年移民先后到达安置区。移民安置各县的荒地面积虽已经勘查过，但出入很大。先遣队协同当地进行复查，经核定可利用的荒地697362亩，除庄基90000亩外，实有荒地607362亩，每人平均4.049亩。荒地核定后，按庄划点，按村社多少，共划居民点60处。有些县的任务有增多、减少的变动，导致平罗县一居民点未安置。贺兰县仑西乡在移民到后，才勘查确定庄点。

8月25日，移民到达安置点，修建房屋。建房用的木料，除银川专署统一筹备以及陕西拨料外，各县主动购备旧料可建房721间，按照具体情况共建610间，离村近者借用民房625间，平罗县五香乡群众主动给移民腾房230间，基本上解决了安置区的住宿问题。其他临时需用灶具、工具，除少数购置外，一般向当地群众借用。惠农县借给移民工具236件、灶具160件，使移民到达安置区后很快投入生产。

在安置移民过程中，由于先遣队对移出区、安置区的情况掌握不多，向领导汇报少，导致陕西水库区在宣传中对安置区好的方面讲得多，困难之处介绍得少，个别夸大事实，说到银川后每人三亩水地、四亩旱地，到处可引黄灌溉等。另外，先遣队对陕西水库移民的性质、任务及移出区群众的特点、风俗习惯向安置区领导介绍得少，使当地领导也难心中有数地安排工作。因此，移民思想波动较大，宁翔县的青壮年到安置点发生哭叫，有个别人念叨"父母大人心放宽，你儿住的黄沙滩。"陶乐县发生大批移民逃跑事件。

---

① 《陕西移民先遣队工作总结》（1956年10月17日），全宗号J020，目录号2，案卷号5，长期，潼关县档案馆藏档。

移民到达安置点后，因人多集中，怀疑土地不够种，加之工具少、用料少，活不多，出现窝工浪费现象，十人做完的活，要去三十人，甚至有些人没活干，贺兰县个别人喊“家里忙的不能行，咱们睡的腰腿疼”。永宁县平吉堡的移民到达安置点后，厨房无灶，生活成问题①。

上述问题发生后，先遣队跟当地政府迅速解决。在移民安置准备工作中，有些县做得较好，问题少，其主要采取的措施和方法是：

一、介绍安置区情况，安定移民思想。移民到站后，银川专署领导及先遣队冯思弟对安置区作了介绍，端正移民对安置区的认识。移民到达各县后，一般停留3—5天，党政领导进行慰问，介绍当地群众生活习惯及风俗习惯、生产情况，特别是移民安置准备工作，进一步说明当地群众对移民的欢迎，使移民感受到党和人民政府对他们的关怀。

二、组织移民参观，实地座谈，确定土地范围及建房庄点。先遣队及当地领导组织移民参观当地生产情况，组织座谈，消除移民怕地不长庄稼、产量不高的顾虑。惠农县让移民参观了荒地，明确了土地范围，移民对生产有了希望。此外，按照群众要求，及时改变了集中修建、统一使用劳动力的做法，扩大了安置点。惠农、平罗县改变及时，移民生产情绪很高。

三、加强工地访问，密切群众关系。移民初到安置点，当地农业社进行工地慰问，给移民送菜、送羊。惠农县群众给移民送菜15000斤，送羊25只、西瓜415个。惠北乡回民把一口井划拨给移民使用，当地永丰社组织妇女67人给移民洗衣服四五次。移民修建房屋，惠北乡木工5人、泥工15人主动帮助。中卫县长乐乡群众把自己的房屋腾出来，让移民居住，还把移民拉到家中谈心。

这次移民安置工作之所以顺利展开，是因为党政领导重视，有关部门大力配合，干部具体分工负责，及时解决具体问题。如惠农县郭、王县长亲自去各安置点了解情况，及时解决移民生产生活中的问题，抽派理发工人、医生去安置点为移民理发、看病②。这次移民安置工作存在以下几个问题：

一、水库区移民任务、数字多次变动给安置工作带来很大困难。平罗县原计划安置9228人，划定三个安置点，已备好用料，后变更为7990人，致使一个安置点空下来。备好的用料不能动用，若转移地点，增大运费，会造成额外损失。中卫县原计划移民4462人，仅到1969人，空下5000多亩土地，也不能处

① 《陕西移民先遣队工作总结》（1956年10月17日），全宗号J020，目录号2，案卷号5，长期，潼关县档案馆藏档。

② 《陕西移民先遣队工作总结》（1956年10月17日），全宗号J020，目录号2，案卷号5，长期，潼关县档案馆藏档。

理。仑西乡三个安置点是在移民到达后临时找的，耽误生产，给安置工作造成很多困难。另外，物资运送做得差，时间拖拉很长，护送工作人员少，也未按照各社干部押送各社物资，责任性差，管理困难。加之数次检疫，衣物损失、霉坏严重。

二、水库区的宣传教育工作不深不透、内容贫乏，个别干部只讲好的，不谈困难。青壮年到达安置区后，一味强调要三亩水地、四亩旱地，对土地不满，要求过高。贺兰、陶乐等县发生逃跑事件，给安置工作带来很大困难。当地群众也因宣传教育工作做得不好，问移民“陕西遭灾?”有的人把移民当作“劳改队”，这对移民刺激很大。

三、干部选择与教育工作做得差。护送干部郝文海原不想来安置区，未经教育，临时凑合，最后到达安置区后，做工作不负责。移民初到月牙湖工地思想波动，郝文海不积极教育，反而向困难低头。郝家庄移民向郝文海提出嫌地有沙，不去安置点，要回家。郝文海竟然答复：“我没办法，你们要跑就跑。”给移民工作造成不良影响。个别干部品质恶劣，导致当地群众反感，使工作难以开展。

四、坚持集中修建、统一使用劳力，给安置工作带来很大损失。移民到达安置点后，集中修建、统一使用劳力，不仅造成经济上难以评工计分，而且人多活少，造成严重的窝工、浪费劳力，做工也保证不了质量，引起移民思想不安。相反，平罗县、惠农县分点修建，青壮年移民情绪高涨，如惠农县黄渠拐子点自 8 月 28 日分点修建后，到 10 月 4 日已经完成 83%的建房任务。

五、水库区各县对青壮年移民审查工作做得不够细致，存在不少问题。移民中有些人年龄很小（14 岁—16 岁），有些是父替子、兄替弟，还有些精神病患者、严重疾病患者（肺结核），还有单身汉来找对象，甚至有刚解除管制的分子，给安置工作带来一定困难①。

通过这次移民安置工作，移民先遣队积累了一定的工作经验，为进一步做好移民工作，提出如下意见：

一、事前要做好土地勘查工作，确定数量、质量，规划好水利，这是今后移民要做好的一项重要工作。陕西勘察队所核定的土地亩数出入很大，经过多次复查，数量减少很多。如贺兰县原定亩数 22 万多亩，后经调查核实仅有 102204 亩。由于数字的变动，移民意见很大。银川地区急需解决水利问题，这

① 《陕西移民先遣队工作总结》（1956 年 10 月 17 日），全宗号 J020，目录号 2，案卷号 5，长期，潼关县档案馆藏档。

一问题解决不及时，会影响移民安置工作。

二、做好修建材料的供应工作，保证移民能及时移出水库区。这次备料工作做得较差，运送时间过长。陕西省 8 月 5 日拨给各安置区，有些县 10 月才收到。银川地区的木料供应有时也会中断。因此，移民到安置点后，停工待料，思想波动较大。先遣队提出，今后要积极寻找货源，提前筹备，在陕西地区尽量设法准备，可以在水库区先拆一部分旧料或收购木料，或者砍伐一部分树木，以解决材料不足。另外，木料要保证质量，节约用料。陕西提供的椽不符合规格，原计划每间房用 24 根，因椽小质弱，需要 34 根。平罗县因银川木材公司提供的椽不合规格，使用数量增加，房屋造价提高，房屋寿命也难以保证。先遣队同意银川专署的意见，今后修建用料应定型设计，统一规格，统一使用，分点加工，节约用料。

三、做好物资运送，加强押送管理。这次物资运送用了两个多月时间才到达各安置点，时间过长，加之防雨设备较差、装卸搬运人员责任性不强，霉烂、损坏的较多，造成不良影响。因此，先遣队提出，今后运送物资前，要同有关运输部门签订合同手续，保证运送时间，执行损坏、霉烂、遗失、赔偿制。物资运送时间应在移民未动身前 40 天左右起运。物资起运以社为单位，让本社干部押送，将所有运送物资分户登记，编造清册，以便查对。运送前统一组织押送干部学习，明确责任，加强管理。衣服、被褥等物资，移民携带，其他物资运送应准备防雨设备。物资运送种类，提前跟安置区联系，有计划地运送。

四、银川专署会议决定，除接受陕西原 15 万移民外，另外增加的 5 万人全部插入当地农业社安置。水库区今后移出的农业社不再扩拼，初级社可直接升高级社，以减少插社安置的困难。

五、水库区已迁出的移民，政府及农业社应对其家属在生活、生产上给予照顾，消除移民的思想顾虑，为今后全社迁移打好基础。与此同时，要加强对移民的宣传教育工作，纠正那些目无组织、认为没人管的混乱现象。另外，还要从生产入手，做好冬季生产安排，堵塞冬闲回家思想①。

第五节　展开移民工作

按照陕西省人民委员会关于三门峡水库区陕西境内移民工作计划，第一期

① 《陕西移民先遣队工作总结》（1956 年 10 月 17 日），全宗号 J020，目录号 2，案卷号 5，长期，潼关县档案馆藏档。

15万人的移民任务4年内分4批移完。第一批迁移5200人，除工匠外，全部为男性青壮年，安置在甘肃银川专区。各县移民任务和安置地点是：朝邑县2500人，安置在银川专区的四个县，其中贺兰县安置890人，陶乐县安置696人，惠农县安置483人，宁朔县安置426人。华县迁移2000人，永宁县安置1685人，平罗县安置315人。大荔550人（比原来增加50人）全部安置在中宁县。潼关县移民150人（比原来减少50人），全部安置在宁朔县。这批青壮年到达安置区后，以修建房屋为主，相应地开荒生产，为移民创造生活、生产条件①。

1956年6月26日，渭南专区召开各县办公室主任会议，6月28日布置移民工作。7月4日，各县布置到乡和农业社，移民工作全面展开。整个移民工作分为四个阶段：

第一阶段，由乡作出工作安排，随即深入农业社，结合当前生产，开展宣传教育，消除群众的各种思想顾虑，如移民工作初期，群众的思想顾虑相当复杂，主要有以下几种类型：一、青壮年中有一部分人怕自己走后，家无人照管，困难不能及时解决。部分人对婚姻问题顾虑较大，初婚的怕他走后女人要离婚，订了婚的要退婚，正恋爱的怕断了关系，未找到对象的怕越耽误越迟。因此，有的人不愿报名，有的人要求带女人，有的借口安顿家庭和准备衣物要大量借钱。二、老年人和妇女的顾虑是：怕自己的儿子、丈夫到安置区生活无人照管，自己在家无依无靠，搬家困难。因此，有的人以不吃饭、大闹家务纠纷来阻止儿子或丈夫报名。三、有些干部怕到那里当不上干部，怕青壮年走后影响社内增产，怕移民家属一有困难就找自己，等等。

针对上述思想顾虑，各地除组织从银川参观回来的代表、参观过黄河展览和到过银川的人以及人民代表、宣传员、读报组长、复员建设军人、农村知识分子、返乡教员进行宣传教育外，还召开党团员会、社员会进行报告，并根据需要召开青壮年、妇女等座谈会宣传教育。同时，对一些顾虑较大的人采取召开家庭会、个别谈心或通过互相串联、先进带落后的方法进行说服教育。通过上述办法主要是向群众讲清楚：根治黄河和修建三门峡水库的远景和对我国社会主义建设及工农业发展的重大作用；介绍安置区的主要情况；国家对移民迁移和安置的方法；青壮年记工付酬和解决困难的具体办法，使移民及其家属了解移民方针、政策，消除其顾虑②。

---

① 《关于在三门峡水库区渭南专区境内第一期移民地区全面开展第一批移民工作的安排》（1956年7月2日），全宗号J020，目录号2，案卷号5，长期，潼关县档案馆藏档。

② 《关于三门峡水库区陕西渭南专区境内第一期第一批移民工作总结报告》（1956年10月15日），全宗号J020，目录号2，案卷号5，长期，潼关县档案馆藏档。

第二阶段，在做好宣传教育的基础上，对男性青壮年和家属分类排队，了解各类人的具体情况，组织青壮年学习或召开座谈会提高其思想觉悟。生产队长负责各队报名工作，并每日向社领导汇报青壮年的各种表现，在了解90%左右的移民表示愿意去安置区盖房、垦荒后，正式进行大会报名。在大会报名时，社干部主持会议，工作干部做好思想动员，社主任讲解有关具体问题解决的办法，并组织思想表现较好的青壮年和家属讲话，党团员、社干部带头报名登记。报名大会一般以初级社或生产队为单位，时间不超过2个小时。

报名结束后，由支书、乡长、民政、治保委员和青年、妇联、民兵中队长等7至11人组成移民审查小组。报名人员先由社委会研究讨论通过，随即造册送乡人民委员会审查，最后报县人民委员会批准，最后由乡人民委员会以社为单位公布移民名单，由社通知移民准备衣物等。

第三阶段，处理青壮年移民的记工付酬问题。青壮年移民的记工付酬采取两头记工、农业社一头付酬的办法，具体方法：根据每个人的年龄、体力、生产技术和劳动态度，定出记工标准，按每个人在安置区的实际情况分别记工。确定标准的办法：一种是根据青壮年在社参加生产的同等劳动在正常情况下的实得劳动日为标准；另一种是预计出每个人全年应做劳动日为标准。两种办法各有其优缺点：第一种办法的优点是实际合理，只是确定对象，未评出具体劳动日；第二种办法的优点是评出全年劳动日，但无科学依据，各地所评数字高低悬殊，将会给以后工作形成波动（在一个农业社只能采用一种）。记工付酬的办法是：在安置区按每天劳动情况记工，每月将每个人的实得劳动日报农业社。青壮年在安置区所得工资和农副业收入按比例交农业社（青壮年的生活费用可暂借记账，以后在决分中扣除），参加社内分红。为了鼓励青壮年盖房、垦荒的积极性，凡实得劳动日超过标准者奖励5%，凡只达95%以上者按原标准记工，凡不到95%者应追查其原因，对个别怠于劳动者只按其实得劳动日记工。青壮年的途中误工可按每个人底分的70%记工，由国家农业社酌情补贴①。

同时，青壮年家庭确有困难者，由生产队按具体情况提出意见，经社管会研究同意，社员讨论通过，确定需要照顾的劳动日，经过协商包给家属自己选定或由社指定的社员，由社统一评出记工标准，按家属实际需要，有计划地进行帮工，所需要劳动日在义务劳动日内由劳力合理负担。

移民携带的130头牲口都是在社内现有牲口中确定、评价、携带。大型农

---

① 《关于三门峡水库区陕西渭南专区境内第一期第一批移民工作总结报告》（1956年10月15日），全宗号J020，目录号2，案卷号5，长期，潼关县档案馆藏档。

具由社统一抽配、评价，小农具由社确定数量和质量由移民自带，对个别有困难者，在带农具的种类、数量上予以照顾，灶具在社员中调剂解决、评价记账或评价暂借，以后折旧补偿。移民的被褥衣物，由移民自备，个别准备衣物有困难者，在社内暂时酌情借支，决分时统一扣除，借支有困难的农业社由移民经费酌情暂借。移民携带东西的种类和数量根据安置区的实际需要和各社实去人数决定：20 人带一套灶具，40 人带一头牲口，除牲口和每个人随身携带的行李外，每人携带物资平均 100 斤左右（第一批移民每人携带 99 斤）。

携带物资准备好后，有关单位成立检疫小组进行物资检疫。青壮年移民动身前办理好户口、党团关系、粮食、食油转移手续，带足一个月的全国通用粮票和一至三个月的伙食费用。

移民途中的食宿和物资运送，除在途中设立饮水站外，还设立 4 个集中站（大荔 1 个、朝邑 1 个、华阴 2 个）和 3 个接待站（潼关、下营、华县庄），共运送 5140 名青壮年、130 头牲口、50 多万斤物资（装了 36 个火车皮）。同时，16 名脱产干部、57 名社员负责途中物资保管，护送和饲养牲口。由于计划不周，防雨设备缺乏，致使一部分物资霉坏。

移民全部编队运送，渭南专区编为移民大队，下设 4 个中队（移民县编为中队）、7 个分队（安置县编为分队）、87 个小队（高级农业社或规划社编为小队）。移民运送过程中，渭南专区派出的运送人员随时了解青壮年移民的思想情况，管理移民的食宿，检查移民人数，给移民讲解卫生和乘车知识，从而保证移民运送安全。渭南专区 5140 名青壮年移民用 10 天全部运送到安置地区。

第四阶段，各县通过召开家属座谈会，干部逐户慰问，组织护送物资回来的干部巡回报告，对移民家属分类排队；调整各生产队、组的耕作区、劳力、畜力，安排好社内生产；对个别有困难而尚未彻底解决的给予合理解决；根据各社的具体情况，清理借支或垫支的经费手续。经过这一段工作，各社的生产恢复正常，移民家属的思想顾虑基本消除，情绪逐渐稳定下来①。

渭南专区通过上述四个阶段，于 8 月下旬结束移民工作。全区移民工作有以下几个特点：

一、从执行移民方针、政策方面来看，贯彻了自愿原则，移民工作基本上达到了本人通、全家通、全社通。另外，移民工作与当前生产紧密结合，做到移民生产两不误。

---

① 《关于三门峡水库区陕西渭南专区境内第一期第一批移民工作总结报告》（1956 年 10 月 15 日），全宗号 J020，目录号 2，案卷号 5，长期，潼关县档案馆藏档。

二、从移民完成任务的数量来看，移民任务原定5200人，经过宣传动员，自愿报名的有15493人，经审查批准实去了5140人，完成数占移民地区总人口的3.7%，占男全劳的19.3%，占报名的39.6%。

三、从移民的质量来看，全部为男性青壮年，95%以上年龄在18至45岁之间（一部分技工年龄稍大），其中各种技工812人，党团员836人，村主任和生产队长以上干部532人，43%以上都有中学或小学文化程度，大都是中农、贫农成分，没有地主、富农；大都身体健康，劳动积极，且不少是在以往各项运动中涌现出来的积极分子。

四、从青壮年移民离陕前各方面的表现看，青壮年支持移民。确定到安置区去的青壮年移民写保证书、争着讲话等表明他们到安置区要积极盖房、垦荒、争取早日建好新家园。留社的青壮年敲锣打鼓进行欢送，并保证搞好社内生产，负责解决和克服各种困难。

五、从青壮年走后的农业生产来看，各社调整了劳力、畜力或耕作区，生产已恢复正常，妇女和男半劳积极生产，劳动生产率较前有所提高。

六、从青壮年移民到达安置区的情绪来看，移民到达安置点后，银川专区党政领导率领剧团分头进行慰问，从而安定了移民的情绪。除安置在陶乐县的部分青壮年移民逃跑外，安置在其他各地的青壮年移民积极盖房、垦荒，为建设新家园而努力①。

第六节　安置移民

1956年，陕西省水库区青壮年实到银川5140人，分别安置在银川专区所属的8个县34个乡59个庄点，其中朝邑县2522人安置在贺兰县14个庄点1058人、平罗县3个庄点221人、陶乐县14个庄点800人、惠农县7个庄点443人；潼关151人安置在中卫县2个庄点；大荔499人安置在中宁县5个庄点；华阴县2018人安置在永宁县6个庄点1522人、宁朔县8个庄点496人。移民安置除九个社插社安置外，其余都是集体安置。

移民安置工作做得比较好的是中卫县、惠农县。中卫县刚开始时，移民情绪不安，建房不积极，当地干部与带队干部针对移民情绪，讲解了当地情况和

① 《关于三门峡水库区陕西渭南专区境内第一期第一批移民工作总结报告》（1956年10月15日），全宗号J020，目录号2，案卷号5，长期，潼关县档案馆藏档。

美好远景，及时解决移民零用钱等要求，深入工地帮助，设法改进伙食（每人每月伙食平均9元），结果移民劳动情绪高涨，151人在35天建成172间房屋，房屋质量过关、价格合理（每间平均220元—250元）。建房任务原计划3382间，已建成2006间，封冻以前还能够建成1809间，超过原计划433间①。

从移民安置情况来看，移民安置工作中的问题已初步解决，移民的思想情绪基本稳定下来，移民同当地群众关系也比较融洽。但在安置工作中也发生了不少问题：

一、不少移民到安置地区后，情绪波动大，特别是安置在陶乐、惠农两县的移民发生集体逃跑事件。陶乐逃跑370人（中途劝阻回去90余人），逃跑时乱拿衣物、喊打、造谣，有的社干部威胁社员说，"不跑打死你""我把你们带来，枪毙我，也要把你们打回去"。当地干部不敢讲话，带队干部管不了。安置在宁朔县、永宁县的移民，一见荒滩湖底，有的人痛哭流涕，不上工做活。有的人给家中写信说："父母大人心放宽，你儿住的荒沙滩，明年千万不要移，随后我就要回家去。"②

二、有些移民要求过高，甚至和当地政府闹对立。陶乐县两个庄点的移民安置不下去，移民提出每人八亩土地，要安置在八百斤产量的地方，要求"土质要好，带沙不要""银川八个县，看上哪儿在哪安"。贺兰四个庄点的移民怀疑土质不好，要求在平罗县安置。宁朔县、永宁县的移民投入生产后40%的青壮年要求冬季回家，有的提出要卡机布制服，二毛皮袄。平罗县一个庄点的建房用料不合理，每间房造价达400多元。庄基地每户平均1.5亩，当地政府和群众都有意见。

三、有些移民和干部不尊重当地领导，也不尊重少数民族风俗习惯，甚至违法乱纪。永宁县平吉堡的移民殴打当地群众，拦路挡汽车，坐车不掏钱。有的干部在选择庄点时，自作主张将房屋修建在大荒地中间，既不考虑当地交通、水渠的规划，也不考虑当地自然条件和材料准备的情况，致使修建的房屋不适用、不坚固，还严重浪费资源③。

上述问题产生的原因，跟移民故土难离、生活不习惯有很大关系，最主要

---

① 《关于甘肃省银川专区安置陕西移民工作情况的报告》（1956年11月17日），全宗号J020，目录号2，案卷号5，长期，潼关县档案馆藏档。

② 《关于甘肃省银川专区安置陕西移民工作情况的报告》（1956年11月17日），全宗号J020，目录号2，案卷号5，长期，潼关县档案馆藏档。

③ 《关于甘肃省银川专区安置陕西移民工作情况的报告》（1956年11月17日），全宗号J020，目录号2，案卷号5，长期，潼关县档案馆藏档。

的是安置区条件差。此外，还有以下三个方面的原因：

一、宣传教育方面。对移民工作的方针、政策宣传得不深不透，任务交代也不够明确，对安置区的实际情况宣传得不全面，特别是对如何克服困难讲得少，对产量差额的补助和房屋的补偿等问题也没有交代清楚。另外，部分群众的思想顾虑没有消除，克服困难的决心尚未树立起来。同时，教育移民尊重少数民族风俗习惯的工作做得也很差，致使有些移民到回民井上打水，引起回民不满。

二、组织领导方面。陕西派往甘肃协助工作的干部，不了解政策和任务，在许多问题上和当地领导意见不统一，甚至不相信当地领导，特别是先遣队个别干部与当地领导研究解决问题工作做得不够，在一些具体问题的处理上表现得急躁，引起一些不必要的误会和隔阂。有些移民干部配备不适当，不仅对协助安置工作起不到作用，还给工作带来不少困难，在群众中造成不良影响。从五千多名移民所配备的不脱产干部来看，不少小队长、社主任、会计遇到实际问题，束手无策。有些社干部去的时候，就有各种顾虑，影响工作。个别干部煽动移民集体逃跑。由于移民审查工作做得不认真，把一些非主要劳动力的幼年也移去，他们思念家乡，常哭鼻子。有的人公开表示他来看一看，有的人被社里硬派去，甚至有严重肺病、羊羔疯病患者和劳改初释放的分子也移去。所有这些问题，对巩固移民情绪、开展生产都产生了不良影响。

三、缺乏调查研究。工作计划性不强。移民安置方法上，过分强调“乡连乡，亲连亲”，以致安置地点不能及时确定下来，起初计划 4 个县安置移民，经过几次变更，最后确定为 8 个县。县确定下来后，安置庄点一再变动。如朝邑县移民到达后，安置的庄点仍未确定。移民物资转运也发生不少问题，不少移民的衣物、用具被损坏、霉烂①。

9 月 17 日，陕西省民政厅厅长、支援三门峡修建工程工作委员会副主任任谦到甘肃银川专区了解移民安置情况，深入贺兰、陶乐等七县慰问移民，勘查新建房屋和庄点，并参加了银川专区移民委员会扩大会议，与当地党政领导和主管业务部门协商解决安置工作中出现的一些问题：

一、关于安置移民的时间和人数问题。经陕甘两省研究确定：1957 年迁移 25040 人，主要是青壮年的家属。各安置县的分配：中卫县 540 人，中宁县 2000 人，宁朔县 2000 人，永宁县 7500 人，贺兰县 5300 人，平罗县 1100 人，惠农县

---

① 《关于甘肃省银川专区安置陕西移民工作情况的报告》（1956 年 11 月 17 日），全宗号 J020，目录号 2，案卷号 5，长期，潼关县档案馆藏档。

2600人，陶乐县4000人。迁移时间是，1956年冬先迁移一部分拖累少的家属；1957年3月初再迁移一批家属，其余家属和先遣劳力到1957年7月中旬全部移完，其余17万人按计划到1960年逐年移完①。

二、关于安置不下去的六个庄点的处理和土地问题。贺兰县的四个庄点和陶乐县的两个庄点，由于移民嫌土质差，庄基地界没有划清，有的移民提出过高的要求，经说服教育，分别采取调整划清庄基地界和插社等办法，安置下去。根据移民安置情况，每人平均土地四亩左右，除庄基、水渠、大道外，每人可保证3亩土地（将来的水地），在划归移民土地和庄基内，有当地群众的坟墓，其迁坟问题由当地政府处理，发给迁坟费，所需款项可在移民费内报销。

三、关于房屋修建问题。1956年的房屋造价不平衡（220元至400元），房子造价清算出来，不论超过与否，全部准予报销。为了平衡造价，从1957年起，采取“定型设计，统一规格”的办法，所有木料由专、县统一加工，分点使用，并以计件包工交移民修建。房屋造价根据各地材料和运输条件不同，每间一般应控制在300元左右，每户暂时按三间房屋修建（公用房在外），将来再由移民根据自己需要，逐步进行扩建，房屋的形式可由移民确定。

四、关于移民误工的补助问题。移民因庄点未划定、工具未及时运到、材料供不应求等所造成的误工，政府给予适当补助。补助的办法是，先由移民先遣队弄清楚误工的原因和数目，提出补助意见，经县审核报专署批准，给予补助。押送物资人员的途中补助，按八分由社内计分，国家给社内每人每天补助一元二角，护送牲口人员的途中补助，按十分由社内计分，国家给社内每人每天补助一元五角。逃跑误工的不补助，自逃跑之日起至回到安置地点，这一段不能补助。途中误工补助按原规定途中误工办法处理。

五、关于衣物的补助和伙食差价问题。凡缺衣或衣被单薄的，暂时由政府借钱添补；凡衣物霉烂的，按霉烂程度，民主评议，经县批准给予补助。凡衣物遗失的，经调查属实，报专署批准，给以赔偿。伙食按各县实际情况，每人每天补助一角，个别地区不超过一角五分。此外，移民住医院的伙食超支部分，可以在医药费内开支。移民伙食及零花钱，从移民经费内借支，将来计算工资时，予以扣除。

六、关于青壮年移民冬季回家问题。青壮年移民一般不需要回家，个别特殊情况需回家的，必须由库区县上证明，以免造成国家、个人财力、物力的浪

---

① 《关于甘肃省银川专区安置陕西移民工作情况的报告》（1956年11月17日），全宗号J020，目录号2，案卷号5，长期，潼关县档案馆藏档。

费。另外，安置地区对移民的冬季生产工作已作了安排①。

第七节　移民返陕及其处理

从 1956 年 8 月下旬开始，安置在银川的移民零星返籍。其间发生两起集体返籍事件：一起是先遣青壮年到达安置区的第三天，安置在陶乐县的朝邑县移民因安置点离村庄远，比较荒凉，有 400 多人分批集体返籍；另一起是农历年节前后，有部分移民集体返籍。这两次集体返籍和零星返籍的移民共 1800 多人，后被陆续送回安置区 1100 多人。这两次集体返籍事件是局部的，由于及时平息，没有波及其他地区②。

1957 年 7 月上旬，银川专署会同陕甘两省工作组，召开了有陕西和银川区移民干部参加的移民工作会议，根据陕甘移民委员会③第二次会议精神，布置了移民任务缩减后插社并点等问题。7 月中旬，各县刚开始宣传布置，移民情绪发生急剧波动，出现群众性的返籍浪潮④。

这次移民返籍人多面广，不少地方工作干部不知如何应对，移民一见干部特别是负责干部就围攻或厮闹，不让干部宣传解释。永宁县移民把专署雷副专员锁在房内不让出来。惠农县移民殴打副县长。宁朔县 200 余人扯旗敲锣到县上请愿，并把移民办公室主任从讲台上拉下来厮闹。有些移民骂："这样移民是拔壮丁，抽蒜薹，以往欺骗了我们（指移民任务缩减，不再整乡整社迁移）。"有的人出卖自己的东西，有的人连集体的生产工具和修建材料也偷着出卖。成熟的夏作物不收割，秋庄稼不浇水。

---

① 《关于甘肃省银川专区安置陕西移民工作情况的报告》（1956 年 11 月 17 日），全宗号 J020，目录号 2，案卷号 5，长期，潼关县档案馆藏档。

② 《关于甘肃省银川专区陕西水库区移民闹事返籍问题处理情况的报告》（1957 年 8 月 23 日），全宗号 J071，目录号 2，案卷号 12，长期，潼关县档案馆藏档。

③ 陕甘移民委员会由 6 人组成，主任由陕西省副省长韩兆鹗担任，副主任由甘肃省副省长陈成义担任，其责任主要是：（1）共同研究确定有关三门峡水库区陕甘两省移民和移民安置工作中的方针、政策、任务、时间、经费划拨、业务划分以及有关重大问题。（2）沟通和统一陕甘两省移民专业部门在进行移民和移民安置工作中的意见。（3）检查陕甘两省对移民专业部门关于三门峡水库区陕西境内移民和移民安置工作的方针、政策执行情况。见《三门峡水库区陕甘移民委员会第一次会议（扩大）纪要》（1957 年 3 月 2 日），全宗号 J071，目录号 2，案卷号 12，长期，潼关县档案馆藏档。

④ 《关于甘肃省银川专区陕西水库区移民闹事返籍问题处理情况的报告》（1957 年 8 月 23 日），全宗号 J071，目录号 2，案卷号 12，长期，潼关县档案馆藏档。

为了解决这一混乱情况，甘肃省一面指示各县和工作组停止召开群众大会，把移民社主任和基层脱产干部调回县上开会，一面禁止当地群众收买移民的东西，发动当地群众慰问劝解移民，并抽调干部在汽车站劝阻移民，同时向干部指出，移民返籍属于人民内部矛盾，必须坚持说服教育的工作方法。然而，移民情绪波动较大，一时难以扭转。宁朔县叶升乡移民为出卖东西互相打架，并跟当地群众吵架，甚至破坏卖不出去的东西。中宁县的当地群众慰问移民时，移民不但不接受，反而持棍威胁，把当地群众赶回去。大量移民拥到车站阻拦汽车返籍，有的人在途中卧路挡车，以致银川汽车站四天未能出车，中宁汽车站三天未能出车，吴忠汽车站一天未出车，这样一直持续至7月下旬①。

移民最初听从政府的安排迁移到银川，时隔不到一年强烈要求返籍。移民的态度为什么会出现这么大的转变？其原因有以下几个方面：

首先是移民有浓厚的“故土难离，亲族难舍”思想。移民大多数来自关中平原，群众的生产、生活水平较高。因此，移民对安置地区的要求较高，稍有风吹草动，就容易引起回乡情绪的波动。之前没有闹事返籍事件，是因为原计划整乡、整社迁移，亲朋邻居都在一起。后来改为只迁青壮年及其家属，其他人暂时不来，割断了他们的亲邻关系，牵动了乡土观念，所以强烈要求返籍。

其次是对移民的政治思想教育工作做得不够，对一些应该解决也可以解决的具体问题处理得不够及时，或者处理不当，引起部分移民不满。如在宣传动员工作中，有些干部只说安置区的优点，很少说安置区的困难，没有让移民树立起艰苦奋斗、建家立业的思想。有些地区为了完成移民任务，把一些单身汉、二流子和管制释放分子动员到安置区。这部分人很多是移民返籍的煽动者和策谋者。另外，在处理移民不便携带的物资中，存在价款偏高偏低的现象，偏低的就抱怨政府，心存不满。

个别地区限于水利条件，只种了少量蔬菜、粮食，由于对移民的生产技术指导做得不够，有些作物生长较差，减弱了移民建家立业的信心，引起移民思想的波动。在经费管理上，缺乏一套合理严密的制度，致使处理移民生产、生活问题，全部采取借支的办法，不仅移民有意见，而且出现开支不当的浪费现象。移民工作计划不周，情况估计不足，以致移民任务和安置点一再变更。所有这些，引起了移民思想波动。

再次是个别人抓住移民思想波动的机会，夸大困难，煽动和组织移民闹事

---

① 《关于甘肃省银川专区陕西水库区移民闹事返籍问题处理情况的报告》（1957年8月23日），全宗号J071，目录号2，案卷号12，长期，潼关县档案馆藏档。

返籍。当干部向移民解释时，他们提出：“你只说如何送我们回陕西，不让谈其他问题，不让组织讨论。”干部坚持继续工作时，就煽动妇女、青年出面哄闹或撕拉，迫使干部退缩。他们向群众宣传：“政府害怕闹事，你只要闹得把交通断绝了，政府就会软下来，放你回去。”因此，移民在这些人的怂恿之下包围汽车站，阻挡汽车。

最后是干部未发挥应有的作用。有些干部不能根据具体情况，想办法解决问题。有些干部带头率领移民返籍。有些干部暗中指使移民闹事，打算自己随后返籍。有些干部对移民贱卖东西和返籍抱着不管的态度。有些干部向移民办公室借钱或变卖公物给社员发返籍费用。这些干部虽经过教育表示悔改，但给移民工作造成了严重损失①。

移民闹事返籍事件出现后，为了配合安置区做好移民巩固工作，陕西省要求库区各县必须把移民工作列为当前的中心工作之一，尽快动员返籍移民和其家属返回安置区，同时动员各机关、团体、农业社给安置区移民写信慰问，并采取以下措施巩固移民工作：

一、库区各县应使干部认识到银川的移民如不能巩固下来，将使国家在政治上、经济上遭受很大损失，也会给今后移民工作增大阻力。各县要鼓励移民干部积极工作，组织库区农业社和群众中有代表性的积极分子到三门峡水利枢纽工程工地进行参观，以扩大影响，坚定群众“水库必修，民必移”的信念。

二、各县要妥善解决返籍移民的住宿、吃粮、生产等问题，尽快动员返籍移民返回安置区，还要防止返籍移民扩大安置区困难和带有破坏性的宣传，以免产生不良影响。

三、银川专署要尽最大努力做好移民巩固工作。对于已离开庄点的移民，要动员他们返回原庄点。对于酝酿返籍的移民，要教育移民中有威信的社干、党团员，使他们带动群众安下心来②。

经过陕西省、甘肃省移民干部劝阻，移民闹事返籍已基本停止，但部分移民还在看风头，闹事返籍的可能性仍然存在。因此，陕西省、甘肃省采取以下措施，开展移民工作：

一、迁安两区在事件平息后，进行思想整顿工作，从思想上消除闹事返籍的根源。同时，要配合整风运动，开展群众性的大辩论。其辩论的内容：首先

① 《关于甘肃省银川专区陕西水库区移民闹事返籍问题处理情况的报告》（1957年8月23日），全宗号J071，目录号2，案卷号12，长期，潼关县档案馆藏档。

② 《关于目前移民工作情况和意见的报告》（1957年7月15日），全宗号J071，目录号2，案卷号12，长期，潼关县档案馆藏档。

是辨明迁移部分人支援国家建库的大是大非，其次是辨明这次事件的是非和给国家及移民个人造成的严重损失；再次是通过国家对移民的各种帮助（必要时算细账），辨明国家对移民的关怀和照顾；最后揭露和改进移民工作中的缺点。通过辩论这些内容，确立“迁一家，保千家”的观点，树立艰苦奋斗、建家立业的信心。

二、迁安地区做好移民的生产、并点和返籍移民的再迁工作。安置区按照不同情况，执行“生产为主，建房为辅”的移民工作方针：凡建房已基本完成的地区，以大部分或全部力量投入生产，在不影响移民使用的前提下，附带完成未完成的建房任务；建房任务不及半数的地区，以主要力量从事建房，但尽可能地把生产搞得更好些。迁并庄点，按移民的意愿，照顾移民的亲邻关系。迁出区采用个别访问和小型座谈等形式，动员返籍移民返回安置区。迁出区不能歧视返籍移民，解决移民的生产和食宿问题，但不能给长期性的生产和食宿安排，以利动员返籍移民和安置区的巩固工作。

三、迁安的人数。陕甘移民委员会第二次会议确定，移民任务暂定为27000余人。为了照顾移民的亲邻关系，根据安置区的土地、水利等条件，可以增加移民人数。在不超过50000人以内，迁移青壮年的主要亲属和亲戚。一些小村、小社集体分期分批迁移。

四、移民经费从速结算、清理，建立和健全必要的管理制度。库区与安置区社与社之间的经济手续进行典型调查，为隔断经济关系做好准备。一些土地还没有确定到社，房屋还没有确定到户的，从速确定。

五、陕甘两省报请国务院把三门峡水库高程早些确定下来，以便水库区和安置区根据具体情况安排迁安工作①。

① 《关于甘肃省银川专区陕西水库区移民闹事返籍问题处理情况的报告》（1957年8月23日），全宗号J071，目录号2，案卷号12，长期，潼关县档案馆藏档。

第三章

潼关县自然概况和历史沿革

潼关县位于陕西省东端，处于陕西省、山西省、河南省交界的黄河三角地带，有独特的自然情况和悠久历史。

第一节　潼关县自然概况

潼关县位于陕西省最东端，南靠秦岭与洛南相接，北隔黄河、渭河与山西芮城、陕西大荔相连，东与河南灵宝接壤，西与华阴为邻。西距西安市 144 千米，距渭南市 82 千米。县境地处北纬 34°23′—34°40′、东经 110°09′—110°25′。南北长约 30 千米，东西宽约 22 千米，总面积 444.96 平方千米。秦岭八道垴海拔 2132.10 米，为全县最高点；黄河出境处海拔 325.70 米，为全县最低点①。

全县的地貌由南向北分为山地、残垣沟壑和黄渭河谷三种类型。秦岭山脉，东起西峪，西至华阴县蒲峪，土地面积 176.66 平方千米，占总面积 39.7%。南北地质断陷，形成西峪、东桐峪、善车峪、太峪、麻峪、蒿岔峪、潼峪 7 条峪道，各长 15 千米左右。此外，自东而西有长 5 千米以下的大猯峪、马峰峪、党家峪、翟家峪、翎峪等 146 条小峪道。全县台塬沟壑地东起牛头塬东端，西连华阴县孟塬，土地面积 194.79 平方千米，占总面积 43.8%。黄、渭河谷包括黄、渭河的河漫滩和黄渭河南岸狭长阶地，土地面积 73.51 平方千米，占总面积的 16.50%②。

全县有大小河流 29 条，最大的潼河由南向北，穿过潼关老县城流入黄河，其他自然河道以及沟岔洪水均流入黄河。黄河在县境内流程 18 千米，由渭河滩

---

① 潼关县志编纂委员会．潼关县志［M］．西安：陕西人民出版社，1992：43.

② 潼关县志编纂委员会．潼关县志［M］．西安：陕西人民出版社，1992：44-45.

地东北入境，到花园东折，经老县城、沙坡村入河南省境①。

潼关县处于温带，常年平均气温为13℃左右，夏季最高气温为41℃，冬季最低气温为11.7℃，无霜期为200天左右。气温大体变化是：3月至5月天气开始转暖，气温逐渐上升，但在4月前后，冷空气活动较活跃，最容易出现霜冻，对农作物生长很不利。6月至8月是夏季，天气炎热，温度回升快，容易产生地方性的雷阵雨。9月至11月转寒，12月至来年2月寒冷缺雨。由于地势复杂，南北差异较大。农时季节，塬下与塬上相差五天左右，塬上与山区相差十天左右。雨量7月至9月最多，5月至6月雨量较大，12月至来年2月降雨量最少，常年雨量为600mm左右。

潼关县的土壤大体分为以下几种：红壤土，分布较广，腐殖质较多，颜色较暗，保墒时间长；白善土，分布于前塬、川道、滩地地区，熟化层较厚，保墒保肥力强；棉盖土，分布于中塬一带，土质疏松，易于耕作；黄盖土，熟化层较厚，保墒保肥力强；黑壤土，主要分布于塬上中腰一带，土质肥沃，利于农作物生长。另外还有黄白沙土，分布于沟渠及河流两岸；黄胶泥分布于李家村、安乐乡沿山一带，黑沙土分布于山峪地区，红胶泥分布于靠山一带，盐碱土分布于高桥乡的塬下吊桥、磨沟河一带②。

第二节　潼关县历史沿革

商代，潼关称为桃林，属定国。周代，潼关称为“渭汭”，属虢国（北虢）。春秋时，潼关称为桃林塞，属晋。汉高祖五年（公元前202年），或立船司空县，潼关属船司空县。建安十八年（公元213年），船司空县并入华阴。

北魏永熙三年（公元534年），潼关属定城县，西魏时定城县并入敷西县。隋大业五年（公元609年）敷西县改名华阴县。唐垂拱元年（公元685年），华阴县改称仙掌县。神龙二年（公元706年）仙掌县又改名华阴县。后经五代、宋、金、元，潼关均属华阴县。

明洪武九年（公元1376年），设潼关卫，属河南都司。清雍正二年（公元1724年）撤潼关卫，雍正五年（公元1727年），设潼关县。乾隆十三年（公元

---

① 潼关县志编纂委员会．潼关县志［M］．西安：陕西人民出版社，1992：49-50.

② 《潼关县基本情况》（1966年12月12日），全宗号J020，目录号1，案卷号297，永久，潼关县档案馆藏档。

1748 年）改设潼关厅，属陕西潼商道同州府。

1913 年，撤潼关厅，设潼关县，属陕西关中道。1939 年，潼关属陕西第八区行政督察专员公署（治所在大荔县）。1947 年，潼关属陕西第二区行政督察专员公署（治所在华县）。

1949 年 5 月 29 日潼关解放，属渭南专员公署，隶陕甘宁边区政府。全县分设一、二、三、四、五区，共辖 34 个乡。1950 年 5 月，潼关改隶陕西省人民政府。

1955 年，潼关撤区并乡，辖 9 乡 1 镇：吊桥乡、南头乡、吴村乡、安乐乡、李家村乡、太要乡、代字营乡、南营乡、十里铺乡、城关镇。

1958 年，潼关裁撤乡的建制，保留城关镇。原来的乡设红旗、东风、秦岭（后并入超英）、超英、卫星、东方红人民公社。同年 12 月，潼关县与渭南县合并，设潼关人民公社，属渭南县，隶陕西省人民政府，辖城关、高桥、吴村、安乐、李家村、太要、代字营、南头 8 个管理区 76 个生产大队 5 个居民区。

1961 年 8 月，潼关县恢复建制，调整为城关镇和吴村、安乐、高桥、港口、南头、代字营、太要、李家村人民公社，辖 12 个居委会、81 个生产大队。1983 年调整为 82 个生产大队。

1984 年，潼关废社设乡，辖城关、太要、港口镇、吴村、安乐、高桥、南头、代字营、李家村乡 9 个乡（镇），把 82 个生产大队改为村委会，512 个生产小队改为村民小组①。

2005 年，潼关设 4 镇（城关、太要、桐峪、秦东）4 乡（高桥、安乐、代字营、南头）9 个社区居委会，83 个村民委员会，509 个村民小组②。

---

① 潼关县志编纂委员会．潼关县志［M］．西安：陕西人民出版社，1992：65~75.

② 潼关县地方志编纂委员会．潼关县志（1990—2005）［M］．西安：三秦出版社，2012：37.

第四章

潼关县移民前的准备工作

潼关县为了做好移民工作，通过全面调查工作，摸清库区的情况；通过宣传教育，消除群众的各种思想顾虑；组织移民代表，参观移民安置区；设置移民工作管理机构，在吊桥乡公联社试办移民工作；这一系列工作为移民工作的顺利开展做好了准备。

第一节　调查库区移民情况

为了迁移库区居民，潼关县对水库区的县城、农村展开调查，确定了移民人数、拆迁房屋数、搬运物资数，同时也摸清了群众的思想情况，为消除群众的思想顾虑、动员移民迁安做好了充分准备。

一、技术经济调查

1956 年 3 月 19 日，技术经济调查队 16 人到达潼关后，召开了有关人员会议，对潼关县水库区技术经济调查工作做了安排，讨论了调查工作中的具体问题，确定了调查典型（城关镇新东街一段、吊桥乡南王堡、冯家城、十里铺乡西北村），并将调查任务做了分工：调查队 14 人（5 人负责调查城镇，6 人负责普查农村，3 人负责调查典型）分赴城乡工作，其余 2 人留办公室负联系、督导、检查之责。

全县三级干部会议后，县领导召开水库区有关人员座谈会，说明技术经济调查工作的重要性，对宣传工作做了专题报告，提出各区乡抽调干部 1 人帮助技术经济调查工作，其余人员在做好中心工作的基础上，对调查工作予以协助。

调查工作分城镇、农村、典型三组，具体分工：城镇组 5 人在县城调查，农村组 6 人分赴吊桥、十里铺，典型组 3 人来往于城乡之间，林业、卫生技术人员2人分别编入城镇组、典型组①。

3月10日，城镇组开始工作，由于两个居民委员会全是刚参加工作的人员，业务生疏，难以寻找到所要材料。城镇组成员研究后，直接向77个居民组调查，取得了材料。

农村组进入农村后，十里铺乡西北一、二村与西北三、四、五村原为两个村，高程表上以两个村列出，但现在这两个村为行政村（包括五个自然村），如将这两个村作为自然村调查，不符合行政区划，也不符合以自然村为调查单位的规定，如以五个自然村为调查单位，高程无法划分。经研究后，暂按两个村统计，备考内注明（吊桥乡也有类似情况）。

典型组所选的点，是经过三门峡工作委员会通过的。选出的典型房经测量推算后，三门峡工作委员会提出修正意见，指定专人勘查修正，如城镇所选董合存泥瓦平房在县城不具有代表性，改选为王敬义泥平正房。同时，农村典型户房屋料价评得不够实际，计算方法也有错误，都予以纠正。

3月19日，各组收集完材料。23日，调查队去支援华县。29日，调查队返回潼关与专署检查组将所调查资料进行初审和复审，以保证资料的准确性。4月7日，调查队召开了生活检讨会，检查了工作中存在的问题。4月12日，全县调查工作结束②。

此次调查工作是根据《陕西省支援三门峡水库修建工程工作委员会关于陕西境内水库区清理工作初步设计阶段综合调查工作计划》的要求"查明水库区范围内一切淹没损失和破坏对象"开展的调查工作。潼关县的技术经济调查工作主要包括以下三方面：

（一）农村调查。潼关县调查了吊桥、十里铺两个乡28个自然村1438户6035人，其中农户1397户5861人，全劳2425个，半劳606个，牲畜754头，共有耕地面积17664.51亩。吊桥、十里铺共有农业生产合作社27个，入社农户1208户5093人，全劳2135个，半劳523个，共有耕地面积15816.7亩，牲畜669头。

（二）县城调查。县城有5247户20891人，其中农户698户2888人，全劳1301个，半劳349个，牲畜268头，共有耕地面积9129.31亩，共有农业生产合作社4个，入社农户675户2797人，全劳1091个，半劳353个，共有耕地面

① 《潼关水库区清理工作初步设计阶段综合调查工作总结报告》（1956年4月13日），全宗号J020，目录号2，案卷号4，长期，潼关县档案馆藏档。

② 《潼关水库区清理工作初步设计阶段综合调查工作总结报告》（1956年4月13日），全宗号J020，目录号2，案卷号4，长期，潼关县档案馆藏档。

积 7112.85 亩，牲畜 669 头，牲畜 211 头。

库区县城、农村居民 6685 户占全县总户数 16956 户的 39.43%，人口 26925 人占全县总人口 70161 人的 38.38%，耕地面积 26793.82 亩占全县总耕地 229419 亩的 11.68%，其中农业户 2131 户，占全县总农户 12568 户的 16.9%，人口 8694 人占全县农业人口 52083 人的 16.7%。农业生产合作社 31 个，入社农户 1883 户，入社人口 7890 人，耕地面积 22929.55 亩。

全县库区根据 8 级高程推算，其淹没情况如下：330 米以下淹没 2051 户 8213 人，房屋 5747 间；335 米以下淹没 4059 户 16227 人，房屋 11315 间；340 米以下淹没 4853 户 19473 人，房屋 14123 间；345 米以下淹没 5661 户 22759 人，房屋 17409 间；350 米以下淹没 6326 户 25454 人，房屋 19736 间；355 米以下淹没 6554 户 26404 人，房屋 20514 间；360 米以下淹没 6685 户 26926 人，房屋 20852 间。关于耕地面积淹没情况：333.6 米以下淹没耕地 3681.6 亩，349 米以下淹没耕地 13317.18 亩①。

（三）典型调查。潼关县调查了县城、农村具有代表性的房屋、物资，为房屋拆迁、搬运物资做了充分准备，以保证移民工作按时实施。

1. 房屋调查

这次房屋调查共选典型村（街）四处（城关镇新东街一段、吊桥乡南王堡、冯家城、十里铺乡西北村），选 1524 间房屋，其中典型房屋 19 间。各类典型房屋情况如下：

房屋类别	重造价（元）	平均折旧率	时值价（元）	残料价	水库区房屋数 8188（间或孔）	
					间数	比例（%）
砖瓦楼房（正）	1009.83	72.3%	730.1	456.99	178	2.2
砖瓦平房（正）	854.65	66.6%	569.2	422.23	548	6.8
砖瓦平房（厦）	379.65	67.2%	255.12	158.68	520	6.4
泥瓦楼房（正）	453.51	64.5%	255.21	201.7	552	6.7
泥瓦楼房（厦）	250.75	66.1%	165.94	117.35	544	6.6
泥瓦平房（正）	418.88	61.5%	257.36	183.89	1323	16
泥瓦平房（厦）	209.82	66.2%	138.17	80.4	3523	43

① 《潼关水库区清理工作初步设计阶段综合调查工作总结报告》（1956 年 4 月 13 日），全宗号 J020，目录号 2，案卷号 4，长期，潼关县档案馆藏档。

续表

房屋类别	重造价（元）	平均折旧率	时值价（元）	残料价	水库区房屋数 8188（间或孔）	
					间数	比例（%）
草房	70	75%	48.9	42.83	621	7.6
土窑					243	2.9
砖楼厦房					112	1.4
砖窑					24	0.3

2. 物资调查

潼关县根据水库区居民、商号、机关、学校等不同情况，选出典型户 8 户，其中农民 4 户，每户平均物品 56 件体积 16.528 立方米，重量 878 千克；商号 1 户物品 81 件体积 7.3015 立方米，重量 508 千克；机关 1 户物品 324 件体积 40.4 立方米，重量 557 千克；学校 1 户物品 2102 件体积 36.692 立方米，重量 9105 千克。酱园 1 户物品 2358 件体积 465.072 立方米，重量 557 千克①。

通过这次技术经济调查工作，潼关县虽然初步掌握了水库区的基本情况，但还需继续调查和收集资料，如各种物价指标以及其他有关资料，才能为移民工作做好充分准备②。

二、调查县城西关街六大行业

1956 年 6 月 13 日至 1956 年 6 月 22 日，为了获得可靠资料和给移民工作打好基础，潼关县以西关街为典型，根据行业分布、行业类型、居民居住等不同情况，将行业分为六大类（纱布棉布类、百货业、服务业、杂货业、饮食业、手工业），采用个别交谈、个别串联、小型会议座谈、逐户访问进行了调查。

潼关县城地处陕西、山西、河南交界之处，是水陆码头交通要塞，来此客商比较繁杂。从工商业、商贩、市民来看，多系外省人，经商时间长，生活多半以商业为生。西关街的商业大致分为六大行业（以生产单位参加营业户计算）：

（一）百货业 61 户，外省 58 户（河南 57 户，河北 1 户），陕西 3 户，外省占总户数的 96%。

① 《潼关水库区清理工作初步设计阶段综合调查工作总结报告》（1956 年 4 月 13 日），全宗号 J020，目录号 2，案卷号 4，长期，潼关县档案馆藏档。

② 《潼关水库区清理工作初步设计阶段综合调查工作总结报告》（1956 年 4 月 13 日），全宗号 J020，目录号 2，案卷号 4，长期，潼关县档案馆藏档。

（二）服务业130户，外省87户（河南61户，山东5户，江苏2户，河北5户，山西14户），陕西43户，其中潼关32户，外省占总户数的66.9%。

（三）杂货业65户，外省43户（河南23户，山西27户，河北2户），陕西22户，其中潼关17户，外省占总户数的66%。

（四）手工业120户，外省103户（河南86户，山西17户），陕西17户，其中潼关12户，外省占总户数的85%。

（五）棉布业32户，外省32户（山西3户，山东1户，河南26户），潼关2户，外省占总户数的93.75%。

（六）饮食业159户，外省129户（山西3户，山东7户，河北5户，河南111户，湖南1户，四川1户，安徽1户），陕西30户，其中潼关27户，外省占总户数的82%。

以上567户，外省450户，占总户数的79%，这些商业户除公私合营外，其余均为经销、代销。据了解，各行业经营一般营业额都在上升，仅百货业营业额下降，其原因是地区狭小，小百货市面容量较多，加之其他商业兼有百货，所有百货某种商品直销、盈利不多或亏本。如百货合营店15户16人，流动资金6194.3元，2月到5月营业额24731.43元，批零差率14%，毛利3462.4元，共收入3495.7元，开支3995.35元，亏本499.63元。经销代销户资金少人口多也难以维持生活，如经销户郭志练资金130元，5月份营业额39.5元，毛利10.44元，除各项开支25元外，每月亏损14.56元，类似的经销户还有①。根据调查了解、征求意见，六大行业、市民的迁移意愿如下②：

单位名称	总户数	愿迁户	不愿迁户	不愿迁户占总数%
纱布业	32	29	3	9.4
百货业	61	38	23	38
杂货业	65	33	32	49
手工业	120	79	41	34
服务业	130	72	58	43
饮食业	159	84	75	49
市民	132	63	69	52

① 《潼关县城市调查工作报告》（1956年6月22日），全宗号J020，目录号2，案卷号4，长期，潼关县档案馆藏档。

② 《潼关县城市调查工作报告》（1956年6月22日），全宗号J020，目录号2，案卷号4，长期，潼关县档案馆藏档。

以上699户愿迁的398户，不愿迁的301户，占总户数的43%（干部家属143户，半农半商14户未在表内列出）。

航运工人26户（河南24户，河北1户，山东1户），愿迁的4户，不愿迁的7户，不动的15户。

搬运工人98户（河南71户，河北3户，山东17户，江西1户，安徽1户，辽宁1户，陕西4户），愿迁的10户，愿回家的26户，不动的62户。

六大行业的从业者之所以有上述不同的迁移意愿，是因为这些人顾虑较多，如有些人认为迁移后营业更困难；有些人原籍有房屋、土地、父母兄弟等直系亲属，打算回原籍。因此，这些从业者对迁移表现出截然不同的态度：

（一）饮食业、服务业（照相、旅社、理发、茶庄、饭馆等）大部分是从外省迁入的，生活尚可维持，不愿迁移。他们认为，他们的行业适合于交通要道，若迁移到那里不是偏僻的农村，就是初成立的城市，来往客商不多，对营业不利。特别是旅店业在此经营人情熟悉，客商来往畅通，有利营生，若迁移到那里，影响经营。如饮食业合作饭店的周玉齐说，合营后，我还投资了几百元，若迁移时政府能抽给我股金更好，若不然随行业带走，我宁愿丢掉这一股金也不愿迁移。旅店业的祁成业不愿迁移对人说："我准备打听着，他从西迁，我向东搬，他从北迁，我向南搬，谁还愿去呢？"

（二）酱醋业、手工业的竹笼业对迁移影响自己经营有种种顾虑，酱菜业反映，在潼关经营此行业前途尚大，气候水土适合于他们的发展，迁移到那里不要再想卖潼关的酱菜了。12户编菜篓的也为自己职业前途考虑，不愿改行，也不愿离开潼关。竹笼业加工订货，害怕迁移后无原料供应，若转行劳力不行。社主任赵心华说："若迁到那里，还想从事此营生，不知政府许可否，若转业他们一部分人准备回老家，一部分人想从事农业。"

（三）百货、杂货、纱布行业158户，除38户合营外，其余均为经销代销户，每月获利不够维持生活。这些人对迁移有各种顾虑，如老家其父母年迈体衰，他走了无人照顾。这类人占总行业的30%，如纱布业的何志邦家在河南，离不开父母。另一部分人经商时间久，没有劳动习惯，迁到那里怕政府叫他弃商转农，这类人占60%，杂货业的苏华亭说："叫我经商我同意，叫我务农我不去。"还有一部分人担心迁移后生活成问题，投资建房削弱了他的经营力量，水库区的房子折价少，抵不上新盖一间房子的用料，也不知政府如何安排，这类人占90%，如百货业的昝秀廷说："我对迁移没意见，就是资金少，恐怕到那里住房修盖不起，若用自己的资金盖房，恐怕生活成问题，那里房可以租吗？"

（四）一些搬运、航运工人、市民、干部家属有不同的反映。航运业工人认为，水库形成后，航运离不开他们，大部分人不愿迁移。市民除半商半农的外，大多为干部家属，对迁移没意见，爱人调到哪里就跟到哪里。如刘淑琴的丈夫在卫生院工作，她说："迁移我没意见，我爱人调到哪里我跟到哪里。"一些半商半农的人愿意弃商转农，如徐占元及一个卖布的老汉说："我迁移到那里是否种地，种地我愿意，到那里开荒多好，今后的生活会幸福的，谁愿回老家，老家倒有咱的啥?"一部分人不愿远离老家，西关街一、二组 32 户湖南人愿意回老家。

（五）机关干部方面，仅在县供销合作社、百货公司、消费合作社调查。如供销社有工作人员 64 人，家在水库区的干部跟家走，家不在水库区的干部要求调回原籍或调到其他机关工作。家在水库区其本人不在水库区，迁移时要求跟家走①。

六大行业的从业者不仅对迁移表现出如上述的态度，而且对国家迁移安置提出不同的要求，对迁移后的财产处理也有不同的意见。

（一）公私合营的商户提出：迁移时，公共财产及一些商品统一交给国家贸易部门处理，安置区的货物、商品由国家拨款购置。私人的财产、房屋等由国家作价收购，自己的日常生活用品可自行处理。

（二）各行业的一些经销户提出：他们在迁移时愿意公私合营，这样便利迁移、安置，其原因有：1. 他们经营的商品种类多（畅销和滞销商品），各占比例不同，一时难以处理。若合营，国家可统一处理，可在安置区拨给他们资金或商品，省去迁移时的很多麻烦。2. 有些经代销户资金少，经营难以维持现状，生活有时成问题，迁移后抽资金修建或租赁房屋，影响他们经营。合营后，政府统一安排，经营也有着落，住房也可由政府合理安置，或者迁到安置区合营也行，不愿经销。3. 公私合营、经销代销户愿意随行业迁移，愿意按行业安置，不愿分散迁移、分散安置，其原因是：随行业迁移，物品处理不紊乱，业务有专人把握，迁移方便安置也方便。有些商业经销户提出，他们历来经商，没有劳动习惯，加之有些户劳力少（夫妇商店或五六口人一个劳力的），迁移后不愿从事农业生产或其他职业。这些人在百货业、纱布业、杂货业，饮食业占 80%，手工业较多。还有些工商户提出：安置区的房子由国家修建，他们到那里租用（家属住房在内），若抽劳力去建房，他们多半是夫妇店无法抽人，若投资建房，则影响他们的营业收入和家庭生活。

① 《潼关县城市调查工作报告》（1956 年 6 月 22 日），全宗号 J020，目录号 2，案卷号 4，长期，潼关县档案馆藏档。

（三）搬运、航运业户认为水库形成后，搬运、航运需要他们，他们的技术适合在水库运用。渔业户提出：他们以打鱼为生，准备后靠或者让政府组织起来从事此行业。

（四）市民（包括半商半农户）提出，凡半商半农有劳力的家庭，愿意弃商转农，愿意迁移。凡家庭有牵扯的年纪大的愿回原籍。一些半商半农劳力弱的，愿迁移从事商业，不愿从事其他职业。一些流动户原籍无牵扯并有劳力的，他们愿迁到那里从事商业。市民要求按城市划分的乡或居民点迁移，安置时随乡或居民点安置，这样亲朋好友可以互相照顾。一些半商半农户的地在塬上人在水库区，迁移时愿回塬上，不愿迁移①。

通过对西关街的工商业进行调查，潼关县掌握了各阶层的思想情况，也发现了迁移中的问题繁多且复杂，如一些合营的商户确因家庭问题不能迁移，若愿回原籍时股份资金如何处理？水库区的一个乡或一个居民点，迁移时商业户究竟随行业迁？还是随乡迁、随居民点迁？市民怎么办？② 这些问题能否顺利解决，将会影响移民工作的进展。

第二节　展开宣传教育工作

1956 年 4 月中旬，潼关县在技术经济调查工作结束后，帮助前往甘肃参观的代表做好了准备，并翻印有关宣传材料，4 月 24 日召开办公室全体干部会议，安排了当前 10 天的工作。5 月 2 日，全面开展宣传教育③。宣传教育工作是完成各项任务的首要关键，但只有掌握了群众思想情况，才能有针对性地开展宣传教育工作。

三门峡水库的修建，导致潼关沿河一部分地方将被水淹没。潼关移民办公室成立后，对这些地方进行调查，发现群众思想混乱，甚至恐慌不安，主要表现在以下几个方面：

一、故土难离。有些人不愿离开祖祖辈辈居住过的地方，有些人不愿离开

---

① 《潼关县城市调查工作报告》（1956 年 6 月 22 日），全宗号 J020，目录号 2，案卷号 4，长期，潼关县档案馆藏档。

② 《潼关县城市调查工作报告》（1956 年 6 月 22 日），全宗号 J020，目录号 2，案卷号 4，长期，潼关县档案馆藏档。

③ 《潼关县工作报告》（1956 年 5 月 5 日），全宗号 J071，目录号 1，案卷号 3，永久，潼关县档案馆藏档。

自己的亲戚朋友，有些人舍不得自己的财产，有些人不愿放弃祖先的坟墓和不愿意把自己埋葬在外乡。从这些人的年龄来看，老年人居多。大多数老年人认为，自己年纪大了，半截身子入土了，混一天是一天，谁知道哪一天死呢？还迁移呢？谁愿将自己的骨尸丢在异乡，宁愿迁回老家，不愿迁走。如60岁的史云生说，我年纪大了，快死的人了，迁移还想咋呢？不是白送老命，死在故乡多好①。

二、害怕带不走财产。有的人说，每人只准带十斤。有的人认为，迁到别的地方，政府一切都会解决，因此大量出卖家具。这种情况到处都有。有的人把家具卖了后大吃大喝，有的人故意损坏家具。

三、闹离婚、闹退婚。据了解，十里铺乡有三对闹离婚的、八个闹退婚的。有的塬上与塬下的也闹离婚、退婚，严重影响了家庭团结。此外，还有些群众聚集在一起胡乱猜测，对非水库区的群众也产生了一定的影响②。除生活和心里不安外，群众生产情绪低落。十里铺乡的大多数妇女从正月十四以来未下地干活，不少男人整天议论移民的事情，也不愿下地干活。吊桥乡也有类似情形③。

针对上述思想顾虑，潼关县从上到下、从内到外、从干部到群众，召开各种会议（干部会、党团会、积极分子会、宣传员会、群众会、妇女会）进行报告和讨论，并利用各种宣传工具（如传话筒、黑板报），同时以小型会漫谈，个别访问，以及组织思想好、到过银川的群众介绍那里的情况等各种方式，消除群众的思想顾虑。如城关镇除召开党团员、积极分子会议外，利用春学、民校向1157个学员做报告，利用学员向群众宣传教育。吊桥乡还采用小型漫谈说心思的方法解决老年人的思想顾虑④。

在宣传过程中，潼关县非常注重宣传内容，主要讲解三门峡水库建成后的远景，说明党和政府对移民财产的处理和移民安置的方法，讲明党与政府对移民会给予关怀和照顾，讲解安置区的好处，也讲解安置区的困难、特点和克服困难的条件，以端正移民的思想认识。

各区乡先给宣传力量（宣传员、读报组长、转业军人、农村知识分子、教

---

① 《潼关县城市调查工作报告》（1956年6月22日），全宗号J020，目录号2，案卷号4，长期，潼关县档案馆藏档。

② 《关于在三门峡水库区开展宣传与经济调查的意见》（此档案无日期），全宗号J020，目录号2，案卷号4，长期，潼关县档案馆藏档。

③ 《关于在三门峡水库区开展宣传与经济调查的意见》（此档案无日期），全宗号J020，目录号2，案卷号4，长期，潼关县档案馆藏档。

④ 《潼关县工作报告》（1956年5月5日），全宗号J071，目录号1，案卷号3，永久，潼关县档案馆藏档。

员、学生）讲解宣传内容和方法，然后划分宣传区域，利用各种场合和机会宣传，再组织到过银川、思想好的群众介绍那里的情况，消除各种思想顾虑①。

通过以上方法向群众宣传教育，群众不仅明确了迁移时间、方法以及安置区的自然条件、生活习惯和农业生产情况，而且对安置区感到满意。如城关镇党员李德才、村干部王同生、李海潮等要求先去开荒②。

从7月1日起，潼关县又用3天时间训练了水库区的县区乡干部，使干部明确了当前工作任务和移民的方针、步骤，让所有干部意识到宣传教育工作的重要，扭转了以往不重视宣传教育的偏向。

潼关县还将已确定迁移的153名青壮年分为三类：全家愿意迁移、本人愿意迁移的126人为第一类；本人愿意迁移而家庭有困难的20名为第二类；本人愿意迁移、家庭成员还有问题的7人为第三类。

经过反复审查已确定迁移的青壮年，潼关县决定采取“一类巩固，二类提高，三类教育”的办法，使青壮年自愿迁移。各社成立了五至七人的移民小组，召开社员会报告政策，组织青壮年学习讨论，组织工作干部到户访问，打通移民与家属的思想。如桃林寨村原确定青壮年21人，工作干部盲目的核减了3人，最后7人不愿迁移。该村召开社干部、党团员、积极分子会讨论“本村哪些人可去和哪些人不可去”，发现4人不符合迁移条件，3人可以迁移③。

经过宣传教育，青壮年不仅自愿迁移，还积极准备迁移所带的东西。各社组织华阴青年垦荒实施大会的代表，向青壮年传达会议精神，也起了一定的作用。如公联社将参加会议的14名代表组织起来，带着青壮年学习会议精神。西子堡的刁景山组织7名青壮年学习讨论会议精神，还写出保证书，并向全社九个生产队的青壮年发出挑战书，挑战内容：一、保证说服家人，事前备好衣物；二、听候政府通知，按时迁往安置地区；三、路上服从领导指挥，绝不自由行动和掉队④。

宣传教育结束后，群众的思想顾虑诸如故土难移，舍不得亲友、房屋、土地，怕财产无法处理，怕无法携带家具及零星用品等消除了，90%以上青壮年

① 《渭南专区会议精神》（1956年5月13日），全宗号J020，目录号2，案卷号3，长期，潼关县档案馆藏档。

② 《潼关县工作报告》（1956年5月5日），全宗号J071，目录号1，案卷号3，永久，潼关县档案馆藏档。

③ 《潼关县移民工作报告》（1956年7月17日），全宗号J071，目录号1，案卷号3，永久，潼关县档案馆藏档。

④ 《潼关县移民工作报告》（1956年7月17日），全宗号J071，目录号1，案卷号3，永久，潼关县档案馆藏档。

备好衣物，准备外迁银川。各社在7月20日前筹集妥当农具、灶具，完成各项移民准备工作①。

第三节 组织移民代表参观安置区

1956年4月24日，陕西省三门峡水库区各县参观代表27人从西安乘车出发，27日上午到达银川，受到当地各级领导的热烈欢迎。从5月2日开始，移民代表参观银川各地②。潼关县也派代表参加了这次活动。

一、潼关县移民代表参观银川专区

潼关县移民代表在银川专区实地参观40多天，了解了当地的自然环境、农业生产、社会福利、风俗习惯。

（一）自然环境

银川是一个大平川，和关中平原相似，东北跟绥远相连，西靠贺兰山脉，黄河贯流其中，是一个土地肥沃、物产丰富的好地方，有八个县一个市68万人口，有耕地210万亩。这里的主要农产品如小麦、水稻、棉花、青稞、豆类等，产量不断提高，保种保收，其最大特点是不生虫害。其他物产如皮货闻名全国，煤以石嘴山为著名。甘草、枸杞、鹿茸、麝香等药材畅销各地。林木过去不多，解放后培育了大片防沙林带、护庄林，果木林有杏、桃、梨、苹果、核桃、沙果，等等。

银川专区南部的宁朔县是安置潼关移民的地区，东靠黄河，西连贺兰山，南接中宁，北连永宁，有20个乡1个镇71293人（除少数为回族外，多数为汉族）。该县除西部有少数山坡外，其余为一望无际的大平川，有耕地310201亩（除792亩旱地外，其余为水浇田）。三门峡荒地调查组调查，全县可开垦的荒地95500余亩，除3900亩稍有陡坡外，其余91600亩为平地，均可引黄灌溉。土地大部分是黄土，宜种小麦、水稻、棉花、胡麻、大麻等经济作物。少数土地有盐碱，但经水冲后可变为良田。

---

① 《潼关县移民工作报告》（1956年7月17日），全宗号J071，目录号1，案卷号3，永久，潼关县档案馆藏档。

② 《我赴甘肃银川专区参观后的感想》（此档案无日期），全宗号J020，目录号2，案卷号3，长期，潼关县档案馆藏档。

银川专区和宁朔县属大陆性气候，雨量稀少，气候比较干燥，常年降雨量为200至300mm，且多在七八月。10月就要穿棉衣，11月至农历正月为冰冻期，地冻一尺多厚，最冷可达到零下22℃，3月中旬左右才能换上单衣，全年天冷时间有5个多月。夏至小满以后，天气渐暖，中伏最热可到达38℃，持续十天半月，没有炎夏。入秋后天气逐渐温和，早晨需穿棉衣。冬春两季刮西北风，有时带沙土，霜降一般由寒露到来年2月止，约有百八十天左右。总之，银川专区和宁朔县比关中冷，天冷和霜降时间较长，但并不影响农作物生长，耕地引黄灌溉，年种年收，种啥收啥①。

（二）农业生产

银川专区的合作化运动有很大的发展，1954年全专区在互助组的基础上建立了半社会主义性质的初级农业生产合作社。1955年冬，全专区建立了社会主义性质的农业生产合作社。全专区128396户农民，有127132户参加了高级农业生产合作社，占总农户的99.02%。全专区共建立389个高级社，仅剩一个初级社。社的规模大多是七八百户，最小的社规模在七十至八十户左右，基本上实现一乡一社。从合作社推行定额管理、实行包工包产来看，绝大部分社很稳固。

宁朔县有14080户，13897户农民参加了高级农业生产合作社，占总农户的89.17%。宁朔县合作化运动的发展比潼关要快。由于群众生产情绪高涨，单位面积产量不断提高，如宁朔县1955年小麦亩产为300斤至500斤，水稻400斤至600斤，糜谷亩产300斤至400斤，黄豆200斤至300斤，高粱350斤至500斤，芝麻100斤至200斤，胡麻200斤，大麻200斤至300斤。棉花1955年试种，每亩产皮棉100斤左右，1956年开始大量种植，计划亩产130斤。随着棉花产量增加，社员的收入也增加了。如宁朔县宁化桥高级农业社社员郭保成（中农），5口人2个劳力，1955年做了321个劳动日，分得粮食8482斤，副业收入17元，分得烟煤840斤，粮食增加了2300多斤，全家除交公粮1350斤、卖余粮1050斤外，粮食吃到新春还余900斤②。

银川专区农民使用的农具和生产技术方面有不少改进，农具方面如胶轮、木轮、铁轮大车、耙、耧等比以前普遍，从前使用二牛抬杠，后来大部分改用软套，双轮双铧也增加了。当地人使用牲畜以牛驴为主，也有骡马。耕种技术因各县农场的示范改进不少，如小麦一般在正月下旬播种，六月收割，收割后

---

① 《移民地区——甘肃银川专区和宁朔县情况介绍》（此档案无日期），全宗号J020，目录号2，案卷号3，长期，潼关县档案馆藏档。

② 《移民地区——甘肃银川专区和宁朔县情况介绍》（此档案无日期），全宗号J020，目录号2，案卷号3，长期，潼关县档案馆藏档。

灭茬浇水，藉墒深犁暴晒，十月浇水耙耘保墒，冬季施好底肥。农作物一年两熟，小麦收割后种植蕎麦、糜子等，八月就可收割秋田作物。水稻是银川的主要农产品，以前采取撒种的办法下种，后来改为插秧播种。银川专区适合种植棉花，若改进耕种技术，那里将会变成一个产棉区。宁朔县正在贯彻“三推”“四防”“七改”“八要”① 农业规划，随着这个规划的实现，当地群众的生产生活就会得到改善。

副业方面拉煤、运石片、开豆腐坊、开鸡鸭厂均可，贺兰山下有牧场，可以养牛养羊，还有天然湖泊可以开塘养鱼。

（三）社会福利

银川专区有 4 个完全中学，学生 3783 人；3 个专业学校，学生 880 人；387 个完全普小，学生 44789 人；5 个幼儿园，儿童 213 人。中学尚未普及各县，小学设备较差。宁朔县有 1 个中学、8 个完小、40 个初小。全专区计划在 1958 年内完成扫除青壮年文盲的任务。

银川专区有人民医院 1 所、防疫站 1 处、联合诊所 22 处、接生站 161 个。1955 年培训农业社保健员 1161 人，1956 年拟再训练 1839 人。宁朔有卫生院 1 所、联合诊所 1 处、保健站 1 个，农村设有医疗预防站和保健站，计划 1956 年内增设卫生处 2 所、联合诊疗所 4 处、5 个卫生小组，在每个农业社培养三至五个医疗保健员，在各乡设立接生站五、六处。

交通方面以银川为中心，各县之间均有汽车往来，水上可行船，胶轮大车到处通行。1957 年 7 月包兰铁路可通到银川，群众坐车更方便。各县均有百货商店、供销联社和供销站，大部分农业社有分销店，日用品均可在当地买到，价格比关中稍贵一点，差价一般只有几分。银川专区有瓷厂、面粉厂、机械修理厂、发电厂、玻璃厂、毛绒厂。毛绒厂生产的毛毡、呢子质量很好，是当地特产②。

（四）风俗习惯

银川专区和宁朔县都有回族、汉族，回族、汉族合办农业社，生产上互助。

---

① “三推”即“推广新式农具、推广优良品种、推广增产经验”；“四防”即“防治虫害、防治霜冻、防风沙、防牲口疫病”；“七改”即“改良土壤、改荒田为良田、改撒播为条播、改稻田板地冬种为秋耕、改两段轮作为三段轮作、改漫灌为畦灌、改良畜种”；“八要”即“要常年积肥、要早耕深耕、要适时早播、要适量灌溉、要扩大复种面积、要细收细打、要消灭四害、要饲养好牲畜”。

② 《移民地区——甘肃银川专区和宁朔县情况介绍》（此档案无日期），全宗号 J020，目录号 2，案卷号 3，长期，潼关县档案馆藏档。

宁朔县回汉合办的张家油坊农业社有 72 户，其中有回民 16 户。回族过“大尔德、小尔德宰牲节”时白天不吃饭，社内就给回民分配轻活去干。当地群众居住的房屋有土木平房、土屋、瓦房，室内日用家具与关中相同。饮用水都是井水，食油多是胡麻油。

参观结束后，潼关县移民代表认为，银川专区的自然条件是很优越的，土质肥沃，适宜种植多种作物，副业门路广阔，农业生产有发展潜力，人民文化水平较高，风俗习惯和关中相同。天气稍冷，群众文化较为落后等一些困难，完全有条件克服。加之先去一批青壮年开垦荒地、修建房屋进行准备。移民后保持原有的生活水平是有保证的。

潼关县移民代表参观银川专区和宁朔县期间，银川专区和宁朔县党政领导给予各种帮助和支持，派出干部陪同移民代表参观。当地群众希望移民早日来跟他们一起开垦荒地。因此，移民代表认为，“一切不方便的想法是不符合实际”“旧的看法和想法必须纠正过来”①。

二、高级农业社支部书记汤森旺参观银川专区

潼关县高级农业社支部书记汤森旺作为移民代表之一，将他所看到的银川专区记录如下：

银川专区是一个一望无际的大平川，跟关中平原一样。移民安置的几个县均位于银川市附近，位于黄河北岸。这里地广人稀，土壤肥沃，到处是可以灌溉的水浇田。土质以黄黏土为主，其余是黄土。农作物以小麦、稻子为主，其余为糜、谷、豆类、高粱等杂粮。经济作物有棉花、胡麻、白麻等等。农作物的产量不低于关中，如 1955 年小麦亩产 300 斤，稻子亩产均达 400 斤以上，棉花亩产达 70 斤左右。庄稼一般比关中长得好。

银川农业互助合作发展较快，已全部建立社会主义性质的农业社。地主、富农经过改造都入了社。农业社使用新式工具，如新式步犁、双轮双铧犁，拉土送粪都用铁木轮大车、不用人担，使用牛、马、驴、骡。

银川气候基本上与关中相同，冷的时间较长，夏季较热，温度在 25℃左右，最高达 38℃，但时间很短，没有关中夏天时间长。春秋两季多刮西北风，最大 8、9 级，立夏大风减少。春夏相接和秋天早晚时间气温较低，且变化较快，冷热不定，有时须穿上棉衣。全年降雨量在 294mm，气候比较干燥，但不影响农

① 《移民地区——甘肃银川专区和宁朔县情况介绍》（此档案无日期），全宗号 J020，目录号 2，案卷号 3，长期，潼关县档案馆藏档。

作物生长。由于黄河水源丰足，汉、唐、惠农等渠穿流各县灌溉农田，因而农作物保种保收①。

银川各县居民有回、汉两族，回族占20%，使用汉语，说话微快，口音有些不同，但可以听懂。回族不过年，过“大尔德”“小尔德”。过“大尔德”相当于汉族过年。

回族婚礼是在男女双方到政府领取结婚证后，女子擦粉带花，男子冠帽整齐，阿訇念经举行婚礼。汉族过年过节跟关中一样，如端午节吃粽子，八月十五吃月饼。过去结婚，吹鼓手，马车迎新妇，乡亲贺喜吃酒，现在多是新式结婚礼节。

银川群众的衣、食、住以及日常生活用具比过去好多了。衣服是用机器织的细斜纹布做的，老年男女多穿黑色衣服，青壮年男子多穿黑蓝色衣服。青壮年妇女和孩子的衣服多用红、紫、蓝色和各种花布。每家炕上铺有土产毛毡和两三床绿红花被，吃的以小麦、白米为主，其次是糜子、黄米等。调料吃当地产的胡麻油和自造黄米醋，盐、酱都有。菜有辣子、白菜、韭菜、葱、大蒜、黄瓜等。肉类比关中多，价格便宜。当地人饮用的是井水（水甜），水井浅。

当地人住的房子有砖木起春房、坯箍窑、土木平房三种。当地大多数人住平房，平房虽没砖木起春房耐久，但避风温暖，省料易造，房顶晒粮方便。群众家里用木桌、木凳、木柜等家具，灶具有锅、碗、盆、罐等，用炉子做饭，烧的大都是麦草、煤炭、树枝。

银川交通便利，县县通汽车，乡乡通大路，运输有胶木铁轮大车。有的县计划1956年乡通公路、装电话。特别是1957年7月前包兰铁路通银川，1958年由银川直达兰州。此段铁路建成后，交通更加方便②。

商业大都公私合营，县有百货商店、供销社，乡有分销站，社有分销店，物资供应方便，日用百货都可以买到，价格跟关中一样，还可以买到便宜的、驰名全国的宁夏皮货。

汤森旺参观结束后，指出：“这里的一切都和关中相差不多，同时又有当地党政领导和群众对我们的帮助，只要我们移往以后，在党和政府领导下，和群众紧密团结，打成一片辛勤劳动，在一二年内即可建成自己更美好更幸福的家园，让我们抱着‘搬一家，保千家’的态度，以最大的力量支援根治黄河的规

---

① 《我赴甘肃银川专区参观后的感想》（此档案无日期），全宗号J020，目录号2，案卷号3，长期，潼关县档案馆藏档。

② 《我赴甘肃银川专区参观后的感想》（此档案无日期），全宗号J020，目录号2，案卷号3，长期，潼关县档案馆藏档。

划，使它早日实现，让我们为祖国的社会主义建设贡献出自己的一切，幸福的生活将永远属于辛勤的劳动者和建设者。”①

三、基层工会副主席王耀东参观银川专区

基层工会副主席王耀东作为潼关县赴银川参观代表小组成员，参观了银川专区陶乐、惠农等县。王耀东通过实地参观，认为甘肃银川地区是西北的一个好地方，跟陕西关中有很多相同之处。

（一）生活、风俗习惯方面

银川专区是一个汉族占多数、回族占少数的地方，当地妇女都穿着花花绿绿的衣服。小麦、大米是当地人的主食，移民移到那里想多吃面，就可以多种麦子。当地人吃的葱、韭菜、蒜、各种青菜、瓜果跟潼关一样。当地人做饭用的煤也便宜，三角钱就可以买到一百斤煤。

银川的春节、端午节跟关中相同，结婚举行仪式，亲邻都来行礼、贺喜。老人去世后土葬，跟关中地区相同。

（二）住房、工农业方面

银川群众住的多是土房（用土块垒好围墙，上面搭椽盖顶）。少部分群众住着瓦房。若移民习惯住瓦房，可盖瓦房居住，室内日用家具跟关中一样。

当地有地方国营毛线厂、发电厂、玻璃厂、瓷器厂等。全专区95%以上的农户都参加了农业生产合作社，每乡有一个高级社。当地的土质较好，灌溉便利，稻子、麦子、豆类、棉花产量比关中高。农作物收获时间比关中晚20天至一个月左右，收获后仍可回种秋田。药材等副产品也很丰富。

（三）交通便利

乡乡有公路，村村通大车，赶集上会很方便。群众文化水平较低，识字的人较少，但村村设有学校，文化落后的问题很快就能得到解决。县城有电影院和戏院。

（四）气候

银川比关中冷，当地人每家都有火炉，穿棉袄过冬。皮货比关中便宜，过冬没有问题。

王耀东参观移民地区后，感到银川除了个别地方跟关中不一样外，其他是一样的。他还有三个感想：

---

① 《我赴甘肃银川专区参观后的感想》（此档案无日期），全宗号J020，目录号2，案卷号3，长期，潼关县档案馆藏档。

第一，党和人民政府关怀和照顾移民，从参观的一些情况可以看出，移民的地区都是经过政府详细调查和选择的，不论是生活、风俗习惯，还是气候、民族等方面，适合于移民。因此，移民不应该有水土不服、风俗习惯不同等顾虑。

第二，移民迁移到甘肃银川专区居住是非常光荣的事情，因为治理黄河对祖国工业、农业等经济建设都有着很大的关系，特别是保障了下游八千万人民的生命财产安全。移民为了祖国的繁荣和全国人民的幸福而迁居，这是爱国主义的具体表现。另外，祖国西北有肥沃的土地，移民去开垦这些荒地，会大大增强祖国西北的物产，生活也将日益改善和提高。

第三，参观期间，当地的群众告诉移民代表："他们希望移民早点迁移，准备迎接移民。"由此看来，原有的人生地不熟或受当地群众歧视的想法是错误的。移民移到银川后，生产生活会受到当地群众的支持和帮助①。

潼关县移民代表参观安置区的所见所闻，有助于移民了解安置区的情况，但对消除移民思想顾虑所起的作用甚微。这主要是因为移民工作缺乏周密的研究，以致政策不断在变化，让移民对移民工作难以信服。渭南专区提出移民到安置区后每人平均分配土地是6亩左右，后来改为3亩至7亩，最后变为3亩。另外，潼关县的安置地点先后变更三次，先确定为陶乐县，后改为宁朔县，最后确定为中卫县。安置地点的三次变动，降低了移民代表参观甘肃银川的作用，这给移民工作造成影响②。如一些移民对新更换的安置区产生怀疑，认为政府说哪里好就哪里好③。

第四节 设置移民工作管理机构

1956年1月，陕西省支援三门峡水库修建工程工作委员会成立，配备干部32人。渭南专区成立支援三门峡水库修建工程工作委员会，配备专职干部20人。

---

① 《参观甘肃银川移民安置区后的几点感想》（此档案无日期），全宗号J020，目录号2，案卷号3，长期，潼关县档案馆藏档。

② 《几点意见》（此档案无日期），全宗号J071，目录号1，案卷号3，永久，潼关县档案馆藏档。

③ 《潼关县第一批移民工作总结》（1956年9月3日），全宗号J071，目录号1，案卷号3，永久，潼关县档案馆藏档。

1956年1月至4月，朝邑、潼关、华阴、华县、大荔、渭南成立支援三门峡水库修建工程工作委员会。配备专职干部：朝邑105人，华阴94人，潼关24人，华县72人，渭南86人，大荔46人。移民任务较小的临潼、蒲城、合阳三县由县人民委员会负责办理移民工作，不另设专门机构，不配备专职干部①。

1956年2月27日，潼关县成立潼关移民委员会，由副县长蔡树森、县委雷声隆、民政科李连奎、宣传部杨东荣、团县委刘万德、公安局张三民、城关镇王文富、县妇联张鸿儒、县联社黄育文、县工会李遇春、民主人士张朗仙等11人组成，并推选蔡树森为主任委员。移民委员会下设办公室，有专职干部8人，城关镇移民指挥部配备5人②。吊桥乡、十里铺乡、城关镇各设专职干部3人。

移民的乡除设专职干部外，成立评价委员会，由9至13人组成。村成立评价小组，由3至5人组成。评价人员主要是忠实可靠、大公无私、工作积极、热心于群众事业者③。

1956年3月，为了1956年提前迁移五千移民工作的需要，陕西省支援三门峡水库修建工程工作委员会对库区有关专、县、区、乡的移民专职干部编制调整如下：

渭南专区支援三门峡办公室设专职干部20名，朝邑、华阴两县支援三门峡办公室各设专职干部20名，潼关县设8名，大荔县设7名，华县设10名，渭南县设6名。华县、渭南第一期没有移民任务，专职干部在5月份汇总规划工作完成以后，由渭南专区支援三门峡办公室统一调派工作。

水库区有移民任务的乡，设专职干部100名，依据移民1500名设干部1人的原则，分配朝邑县44名，华阴县35名，潼关县16名，大荔县5名，第一期没有移民任务的乡暂不设干部④。

1958年全国大跃进，为了集中利用人力、物力、财力，陕西省委将全省101个县市合并为25个县市，撤销了华县、华阴县、潼关县，将华县、华阴县、潼关县划归渭南县。12月20日，四县合并交接，12月25日各项工作办理完毕。

---

① 《陕西省人民委员会关于三门峡水库区陕西境内移民工作计划》（1956年9月24日），全宗号J020，目录号2，案卷号5，长期，潼关县档案馆藏档。

② 《潼关县人民委员会（报告）》（1956年2月28日），全宗号J071，目录号1，案卷号2，永久，潼关县档案馆藏档。

③ 《潼关县第一批移民工作计划（初稿）》（1956年2月24日），全宗号J071，目录号1，案卷号3，永久，潼关县档案馆藏档。

④ 《陕西省支援三门峡水库修建工程工作委员会通知》（1956年3月29日），全宗号J071，目录号1，案卷号2，永久，潼关县档案馆藏档。

从 1959 年 1 月 1 日起，按新县进行工作①。

四县合并后，华县、华阴县、潼关县支援三门峡水库修建工程工作委员会撤销，重新成立县、社的机构。渭南县支援三门峡水库修建工程工作委员会成立，由 11 人组成，刘玉祥副县长任主任委员。委员会下设办公室，暂编 23 人，配备主任、副主任各一人，办公室内分秘书、移民安置、财物补偿三个股，各股配备股长、副股长各一人。

各有迁安任务的公社成立“渭南县××人民公社移民委员会”，下设办公室，配备主任或副主任 1 至 2 人。办公室人员编制按年度任务暂定：潼关公社 5 人，华阴公社 15 人，华州公社 3 人，固市公社 5 人，官道公社 5 人。高塘、崇凝、阳郭三个公社暂不配备专职干部。

各县、社移民专职干部承办委员会日常业务。公社所属管区不成立机构，不配备专职干部，由管区负责同志兼管移民工作。库区各公社原有移民专职干部及各公社缺额干部由县人事部门研究调配②。

1959 年 4 月 16 日，渭南县潼关人民公社移民委员会成立，由蔡树森、武育怀、李逢霖、王玉堂、王新民、张朗仙、张乃大、张文斌等十一人委员组成，由蔡树森担任主任，武育怀、李逢霖担任副主任。原陕西潼关县支援三门峡水库修建工程工作委员会撤销③。

1959 年 4 月 20 日，潼关人民公社城镇迁建委员会正式成立，由蔡树森、武育怀、李逢霖等十九人组成，蔡树森担任主任委员，武育怀担任副主任委员④。

1959 年 10 月 24 日，经公社党委研究决定，潼关公社、管区组建城镇迁建工程委员会，武育怀担任主任，范登仁、李逢霖担任副主任，委员会下设四处：第一处是秘书组教处，分别管理文书、会计、劳动组织和思想教育等工作；第二处为计划督导处，分管工程设计、施工安排、技术监督等工作；第三处物资管理，分管拆运、采购、保管、收发材料等工作；第四处为治安保卫处，分管

① 《渭南、华县、华阴、潼关并县工作领导小组关于并县工作的安排意见》（1958 年 12 月 23 日），全宗号 J020，目录号 1，案卷号 158，永久，潼关县档案馆藏档。

② 《渭南县人民委员会关于成立县、社移民机构的通知》（1959 年 4 月 5 日），全宗号 J020，目录号 1，案卷号 163，永久，潼关县档案馆藏档。

③ 《渭南县潼关人民公社移民委员会关于潼关人民公社移民委员会正式成立，并从即日起启用印鉴的报告》（1959 年 4 月 18 日），全宗号 J071，目录号 1，案卷号 14，永久，潼关县档案馆藏档。

④ 《渭南县潼关人民公社城镇迁建委员会关于城镇迁建委员会成立及从即日起启用印章的报告》（1959 年 5 月 9 日），全宗号 J071，目录号 1，案卷号 14，永久，潼关县档案馆藏档。

施工安全、工地保卫等工作。各管区成立管区工程建筑队，下设秘书组教股、计划督导股、物资领发股、治安保卫股，分别由队委委员或脱产干部担任股长①。城镇迁建工作层层负责，确保了城镇迁建工程的建设速度、质量。

1962 年 4 月，为了做好返陕移民安置工作和内迁移民巩固工作，渭南专区成立三门峡库区移民安置委员会②。1962 年 9 月 8 日，为了安置本县的返陕移民，潼关县三门峡移民办公室改设为移民安置局③。

1968 年，潼关县革命委员会成立。1969 年 4 月，潼关县移民安置局撤销，全部干部到“五七干校”学习。1970 年 11 月至 1973 年 8 月，移民业务交县革委会生产组，设移民干部 2 人，其他干部另行分配。1973 年 8 月，潼关县革委会四大组撤销，移民业务交财税局，设移民干部 3 人。1977 年 8 月，移民业务由民政局主管，城镇移民业务由基建局负责，成立潼关县房屋管理所，主要负责移民房屋清算。

1985 年 5 月，因返陕移民部分家庭在安置地区生活困难，移民返迁库区，潼关县成立移民工作领导小组。1990 年 10 月，潼关县成立了移民工作办公室，其主要职责：负责返迁移民的安置工作；负责本县三门峡库区移民工程建设（行政文卫、供电设施、道路修复、方田林网等）；抓好库区移民的危房处理、旱原人饮工程建设；管理扶持周转金，引导移民脱贫致富。

2002 年 8 月，潼关县移民工作办公室更名为潼关县移民开发局。移民开发局的主要职责：贯彻执行国家有关移民工作的方针、政策；负责返迁移民的安置工作及安居工程建设，解决移民基础设施建设；管理扶持周转金，扶持移民发展生产，引导移民脱贫致富；负责全县移民的科技培训、生产救济以及全县移民经济开发工作④。

第五节　吊桥乡公联社试办移民工作

移民开始后，干部缺乏工作经验，群众顾虑重重。为了给全面开展移民总

---

① 《中共潼关人民公社委员会关于加强移民迁建工作的紧急通知》（1959 年 10 月 24 日），全宗号 J071，目录号 1，案卷号 14，永久，潼关县档案馆藏档。

② 《中共渭南地委关于三门峡库区移民安置工作的意见》（1962 年 4 月 5 日），全宗号 J071，目录号 2，案卷号 24，长期，潼关县档案馆藏档。

③ 《县人民委员会关于将县三门峡移民办公室改设为“移民安置局”的通知》（1962 年 9 月 8 日），全宗号 J020，目录号 2，案卷号 148，长期，潼关县档案馆藏档。

④ 政协潼关县委员会．潼关移民档案［M］．北京：中国文史出版社，2016：303-304.

结经验，1956年5月19日至1956年5月31日，潼关县抽调9名干部（专区4名）在代表335高程以内水库区一般情况、劳力有剩余的吊桥乡公联社进行试办移民。

公联社由8个自然村的5个初级社合并建成，有农户374户1524人，房屋1599.5间，有125头牛、6头驴，耕地2906亩（内有水地1801.71亩）。该社有男全劳343个，女全劳366个，男女全半劳709个。

渭南专区分给潼关移民200人，根据移民生产两不误的原则，公联社要移民140人，占18岁至45岁男全劳① 343人的40.8%。这批青壮年走后，公联社还剩男全劳203个，每个劳力平均耕种14.4亩土地，加上男半劳和女全半劳594人，每人平均耕种4.9亩土地，由此看来，青壮年走后，公联社内生产不会受到影响②。

这次试办工作共用13天，分三个阶段进行。

第一阶段5天时间，主要是了解情况，全面开展宣传动员。首先在吊桥乡通过党支部扩大会议及人民代表大会作出决议，然后到试点召开扩大会议（团支书、妇联主任、民兵队长参加），并召开党团员大会，强调党团员应积极宣传政策带头报名，并了解群众思想。各村召开两至三次男女群众会进行讨论，并召开小型座谈会、登门访问、个别谈话，讲解移民政策、具体问题的处理以及物资携带办法，讲明三门峡修好后对我国社会主义建设以及工农业发展的推动作用，以鼓舞群众的生产热情，安定群众的思想情绪，坚定移民的信心。

第二阶段4天时间，主要是做好报名、登记、审查③、批准工作。经过宣传动员后，各村召开党团员干部会议，讲解报名方法以及党团员在报名中所起的作用，高级社委员分赴各村主持报名，并传达社委会关于青壮年走后的安置方案，消除人走后怕家里困难不能解决的顾虑。

---

① 全劳：男18~55岁，女18~50岁；半劳：男15~17岁，男56~60岁；女15~17岁，女51~55岁。见《三门峡水库区陕西境内335米以下和335至340高程居民迁安与城镇迁建调查与规划提纲》（此档案无日期），全宗号J071，目录号2，案卷号6，长期，潼关县档案馆藏档。

② 《潼关县第一期第一批移民重点试办工作总结报告》（1956年6月20日），全宗号J071，目录号1，案卷号3，永久，潼关县档案馆藏档。

③ 移民审查条件：1. 家庭劳动力较多，年龄在18岁至45岁之间的男性青壮年；2. 社员中党团员、积极分子、贫农，适当吸收中农，地主、富农、被管制分子不迁移；3. 身体健康、劳动积极，有一定生产技术，特别是有修盖房屋技术的先去。见《潼关县支援三门峡水库修建工作委员会关于第一批移民工作实施计划》（此档案无日期），全宗号J071，目录号1，案卷号3，永久，潼关县档案馆藏档。

报名后根据家庭劳力多少，拖累大小，身体健康三个条件，通过社审查小组、分支部审查，报县批准后，再通过社委会，全面考虑详细研究，确定138名移民。社委会召开大会，宣布安置方案，并保证青壮年走后，家庭困难妥善解决，将来搬家时，社内组织搬运组，优先给走了的青壮年搬家，宣布移民名单。

第三阶段4天时间，主要是确定移民任务，大会公布编队、编组，研究携带物资等有关具体问题。关于移民携带物资，社管会研究决定，大中型农具、灶具、牲口、犁、铁铣、锅笼、刀等由社准备。小农具及个人生活所需的由社员自备，如镰绳、碗筷等物件。

关于移民编队编组，公联社根据青壮年人数，编成1个分队5个小队，每队人数在25至30人之间，社主任李学仁担任分队长，1个会计和5个较强的社干部担任小队长。领导确定后，党团员适当搭配，以便路上加强领导，使移民到达目的地后可以快速投入生产①。

潼关县在吊桥乡公联社试办移民，取得了一些经验，如依靠支部领导，充分发挥社干力量，让社干出头露面，具体进行工作，是做好工作的主要一环；在党政统一领导下，各个部门大力支持，是做好移民工作的关键；在宣传教育的基础上，及时深入做好青壮年的思想摸底排队，使干部思想明确，针对群众思想问题，有目的有准备地进行宣传，这样才能取得一定的收效②。这些工作经验，从组织上、思想上、工作方法上为移民顺利开展奠定基础。

---

① 《潼关县第一期第一批移民重点试办工作总结报告》（1956年6月20日），全宗号J071，目录号1，案卷号3，永久，潼关县档案馆藏档。

② 《潼关县第一期第一批移民重点试办工作总结报告》（1956年6月20日），全宗号J071，目录号1，案卷号3，永久，潼关县档案馆藏档。

第五章

移民外迁银川

1956年至1958年，潼关县向银川迁移古槐社、公联社1907人。潼关县外迁移民的同时，妥善处理了外迁移民的房屋、财产。

第一节　派出青壮年移民先遣队

1956年5月20日，潼关县335高程内的城关镇东关、北关两个初级社、吊桥乡公联高级社开始移民。根据生产移民两不误的原则，三个农业社移民150名（公联社120名，城关镇两社30名），经多次审核后，最终确定151名农民男性青壮年①。8月15日移民工作结束。移民工作分为三个阶段：

第一阶段（5月20日至6月13日），全面开展宣传动员，对青壮年思想进行摸底排队，并在吊桥乡公联高级社试办移民，给全面开展工作创造经验。

第二阶段（6月14日至6月底），在宣传动员的基础上，召开青壮年与党团员骨干会议，动员青壮年，使其自觉报名，并成立审查小组，及时掌握被审查对象的情况，经过审查确定的对象，由社管会研究，报县批准。确保已报名的青壮年没有不满和思想波动，公布移民名单。

移民青壮年的计工付酬采取两头计工，农业社一头付酬的办法。根据青壮年的年龄、体力、技术高低、劳动态度，评好基分（一般未动，个别调整），年终跟留社同等劳力的5个至10个社员实做劳动日的平均数做对比，安置区高者以实工付酬，其中劳动表现积极的予以奖励。安置区低者按平均劳动日数为标准，求出差额，按比例增加。因特殊情况，劳动差额过大者，由工地提出意见，社内参考，另行评定。每月底由安置区将每人实做劳动日数函报原社计账，所

① 《潼关县第一批移民工作总结》（1956年9月3日），全宗号J071，目录号1，案卷号3，永久，潼关县档案馆藏档。

得建房、开荒工资，全部寄回原社统一支配。关于迁移途中和未正式投入生产前的误工，按个人的底分70%计工，由国家给农业社酌情补贴。

个别青壮年走后家庭生活确实困难者，由家属个人选择结合农业社指定对象，负责解决所需劳动日在社内义务劳动日内开支。至于被褥衣物各人自备，部分青壮年确实困难无钱自备者，社管会研究提出意见，社员通过，由社预借记账。一些社内无法解决的，由社申请乡审查，移民经费借支。

第三阶段（7月1日至8月15日），根据移民人数多少，县设立中队，下编3个小队，小队下设10个小组（每组15人至20人）。小队长以上由脱产干部担任，副小队长以下由党团骨干或社干担任。全县护送移民的4名脱产干部被派至各队工作，熟悉情况。移民户口、粮食、兵役、党团关系由社指定专人到主办机关统一办理。

全部工作做好之后，县人委确定移民集中时间，通知移民乡、社做好准备，并召开动员会，讲明注意事项和途中公约，要求移民遵守。移民集中时，社员、学生锣鼓欢送移民出社，集中站秧歌队迎接到站。移民到集中站后，集中站负责移民饮水吃饭。党政领导到集中站访问，开欢送会，组织移民离开潼关。

8月10日清晨，151名青壮年乘火车离开潼关。潼关县委随即召开移民负责干部会议，扭转干部中间松一口气的思想。各乡以社为单位召开干部会议传达会议精神，加强善后工作。各移民点干部召开社干会、群众会进行全面教育，并检查解决移民家属困难的执行情况。8月17日至8月18日，潼关县委召开全体移民干部会议，检查了移民工作中的各种问题，提出改正的意见，总结了移民工作①。

这次移民工作能顺利开展的原因，除党政领导干部重视外，主要是从以下几方面着手进行善后工作，消除移民的思想顾虑，安定移民家属情绪。

一、加强移民家属的思想教育。移民离境后，移民干部对移民家属思想摸底分类，将移民家属149户分为三类：第一类，青壮年走后，家属能积极参加生产、克服各种困难者134户；第二类，移民家属懂得道理，领会政策，参加生产，但思想上还有疑虑者11户；第三类，个别移民家属心神不安，不参加生产，埋头睡觉者4户。针对移民家属的思想顾虑，各社召开移民家属座谈会、社员大会，说明政府是关心移民的，负责解决家属困难，用移民集中、欢送移民的事例教育移民家属、社员，要求社员用实际行动照顾移民家属。如古槐社

---

① 《潼关县第一批移民工作总结》（1956年9月3日），全宗号J071，目录号1，案卷号3，永久，潼关县档案馆藏档。

除开会教育移民家属外，9名社干到移民家里访问，并组织6名妇女干部慰问移民家属，消除移民家属的思想顾虑。此外，各社还利用青壮年移民的来信，教育移民家属和群众，安定移民家属情绪，加强移民和家属之间的联系。

二、解决移民家属生活困难问题。9月24日，两个移民社给117户移民家属解决了劳力上、经济上的困难，用275元给移民家属治病56户，用160.3元给91户移民家属买炭，给93户移民家属学生解决学费299.1元，还用307元给移民家属买口粮、日常用品。另外，经常给移民家庭担水者41户，帮助修房、修厕所各1户。移民家属对此比较满意。移民走后，翁杜娃等两户移民家属缺粮，社主任张春发跟社干部研究决定用调剂的办法，在社员中筹措了490斤粮食，还给三户没钱买粮的移民家属借了70余元，指定专人从粮站买回600斤粮食。移民家属看病、买炭，公社跟卫生院、煤建公司订立合同，卫生院、煤建公司见社信件办事，定期清理手续。移民家属日常调料评出标准按月开支，规定全家2至4人每人1.5元，5人以上者每人1.2元，单身汉为2元，每月1日全部拨给使用，每户领取时多发给2角，买菜按批发价八折优待。1956年过八月十五，社管会提前给了28户移民家属109元，还给移民每人按15元寄了43.5元。公联社给55户移民家属解决了172.7元过节费。

三、解决移民家属的生产问题。潼关县委总结移民工作时，强调生产是移民走后最中心的工作，要求全体干部重视。全体干部重视生产，从帮助农业社推行三包入手，以队为单位组织专业小组，合理的调配劳动力，实行大包干，对秋收秋播起了推动作用。在这两项工作中，各社向全体社员开展多劳多得、按劳取酬的教育，提高了社员劳动积极性，也提高了移民家属的生产情绪。移民张玉宏的妻子以前不参加生产，经过这次教育，开始参加生产①。

移民善后工作结束后，潼关县随即开展了1956年冬季移民工作，迁送移民家属和处理移民房屋、财产。1956年11月28日至1957年1月20日，潼关县抽调2名专职干部护送移民家属24户54人、逃回移民4人，共计58人，送走物资12000斤。12月19日，移民和物资由潼关送往安置地区②。

---

① 《潼关县第一批移民善后工作总结》（1956年10月14日），全宗号J071，目录号1，案卷号3，永久，潼关县档案馆藏档。

② 《潼关县1956年冬季移民工作报告》（1957年1月17日），全宗号J071，目录号1，案卷号3，永久，潼关县档案馆藏档。

第二节 迁移安置外迁移民

1957年1月24日，陕西省人民委员会发出《关于三门峡水库区陕西境内1957年移民工作计划》，制订了陕西境内移民工作计划，并对移民工作的时间和步骤作了如下规定。

1957年，三门峡水库区陕西境内的移民任务为25040人（约5000户），均安置在甘肃省银川专区。朝邑县迁出13000人，分别安置在贺兰县5300人，陶乐县4000人，惠农县2600人，平罗县1100人；华阴县迁出9500人，安置在永宁县7500人，宁朔县2000人；大荔县迁出2000人，安置在中宁县，潼关县迁出540人，安置在中卫县。1957年的移民是迁送青壮年的家属，主要是老人、小孩、妇女。具体时间与步骤：

第一步，1956年11月至1957年2月底以前4个月的时间，做好春季移民的准备工作即动员移民，登记处理财产。这项工作分为三个阶段：1956年12月中旬，紧密结合当前生产，通过各种会议，广泛深入宣传移民政策和处理移民财产办法，在消除群众思想顾虑的基础上，确定移民对象。1957年1月底前，做好移民的财产登记、评议、计算移民财产补偿金额，并根据实际情况拆除房屋。2月底前，收购处理移民财产，清理移民各项手续，集中、检疫、捆装、运送移民携带物资，做好编队编组等工作。

第二步，1957年3月上旬至4月上旬，以35天的时间，迁出6900人（约2000户）。朝邑县迁出4000人，分别安置在贺兰县2100人，陶乐县700人，惠农县800人，平罗县400人；华阴县1500人，安置在永宁县500人，宁朔县1000人；大荔县迁出900人，安置中宁县，潼关县迁出500人，安置在中卫县。

第三步，1957年7月初开始至8月底，以60天时间，完成18140人的迁移任务。在秋季移民未开始前，除总结春季工作和处理遗留问题外，做好秋季移民动身前的各项准备工作①。

按照省上分配的移民任务，潼关县要迁出一乡一镇两个农业社（公联、古槐社）的移民家属149户598人。1956年冬季已迁出移民家属24户54人、逃回移民4人，共计58人。1957年春季移民任务为500人，实际迁出移民家属

---

① 《陕西省人民委员会关于三门峡水库区陕西境内1957年移民工作计划》（1957年1月24日），全宗号J071，目录号2，案卷号，12，长期，潼关县档案馆藏档。

113 户 441 人，非移民家属 27 户 89 人，随移民迁出的干部 10 人，共计 540 人。这些移民在 3 月 20 日、3 月 25 日分两批迁往甘肃省银川专区中卫县。移民物资 233280 斤分两次运送，每人平均携带 421 斤。移民所携带的物资出发前全部用药剂蒸熏①。

1957 年，三门峡水库坝高将按 340 米施工，水库水位将降至 335 米，陕西移民任务相应缩减。陕甘移民委员会研究决定：将原定迁往银川专区 17 万移民人数改定为 27000 人。除将先迁青壮年的家属（共约 27000 人，已迁 12000 人，尚余 15000 人）全部移往甘肃银川专区外，其余均在陕西境内选点安置②。实际上，1957 年秋移民工作主要是动员返陕移民重返安置区（移民已返回陕西 5000 余人）。各县具体任务：朝邑 2000 人左右，华阴 1500 人左右，大荔 900 人左右，潼关 600 人左右。具体时间要求：潼关、大荔县 9 月底前迁送一批，朝邑、华阴 10 月上旬迁送一批，10 月中旬至 11 月上旬集中力量组织迁送，赶 11 月底前迁完③。

1957 年下半年移民工作是在安置区移民闹事返籍事件基本平息后，从 9 月中旬开始至 11 月下旬先后结束。潼关县古槐社整社迁移，华阴、朝邑、大荔县迁送返籍移民④。潼关县前后用 3 个半月（7 月下旬开始至 11 月上旬）的时间，移民 132 户 511 人，其中先遣青壮年家属 21 户 78 人，新迁社员 111 户 424 人，返籍青壮年 8 人、家属 1 人，迁送牲口 39 头，迁送移民物资约 150 吨，移民人均携带 542 斤，每人平均运费 74.8 元⑤。

这次移民受三门峡水库高程降低、移民任务缩减、迁出青壮年大量逃跑的影响，部分群众认为水库不修建了，不愿意迁移，个别人抱着对抗态度，哄闹会场，骂干部，坚决不迁移，加之受返陕青壮年移民的影响，群众思想表现形形色色。有些老人说，年老坐不了车，安置区天冷，不服水土，死也不去。有

① 《潼关县春季移民工作报告》（1957 年 4 月 28 日），全宗号 J071，目录号 1，案卷号 5，永久，潼关县档案馆藏档。

② 《陕西省支援三门峡水库修建工程工作委员会关于 1957 年春季移民工作总结和秋季移民工作的安排意见》（1957 年 6 月 20 日），全宗号 J020，目录号 2，案卷号 16，长期，潼关县档案馆藏档。

③ 《陕西境内三门峡水库区移民工作座谈会的情况报告》（1957 年 10 月 9 日），全宗号 J020，目录号 2，案卷号 16，长期，潼关县档案馆藏档。

④ 《陕西省支援三门峡水库修建工程工作委员会办公室第三次各县办公室主任座谈会议的报告》（1957 年 12 月 30 日），全宗号 J020，目录号 2，案卷号 16，长期，潼关县档案馆藏档。

⑤ 《潼关县 1957 年下半年移民工作总结报告》（1957 年 11 月 17 日），全宗号 J071，目录号 1，案卷号 5，永久，潼关县档案馆藏档。

些成年人说，他自己人多劳力少，家里人有病，病不治好不能去。有些妇女反映，安置地区天气冷，不服水土，路上坐车不习惯，不愿意迁移。还有些富裕户、半农户不开会，也不参加生产，甚至装病。个别人外逃，如城关古槐社王进治自移民开始就不开会，不参加生产，最后竟逃往山西。

面对移民不愿迁移，移民工作难以开展。为了打开僵局，潼关县采取如下措施：

一、肯定迁移任务，做好准备工作。移民开始前，潼关县支援三门峡水库修建工程工作委员会根据省二次库区主任会议精神和迁安地区的具体情况，对1957年下半年移民工作做了安排，确定古槐社全搬，公联社迁走一半左右的人，计划迁出500余人。随后组织干部了解移民社群众的思想情况，针对各类思想顾虑写出水库区宣传提纲，8月间开展了宣传教育工作。

二、解决基层干部思想问题，推动移民工作。移民工作开始时，其他县移民不断逃跑，群众思想惶惶不安，移民社干也不积极工作，只看脱产干部的行动，工作一度形成僵局。因此，潼关县支援三门峡水库修建工程工作委员会召开会议，解决干部思想问题，明确工作任务和工作方法，增强干部对移民工作的信心和决心。这次会议通过大会报告、分组讨论、合组发言的方法，解决了干部的思想问题，与会的70名干部表示下决心做好移民工作。

三、贯彻移民政策，在移民社范围内开展社会主义教育。古槐社、公联社均召开了2至4次社干、社员、老汉、老婆、妇女等各种类型的辩论会，引导群众明辨是非。县上为了把辩论会开深开透，专门整理出有关移民工作的7个问题印发各社，组织群众广泛讨论。古槐社、公联社除分片召开小型讨论会外，还采取哪里有问题，就在哪里辩论的方式，消除了群众的顾虑，提高了群众思想觉悟，推动了移民工作。

四、思想工作与解决实际问题相结合。移民干部深入各户访问，了解每个人的思想，逐户逐人进行分类排队，采取对策分别进行教育，消除思想顾虑，同时还要帮助解决具体困难，否则会形成“思想积极但走不了”的问题。如古槐社饲养员冯某自移民工作开始，在会上或会后总说自己迁移没问题，但他的问题一个接一个，起初是他岳母年老走不了，经过解决之后，又是女人离不开女儿，最后是他妻侄盖房问题。冯某原先排为一类，决定头批走，由于问题多，经过抓紧解决，才赶上第二批迁出。再如贫农朱某经过多次思想教育，思想搞不通。他也不说原因，后经过侧面了解，是因孩子多，没啥穿的不能动身。经过社委会研究，借给60元，解决了全家7人的衣服和购置灶具问题，一家人才愿意迁往中卫县①。

这次迁移，古槐社全部迁（实际上最后遗留 27 户 88 人），该社所耕种的 262.05 亩土地除留给未迁的每人 2 亩水田外，其余的麦收后由政府交给附近社耕作。部分土地有青苗，关于青苗赔偿的原则是：根据收益，按市价折卖，除过双方投资，再按双方投资的比例分红。豆子、棉花四六分红，移民社六成，接地社四成，迁移前交付现金，这样处理双方都很满意②。

到 1957 年底，潼关县向银川中卫县移民 1247 人，其中，1956 年青壮年先遣队 151 人，1956 年冬季移民 54 人，1957 年春季移民 540 人，1957 年秋季移民 502 人。古槐社遗留的 27 户 88 人，根据各个社员的具体情况，全部进行安置："转库区农业社 7 户 30 人，转非水库区农业社 4 户 15 人，转市民 16 户 43 人。"③

1958 年全国各地先后掀起大跃进，三门峡水库大坝工程也展开了大跃进，初期施工进度已定：1960 年拦洪，1961 年蓄水④。1958 年 3 月，陕西省支援三门峡水库修建工程工作委员会发出《1958 年移民工作简要计划》（以下简称"简要计划"），要求在 1960 年前完成水库水位高程 335 米范围城乡居民的迁移任务。

"简要计划"提出，迁往甘肃银川专区的移民任务，除已迁往的 15000 人外，还余 15000 人左右，必须 1958 年内全部迁出。鉴于安置区的建房任务尚未完成，分两期迁移：第一期从 3 月下旬迁移 6600 人，其中朝邑县迁出 2300 人（安置在陶乐 620 人，贺兰 730 人，惠农 530 人，平罗 420 人），华阴迁出 2500 人（安置在陶乐 1400 人，永宁 600 人，宁朔 500 人）大荔迁出 1600 人（安置在中宁），潼关迁出 200 人（安置在中卫）。第二期 8 月至 9 月内迁出 8400 余人⑤。

潼关县根据上述要求，拟定出外迁移民计划：全县水库区 335 米高程范围之内共两个农业社，古槐社在去年冬除遗留的 27 户 88 人外已全部迁出。公联

① 《潼关县 1957 年下半年移民工作总结报告》（1957 年 11 月 17 日），全宗号 J071，目录号 1，案卷号 5，永久，潼关县档案馆藏档。

② 《潼关县 1957 年下半年移民工作总结报告》（1957 年 11 月 17 日），全宗号 J071，目录号 1，案卷号 5，永久，潼关县档案馆藏档。

③ 《冬季移民一段工作情况报告》（1958 年 1 月 12 日），全宗号 J020，目录号 2，案卷号 16，长期，潼关县档案馆藏档。

④ 《潼关县 1958 年移民工作计划（初稿）》（1958 年 5 月 3 日），全宗号 J071，目录号 1，案卷号 4，永久，潼关县档案馆藏档。

⑤ 《1958 年移民工作简要计划》（1958 年 3 月 18 日），全宗号 J071，目录号 2，案卷号 6，长期，潼关县档案馆藏档。

社现留社员174户650余人，根据安置区建房和库区生产等情况，分两期迁移完毕。第一期在1958年4月上旬迁送200余人，第二期在8月间（麦收后）将公联社剩余400人全部迁出①。

在1958年春季公联社移民工作中，潼关县首先重视解决干部思想问题，从而促进了工作。例如二、三队（南王和李家门）干部阻力不大，二队队长井开运首先表示要走，并提出有信心在他队动员10户移民，截至3月23日已确定8户，其中5户已准备好。三队共7个队干部，由于解决了思想问题，工作积极，因而群众行动也迅速。三队应迁的移民20余户80多人，他们把树木已全部伐完，做好了随时迁走的准备。有些人还向工作组表示他们的老坟不迁了，将来由国家处理。其次，了解移民的对象思想，将其分三类：第一类的，思想通积极准备走的已有36户156人；第二类，思想已基本没有问题，开始行动的有17户68人；第三类，思想忧虑、还有一些问题牵扯的17户54人。据此情况，这三类合计共有70户278人，其中一、二类就有53户224人。因此，不算第三类，春季迁移的任务可以超额完成②。

针对群众的思想动态，潼关县采取：巩固一类，抓紧二类，有计划地放松第三类。迅速地肯定任务按时做好工作。巩固第一类，就是要多座谈，常鼓励他们的情绪，帮助解决一些临时困难，第二类要抓紧，帮助解决目前存在的具体问题，如粮食问题，关于用钱问题，应该讲清道理，但说明需要与可能。总之，粮、钱问题，应在不浪费的情况下，予以解决。特别注意思想教育工作，以当地事例，积极带动落后；发挥社干力量和工作干部针对具体情况深入教育的方法做好工作。有计划地放松第三类，通过进一步研究，分别哪些人可以走，有条件应放在第二类，抓紧教育。有具体问题牵扯的，讲清道理后予以放弃③。

3月31日，潼关县把这一批移民集中到县，4月1日迁往银川中卫县。这次移民62户261人，其中有请假探亲和搬家的返籍移民7人（均系公联社的），有新迁移家属4户15人，全家迁58户239人（内有古槐社1户2人，华阴兴建乡1户3人），此次除返籍移民7人外，新迁送254人④。

① 《潼关县1958年移民工作计划（初稿）》（1958年5月3日），全宗号J071，目录号1，案卷号4，永久，潼关县档案馆藏档。

② 《移民工作情况报告》（1958年3月27日），全宗号J071，目录号1，案卷号4，永久，潼关县档案馆藏档。

③ 《移民工作情况报告》（1958年3月27日），全宗号J071，目录号1，案卷号4，永久，潼关县档案馆藏档。

④ 《移民工作报告》（1958年4月5日），全宗号J071，目录号1，案卷号4，永久，潼关县档案馆藏档。

其他县按照上述移民规划，从3月上旬开始至4月下旬，用40多天的时间完成了移民迁送工作。华阴县迁出移民2775人（安置在陶乐县1803人，永宁县571人，宁朔县401人），物资785.30吨，牲畜152头。大荔县迁出移民1799人，物资561.14吨，牲畜78头。朝邑县迁出移民1840人（安置在陶乐县293人，惠农县333人，平罗县343人，贺兰县871人），物资678.50吨，牲畜298头①。

这次移民陕西省除处理了“两头有家”返回原籍的库区居民1477人外，共向银川迁送了青壮年家属6675人（内有返籍移民1237人），完成原计划6600人的101.1%，迁送物资2107.44吨，牲畜548头。

1958年上半年的迁移任务完成后，陕西省对1958年下半年移民工作任务做了安排：1958年下半年应迁的移民还有7500至9200人（内有要迁的亲邻700余人），物资1500吨至1840吨，牲畜1575头。其中，朝邑县4000至4880人（安置在陶乐县315至670人，平罗34至100人，惠农70至240人，贺兰3580至3850人），物资800吨至970吨，牲畜652头。华阴县3060至3850人（安置在宁朔250至370人，永宁180至270人，陶乐2620至3200人），物资610吨至770吨，牲畜655头。大荔县80人，物资16吨，牲畜157头，潼关县363至400人，物资72至82吨，牲畜111头②。

由于各县重视移民工作，移民工作进展较为顺利。大荔、潼关8月中旬完成了外迁移民的迁送任务（大荔迁送移民124人，物资24吨，牲畜70头；潼关迁送移民401人，物资110吨，牲畜45头）。截至9月5日，华阴县已动员好3653人（已迁移2979人，物资300吨），朝邑动员好4022人（已迁送1773人）。四县共动员好移民8190人（已迁送5277人，物资400余吨，牲畜115头）。但距完成库区移民计划所规定的任务（9200人）尚差1000余人。

为了不影响完成外迁30000人的任务，做好1958年秋外迁移民迁送工作，省支援三门峡水库修建工程工作委员会要求朝邑、华阴必须尽最大努力说服动员青壮年家属全部迁出，争取完成1958年秋外迁9200余人的任务。大荔、潼关外迁移民任务已结束，要总结外迁移民工作③。

---

① 《关于1958年上半年移民工作总结和下半年移民工作安排意见》（1958年8月9日），全宗号J071，目录号2，案卷号6，长期，潼关县档案馆藏档。

② 《关于1958年上半年移民工作总结和下半年移民工作安排意见》（1958年8月9日），全宗号J071，目录号2，案卷号6，长期，潼关县档案馆藏档。

③ 《陕西省支援三门峡水库修建工程工作委员会关于认真完成今秋外迁移民迁送任务的通知》（1958年9月9日），全宗号J071，目录号2，案卷号6，长期，潼关县档案馆藏档。

1958年8月，潼关县完成当年最后一批外迁移民工作，公联社剩余的406人迁往宁夏中卫县①。当年公联社农民并非全迁往银川，还有刘珍珠、张田等10户分别自迁到潼关其地方或自迁到洛阳、西安、宝鸡等外地。1963年9月，经渭南专员公署移民安置局批准，潼关县对自迁的10户移民给予房屋补偿2586元②。

1956年开始至1958年，地域高程均在335米以下的城关镇的古槐社和吊桥乡的公联社③，向银川中卫县迁出移民共434户1907人，迁出牲口125头，迁送移民物资743600斤④。

第三节 处理外迁移民的房屋、财产

1956年冬，潼关县成立2个移民财产处理委员会，各农业社以点为单位成立六个评议小组，乡的财产处理委员会由民政局、财政局、供销社、信用社、农业社等组成。评议组由群众中有威信的党团员、社干和泥工、木工组成。评议组、社干部学习移民财产处理原则、办法以及补偿范围之后，组织群众学习房屋补偿的原则及办法。

群众明白房屋补偿的原则及办法之后，评议人员勘查第一批移民房屋情况。在勘查过程中，按点找出各类等标准房屋，乡处理委员会、各点评议组、社干部联合勘查，意见取得一致后，分点或按队召开群众会讨论标准房屋。评议人员根据各类等标准房屋，将所有房屋分类，公布第一榜。在组织群众讨论房屋的同时，干部、评议人员根据实际情况算出各类等标准房屋的补偿价，并向群众讲清标准房屋的计算范围和计价方法。在此基础上，评议组人员按照各类等

① “除我们五八年前向省外迁出农民465户1907人以外，还有3280户16893人，省内、社内分别安置。”见《渭南县潼关人民公社一九五九年移民工作总结报告》（1959年12月23日），全宗号J071，目录号1，案卷号14，永久，潼关县档案馆藏档。

② 《请示回水塌岸自迁户拆除房屋补偿的报告》（1963年6月1日），全宗号J071，目录号2，案卷号26，长期，潼关县档案馆藏档。

③ 古槐社原在老潼关城内，该社群众主要在老城北经营菜地，多为菜农，有些户兼做小生意。公联社是潼关县较早成立的高级农业社，共有9个自然村。原址在距老潼关城西边10余里的渭河南边。这9个自然村由南向北依次是南屈家、南王家、刁家巷、北屈家、新城里、李家门、小公庄、小寨子、桃林寨。移民外迁后，这两个社除桃林寨恢复了村名外，其余村、队就此消失，仅留下遗址。参见政协潼关县委员会．潼关移民档案［M］．北京：中国文史出版社，2016：23.

④ 政协潼关县委员会．潼关移民档案［M］．北京：中国文史出版社，2016：22.

房屋的补偿价，将移民所有房屋按同类等房屋的需工、结构、新旧程度逐户提出各类等房屋的补偿价，经评议组会议讨论，提交群众大会讨论，意见一致后出第二榜。

为了房屋补偿价格公平合理，县召集各移民社工作组组长和有经验的泥木工匠、熟悉建筑房屋的干部，将各类等标准房屋的用料、需工、单价进行联评。经过联评，建房需泥、木工大体是：乡村大房每间木工 12 至 16 个、泥工 13 至 18 个，小房一般 5 个木工、5 至 8 个泥工。城市大房每间需木工 13 至 15 个、泥工 15 至 20 个，小房木工 5 至 7 个，泥工 5 至 8 个。至于小工方面，农村一般是一匠三个小工，城市是一匠 2.5 个小工。

全县移民 961 间房屋，共分 8 类 24 等，草房、窑洞、门楼等均为一类三等。1957 年 1 月 14 日，公联社公布第二榜，1957 年 1 月 15 日，古槐社公布第二榜，初步将第一批移民房屋分类分等评出补偿价格。由于陕西省没有公布移民房屋、财产补偿方案，公联社、古槐社推迟公布第三榜。

移民家属的财产能带走的带走，带不走的收赎或托付可靠亲邻照管，当地政府对全家搬的财产和没走的移民家属的财产同样对待。

关于移民财产收购工作，在收购之前，宣传物资收购、迁移补偿或自行处理的界限、国家收购政策，逐户登记移民应出售的物资，分清物名、成数、件数、现值价。然后收购部门带上日用家具"新物时值单价表"，跟原评价格比照。工作组干部对收购的物资集中分类，按新旧堆放，逐类对比，达到合理①。

1957 年 5 月，在 1956 年冬季房屋补偿工作的基础上，将古槐、公联社第一批青壮年移民的所有房屋和 1957 年春季迁移的移民房屋全部进行补偿。移民家属和迁出社员的房屋、窑洞共计 797.5 间（孔）、补偿 66188.1 元，加上院墙损耗费及备料、木料补偿 2739.2 元，门楼补偿 704 元，共补偿 69631.32 元，每间（孔）平均 87.31 元。补偿的移民 176 户 838 人，户均补偿 395.63 元，每人平均 83.09 元。移民果树 253 株，补偿费 542.52 元；树苗 226 株，补偿费 55.56 元；片林 1038 株，补偿 141.56 元。移民迁坟，连同 1956 年冬共迁 627 个，补助迁葬费 4697 元。总的看来，房屋补偿工作做得比较合理，群众基本满意②。

移民不能和不便携带的物资分为瓦、瓷、铁、木、竹、农具等八大类 180

---

① 《潼关县 1956 年冬季移民工作报告》（1957 年 1 月 17 日），全宗号 J071，目录号 1，案卷号 3，永久，潼关县档案馆藏档。

② 《潼关县春季移民工作报告》（1957 年 4 月 28 日），全宗号 J071，目录号 1，案卷号 5，永久，潼关县档案馆藏档。

余种 48026 件，国家付给其收购资金 33796. 85 元。移民的家禽由移民自己处理①。

1957 年下半年，随着移民的迁出，处理移民的各项财产，首先处理了移民的所有房屋、窑洞 783 间（孔）补偿价和残料价 110390. 49 元，补偿结果树 178 棵，补偿价 508. 98 元，果苗 56 棵补偿价 15. 25 元，成片林 465 棵、幼树 56 棵补偿价 604. 03 元。迁葬坟墓 553 个，发给迁葬费 3511 元。同时，伐树 5013 棵，全部卖给移民物资收购站。截至 11 月上旬，共收购移民日用物资 25991 件，支付现金 19892. 29 元。

移民财产处理如树木补偿、迁葬坟墓仍和原来一样，房屋的处理采取成房评价的办法。首先，宣传成房处理的好处以及进行的方法，使群众拥护这种做法。其次，选择有代表性、公道能干的乡、社、队和移民干部组成移民评议机构，必要时吸收建房有经验的人和收购站人员参加。再次，全面勘查移民房屋，初步登记分类，选出标准房，算出标准价，通过评议组研究和群众讨论，按标准房进行登记，公布第一榜，然后按标准评出各类房屋整体价格，通过评议组反复研究，群众意见大体一致后公布第二榜。第二榜公布后，组织群众讨论，按群众所提意见进行复查，个别调整，造册报乡，经批准后，三榜定案。定案后有个别人提出意见，确属偏高偏低，酌情调整，以达到公平合理。从公联社、古槐社做的结果来看，公联社是先在一队试办，推广经验，全面展开。古槐社采取两榜定案，第一榜公布房类和价格，第二榜定案。公联社、古槐社相比，公联社做得更细致②。

公联社共有 7 个自然村分为 5 个生产队共有 375 户 1549 人。这次处理的三、四、五队共 122 户 469 人，房屋 555. 5 间，时值价 68644. 24 元，每间平均 123. 57 元。最高 333 元，最低 35 元，其中泥瓦大间 48 间，每间平均 263. 78 元，泥瓦小房 474 间，每间平均 104. 90 元，草房 33. 5 间，每间平均 27. 25 元，共有门楼 96 个，每个平均 16. 50 元，附属物 5341. 83 元，备料 19350 元。

古槐社共有 70 户 252 人，共有房屋 227. 5 间（窑洞在内），时值价每间平均 183. 5 元，其中大房 93. 5 间，每间平均 307. 5 元，小房 109. 5 间，每间平均 112. 3 元，草房 6. 5 间，每间平均 27. 45 元，土窑 18 孔，每孔平均 27. 84 元。根

① 《潼关县春季移民工作报告》（1957 年 4 月 28 日），全宗号 J071，目录号 1，案卷号 5，永久，潼关县档案馆藏档。

② 《潼关县 1957 年下半年移民工作总结报告》（1957 年 11 月 17 日），全宗号 J071，目录号 1，案卷号 5，永久，潼关县档案馆藏档。

根据上述评议数字来看，这次成房处理的价格基本是平衡的，同时也是合理的。公联社大房少，而且结构简单（用料少），因而平均每间比古槐社少 59.93 元。如果大小房相比，大房公联社每间比古槐社少 43.82 元，小房每间少 7.4 元。从公联社各队采看，由于该社各队房屋大体相同，因而补偿数字也很接近，该社三队每间小房平均 95.46 元，四队小房平均 110 元，五队小房平均 112 元，跟社会房价相比也非常接近①。

关于移民物资收购工作，县供销社抽出干部 3 人，移民干部 2 人，临时雇用人员 3 人，分设两站工作，收购移民物资，截至 11 月上旬，共收购移民日用物资 25991 间，支付现金 19892.29 元，结合收购并推销出日用物资木料（遗留物资在内）共 7388 件，钢铁 187.2 斤，收回现金 6330.09 元②。

1958 年春的移民房屋补偿是依据《三门峡水库区陕西境内农村移民财产处理暂行办法》处理的，共处理移民房屋 341 间，其中瓦房 322.5 间，草房 18.5 间，处理门楼 44.5 间，总计补偿 42988.13 元。由于各类房屋均系泥瓦房，房屋补偿价比 1957 年低。瓦房平均每间补偿 62.05 元，草房平均每间补偿 14.54 元③。

1958 年春季共迁葬坟墓 78 个，补助 294 元，平均每个坟墓 3.77 元。补偿果幼苗 165 株，补助费 420.7 元，平均每株 2.55 元，其中果树 94 株，补偿费 401.5 元；幼苗 71 株，补偿 19.2 元。移民财产的处理，潼关县尽最大努力减少移民经费的开支和浪费。这次共收购移民物资 2087 件，付款 2344.73 元④。

第四节 移民在中卫县的生活

潼关县的外迁移民安置于银川中卫县常乐乡。常乐乡在中卫县的黄河南岸。潼关移民来到中卫县常乐乡，开始了他们新的生活。移民到达这里分为两个居住点，原公联社 353 户 1591 人单独成立了一个生产单位，起初叫公联社，后改

---

① 《潼关县吊桥乡公联社和城关镇古槐社移民成房处理工作总结报告》（1957 年 11 月 26 日），全宗号 J071，目录号 1，案卷号 1，永久，潼关县档案馆藏档。

② 《潼关县 1957 年下半年移民工作总结报告》（1957 年 11 月 17 日），全宗号 J071，目录号 1，案卷号 5，永久，潼关县档案馆藏档。

③ 《潼关县五八年上半年移民工作总结报告》（1958 年 7 月 10 日），全宗号 J071，目录号 1，案卷号 4，永久，潼关县档案馆藏档。

④ 《潼关县五八年上半年移民工作总结报告》（1958 年 7 月 10 日），全宗号 J071，目录号 1，案卷号 4，永久，潼关县档案馆藏档。

名新庄大队。原古槐社 81 户 316 人安置在当地水车大队一个生产小队①。

潼关移民在中卫县（原古槐社、公联社）建房共 1103 间，其中 1956 年建成 172 间，1957 年建成 931 间。原公联社建成住房 836 间，公用房 7 间，生产用房 24 间；原古槐社建成住房 228 间，生产用房 8 间。按迁来的总户数每户平均 3.7 间。移民住后，原公联社还余房 60 间，槐社余房 9 间。中卫县根据应迁人数安排了两社 1958 年的建房任务，原公联社还要建 350 间，原古槐社还要建 30 间②。

据 1965 年统计，潼关移民在常乐乡共建房 1347 间，其中原公联社建房 1118 间（公房 91 间，移民住房 1027 间）；原古槐社建房 229 间（公房 11 间，移民住房 218 间）。每户移民基本上能分到一幢房，人口多的适当增加，最多的一户有两幢住房。同时，两社均建有公房，如办公室、仓库、牲畜饲养室等③。

原公联社在常乐乡曹家庄南边香山脚下一片空地上建起了个新村庄，共建了 12 个巷道，每巷两排房共 24 排，每排 14 座房子，在每排的第十院和剩余的四院之间有一条宽三丈横穿 12 个巷道的生产大路，生产大路和巷道均有路灯。公联社办公室是工字房共 7 间，位于村中心处，所建的办公室很宽敞，房两头相隔办公，中间大厅为开会用。办公室西侧建有四孔能容 10 万斤粮食的砖窑④。

两社种地 741 亩，其中原公联社种 611 亩，原古槐社种 130 亩。种植作物有谷子、糜子、棉花等，年产量不高，其原因是土地没整好，水未灌好，耕作技术粗糙，加之霜期来得过早，影响了庄稼生长。

两社计划 1958 年种植夏秋作物 3672 亩，自留地 126 亩，共计 3798 亩，移民平均每人种植 3 亩多地。副业方面情况较好，原公联社有砖窑一座，供两社移民建房使用。两社有石灰窑 20 多个，除自己使用外，将 10 万多斤石灰卖给建筑单位。两社有架子车 15 辆、10 多头牲畜，准备购买一辆胶轮车，农闲时搞运输⑤。

从上述来看，潼关县移民迁移到中卫县后，不论是居住条件，还是生产生活条件相对较好。移民对安置区的生活是满意的。时至今日，原古槐社社员王

---

① 政协潼关县委员会．潼关移民档案［M］．北京：中国文史出版社，2016：32.

② 《关于中卫县安置陕西库区潼关移民工作情况报告》（1957 年 11 月 28 日），全宗号 J071，目录号 2，案卷号 2，长期，潼关县档案馆藏档。

③ 《中卫县移民工作情况》（1965 年 1 月 22 日），全宗号 J071，目录号 1，案卷号 59，永久，潼关县档案馆藏档。

④ 政协潼关县委员会．潼关移民档案［M］．北京：中国文史出版社，2016：33.

⑤ 《关于中卫县安置陕西库区潼关移民工作情况报告》（1957 年 11 月 28 日），全宗号 J071，目录号 2，案卷号 2，长期，潼关县档案馆藏档。

淑兰（先遣队家属）说："我去了以后，房子已经盖好，可以住人了。当时天气还冷，但那里的煤多，房子烧得很暖和。当时也不缺吃的，生活上没有什么困难。"原公联社社员张恩孝说："移民迁到宁夏后，3 人户以上分一座 3 间，2 人户以下分一座两间，原在潼关无房户也按人口数分房，由国家补贴。移民到那里后，生活开始还可以，国家按承诺兑现，移民吃粮不受限制，只要有大队介绍信（不要粮票）就可以买到粮，想买多少买多少。那里的东西还是比较便宜的，大米每斤 0.13 元，原粮每斤 0.12 元，羊肉特别便宜。""那里主产芋豆，1958 年实行食堂化之前，移民的生活很好，可以说与在潼关没有什么差别。"①

1958 年全国大跃进开始后，浮夸风弥漫，各地虚报粮食产量。到 1959 年，农民的大部分粮食被征购，移民生活急剧下降。三年困难时期，使全国大部分人陷入生活困境，移民生活更是苦不堪言。原公联社社员张安身说："迁到中卫后，我全家八九口人，三年困难时期时，粮食不够吃，为了不让孩子挨饿，大人不吃让孩子吃""我们吃过稻子皮、玉米芯、草根、树皮，那里的荒山荒坡，光秃秃的，什么也不长，为了活下去，我们把家里的东西都变卖的吃了。"② 原公联社社员屈栓民说，困难时期，国家困难，当地老百姓困难，移民更困难。1956 年至 1958 年几批移民迁移时都把房子交给了国家，余粮卖给了粮站，带不走的物件卖给了收购站，家家贫富差不多，此时都处于无积蓄、无外援的困难境地。③

饥饿促使移民想起库区的生活，特别是听到库区原有的土地未淹没，移民强烈要求返乡。一开始部分移民返陕，随后移民大规模地返陕，最后陕西省不得不接受返陕移民，并给以重新安置。

第五节 城关镇试办房屋结算工作

中卫县古槐社由潼关县（城关镇）迁移去，有移民 80 户 353 人。该社在库区没有集体公房，只有社员私有房 263.5 间，平均每户 3.29 间，每人 0.75 间。库区房屋补偿费 23199.51 元，平均给每间房补偿 88.04 元，每人补偿 65.72 元。库区卖出房屋残料款 20519.60 元，平均每间 77.87 元，每人 58.13 元。补偿费

① 政协潼关县委员会. 潼关移民档案［M］. 北京：中国文史出版社，2016：39-41.
② 政协潼关县委员会. 潼关移民档案［M］. 北京：中国文史出版社，2016：39.
③ 政协潼关县委员会. 潼关移民档案［M］. 北京：中国文史出版社，2016：43.

和残料价共计 43719. 12 元，平均每间房 165. 91 元，每人 123. 85 元。在安置区给移民建房 235 间①。

根据上述情况和“三门峡水库区陕西境内农村移民财产处理暂行办法”，工作组先将房分配到户，然后核算房价、计算工料差价和评定修建补助费等清理工作，其结果是：

一、依照生产、生活必要，分给移民个人的房屋 224 间，分配给社里集体的生产用房 11 间，共计 235 间，平均每户 2. 94 间，每人 0. 66 间，其中最多每户占到 6 间，最少每户占 1 间。

二、核算房价：235 间房造价 52641. 17 元（其中最高/间 248. 33 元，最低/间 184 间），平均每间造价 224 元，平均每人应负担房价 149. 13 元。

三、工料差价：按照库区房屋和安置区建房情况，给 62 户移民补助 164. 5 间房的工料差价 6736. 46 元，按照计算差价间数平均，每间补差价 40. 95 元，每间工料差价占平均造价 18. 28%，按建房总间数平均每间造价 28. 67 元，按移民人数平均每人得工料差价是 19. 08 元。

四、修建补助：库区所得“补偿费”和“残料费”不够支付安置区房价的户、库区无房户及生活困难户，都给必要的“修建补助”。这次给 54 户移民的 110 间房补助“修建补助费”18999. 22 元，其中最多者 1 户补助 653. 01 元，最少 1 户补助 3. 72 元，全部补助的有 9 户 19 间房。按补助户平均每户 370. 36 元，按移民总户数平均每户补助 237. 49 元，按移民人数平均每人补助 53. 82 元。

五、以上“工料补助”“修建补助”共计 25735. 68 元，按建房间数计算，每间补助 109. 51 元，按移民人数计算，每人补助 72. 91 元。

六、由于移民在库区的房屋间数多少和质量好坏不一样，因此，有 25 户移民除安置区有房外，还得到“补偿费”和“残料变价”款 20924. 34 元，平均每户 836. 97 元。有 54 户除将“房屋补偿费”和“残料变价”以及“工料差价补助”与“修建补助”相抵所分配房屋的造价外，本人出房价 3461. 50 元，平均每户 64. 10 元。

国家在上述各项房屋费用支出 48935. 19 元，平均每人 138. 63 元，再加上不能计入房屋造价的损耗 2565. 96 元，国家实际支付移民房屋费 51501. 15 元，平均每人 145. 90 元。

这次清洁移民房屋工作，使古槐社 80 户移民中 16 户无房户、19 户少房户

---

① 《关于中卫县古槐社移民房屋清洁试办工作的情况报告》（1958 年 9 月 13 日），全宗号 J071，目录号 2，案卷号 5，长期，潼关县档案馆藏档。

变成房够用户。库区房多质好的 25 户移民，除应得的房价外，还得到“工料差价补助”。移民普遍反映房屋清洁公平合理①。这次试办工作分为三个阶段：

第一阶段是从 1958 年 6 月 9 日至 1958 年 6 月 20 日，成立农业社移民房屋评议小组，全面开展宣传教育工作，在此基础上，把房屋分配到户。

一、成立移民房屋评议小组。从群众中选择成分好、公道能干和有一定威信的人组成移民房屋评议小组，协同工作组进行工作。

二、全面开展宣传教育工作。评议小组成立后，组织评议小组成员学习清洁房屋的办法，向他们交代评议组的任务和应注意事项，为做好工作奠定基础。同时，通过座谈及个别访问了解到移民的思想顾虑：库区无房、少房户，想完全依赖国家，人少还要多住房，对房价抱着“我是移民，看国家咋办，反正我没钱”的态度，有些移民认为谁住房谁得出钱，自己经济困难，担心自己住的房价高，还不起，心情紧张。库区多房户有两种态度：一种是住房自己出钱，我在库区房多补偿的钱多，能顶住房价，要多住房，住大房；另一种是尽量少住房，少出钱，省下钱为今后生活做打算。

三、房屋分配到户。根据上述移民的思想情况，通过大会报告、小组讨论、大字报、个别串联向移民宣传房屋清洁的办法，消除移民的思想顾虑，并依据“照顾移民生产、生活习惯，尽量争取一户分住一院，并对库区房多户，适当的予以照顾”原则分配房屋，除一单身户不要房子外，其余 79 户 352 人分配 224 间房屋，给农业社分配 11 间房屋。

第二阶段从 1958 年 6 月 21 日至 1958 年 7 月 31 日，核算房屋造价和工料差价。

一、核算房屋造价。由于移民所盖房屋类等较多，使用木料的质量、数量差异较大，不能以平均造价计算，为了做到公平合理，重新核算房价。

（一）核算房屋造价的方法：原打算以平均造价为标准，根据各类等房子的具体情况分别增减，但因类等复杂，计算困难，采用了按类分等，选标计价，以标带价等适当增减的办法。其具体做法是：1. 工作组和评议组对所有房屋进行观察、丈量，按类分等选标，经社员大会讨论通过，共分了三类七等，其中：大三间类分方椽为一等，圆椽为二等，大门大窗为三等；小三间类只作一等，两间类按照开间大小分为一二三等。2. 标房工料的确定：木料、青砖、垡垃、苇箔等主要用料按现场清点数字计算，石灰、麦草等按建房时实用数字按间平

① 《关于中卫县古槐社移民房屋清洁试办工作的情况报告》（1958 年 9 月 13 日），全宗号 J071，目录号 2，案卷号 5，长期，潼关县档案馆藏档。

均计算；泥工、普工按照建房所用总数以各个标房所用青砖和垡垃多少比例推算；木工以建房所用数字用各个标房所用木料多少按比例计算。短途运输费，以总的开支按各个标房所用各种材料的总值比例分担。3. 各种工料单价的确定：旧料所建的8座3间房，根据原来买价以8座房平均分担，对新料统按1956年、1957年购入材料的平均单价计算（1956年、1957年购入料的总材积除1956年、1957年购入材料的总值等于每立方材的单价），对用原材加工成的方、板材仍按平均的方板材单价计算（不再另加加工损耗），对松木椽、杂木椽统一平均按一个单价计算，主要是因为松木椽每立方价虽较大，但每立方的根数较多；杂木椽每立方价虽较小，但每立方的根数少；工价是按各种工的平均单价计算的。

（二）清料工作：这次采取了组织专人逐件点数和召集有关人员座谈相结合的方法清理库存材料。清理的结果：总亏损人民币3601.98元（内有少给房屋上算的短途运费843.48元），这些亏损中，有合理的耗损，有在运输中遗失的，有为运送木料在河滩搭临时便桥被水冲走的，究竟哪一种原因亏损多少，由于建房中材料使用无记录，难以弄清。合理耗损率到底有多大，移民办公室虽与各方面作了联系，也无可靠依据。经研究最后每座房以标房造价为准增加2%（1036.02元）为合理耗损（可能合理耗损较此数大）其余部分由国家报销。

按照上述办法，先求出各个标房所用各种工料数字，乘以各种工料的单价，为各个标房的造价，然后再加2%的合理损耗，就等于各个标房的实际造价。凡与标房所用工料差异不大的房屋，按标房价计算，与标房工料差异大的房屋，可适当予以增减①。

二、工料差价。移民在库区房屋的残料是按照库区的收购价出售给国家的，在安置区建房所用之料是按安置区的销售价购买的。为了不让移民负担过大，按规定给移民计算适当的工料差价，以作补助。

（一）计算的范围：凡库区房屋间数多于或相等于安置区分房间数的户，工料差价按安置区房屋间数计算；凡少于安置区分房间数的户，工料差价按库区间数计算；库区无房户，不计算工料差价；库区住窑户，因窑与房有相等的使用价值，故也按房屋同样看待（一孔窑顶一间房），计算工料差价。

（二）计算的项目：凡建房所用之工、料（除短途用费）原则上都应计算差价。为了照顾移民的利益，安置区价格高于库区的木料、青砖、苇箔等都计算差价，安置区价格低于库区的工（木工、泥工）料（垡垃、石灰、麦草）和

① 《关于中卫县古槐社移民房屋清洁试办工作的情况报告》（1958年9月13日），全宗号J071，目录号2，案卷号5，长期，潼关县档案馆藏档。

量微价小的（插座、合页等）材料均不计算差价。

（三）计算的方法：木材按同一规格以潼关木材公司的收购价与中卫移民购入价（中卫木司的销售价）比差。其他材料以潼关和中卫同类同等规格的销售价比差。

（四）关于几个具体问题处理办法：

1. 不同规格材料的比差：圆木椽在安置区木司收购表中统以立方计算，无每根价，在建房购入是以根价计算。为了便于计差，选择了房屋上多数的3（米）至3.9（米）×6（厘米）规格的二等松木椽与库区比差；方木椽：库区无这一规格，在安置区每立方方木椽价相当于当地板材价格，故决定以板材价与库区比差；苇箔每捆规格，安置区是10×15，库区是10×10，故以库区1.5捆与安置区1捆的价格比差；方、板圆材，建房是按1956年、1957年购入的平均单价计算的。因此，用各种料的单价在安置区木司找同等单价的现售木材规格与库区比差。

2. 买入旧料的比差问题：有8座房是用旧房拆下的木料盖的，无法分清材料的规格与单价。为了照顾移民，将每座房的用料数字，除每座房平均的料价，得出每立方的价值，再在安置区找出同等价格的木料和规格与库区比差。

3. 木工、泥工、普工的差价：中卫给移民建房工价较库区低些，应计算倒差，但由于国家给移民建房，经营管理较群众自理费些工，用工也较群众多些，同时，群众要求在这方面给以照顾，因此，这次未给群众计算倒差①。

第三阶段，从1958年8月1日至1958年8月9日，评议修建补助费，处理遗留问题，总结工作。

在80户移民中，库区房价与所分房的算价相抵后不用出钱的只有25户，有55户（无房户在内）库区房价跟所分房的算价相抵后，还要拿出一些钱。但从移民的经济情况来看，大部分移民在短期内归还不了应付的房价，其原因是：移民迁移后虽经政府多方照顾和补助，生产生活有了保障，但生产还不稳定，特别是社内管理不善，1958年夏收预分一个劳动日仅得0.56元，相当于该社1957年一个劳动日值的23%，1958年秋田丰收有望，最多也只能达到上半年的收入。另外，移民个人对生活安排不善，在社内大量借支，截至7月底，社员借支总额为21285.37元，平均每户262.70元，最多的借到千元以上，借款总额占1958年夏收总值的416%。

① 《关于中卫县古槐社移民房屋清洁试办工作的情况报告》（1958年9月13日），全宗号J071，目录号2，案卷号5，长期，潼关县档案馆藏档。

基于上述情况，库区补偿价和残料价不够抵交房价的无房、少房户，按照移民经济情况，以“困难大的多补助，困难小的少补助，无困难的不补助”精神评议补助，使移民不因负担房价而影响正常的生产和生活，以巩固移民思想，推动生产。其做法：

一、评议组对上述精神做了研究讨论，分别在积极分子、社员大会上做动员报告，使群众领会补助的精神原则，端正移民依赖国家包下来的思想。

二、在做好思想工作的基础上，自报、小组评议，各组连评，社员大会讨论通过，造册报乡人委审核，县人委批准，由县办公室与农业社进行结算。

三、在评议中，根据各户经济情况（劳力、人口、存款、负债情况），参照过去的收入，能负担起多少，就让本人负担多少，负担不起的部分申请国家补助；对鳏寡孤独、复员军人和一贯积极劳动、勤俭持家的贫雇农，给予适当的照顾①。

---

① 《关于中卫县古槐社移民房屋清洁试办工作的情况报告》（1958 年 9 月 13 日），全宗号 J071，目录号 2，案卷号 5，长期，潼关县档案馆藏档。

第六章

移民外迁转内迁

1958 年外迁银川移民任务完成后，陕西省在库区、安置区展开调查，规划移民内迁。潼关县也在库区、安置区展开调查工作，随后内迁移民。

第一节　陕西省规划移民内迁

移民外迁任务完成后，为了迁移和安置 335 米、338.5 米高程内的移民和城市迁建做好准备，陕西省在库区（城镇和乡村）和安置区展开调查。调查工作（从 1958 年 4 月下旬开始，至 8 月底完成）分三个阶段进行：

第一阶段，抽调干部，组织学习；拟定开展工作的实施计划，研究修正调查提纲和表格，准备必要用品和收集有关资料；拟定干部学习计划和讲授提纲等。

第二阶段，在蒲城、澄城、白水、合阳、大荔五县及库区城镇进行调查，同时在千阳、耀县、麟游地区进行调查，初步汇总和作出书面报告，并做好社、乡、县级的汇总工作。

第三阶段，省进行审核汇总，初步定案上报①。

1958 年 5 月，各县派出调查规划工作干部 122 名，分为库区农村、城镇、安置区三个组展开调查规划工作②。库区农村调查是在 1956 年技经调查的基础上，对 338.5 米以下的潼关、华阴、朝邑、大荔等县的 41 个乡 494 个农业社进

---

① 《陕西省支援三门峡水库修建工程工作委员会关于三门峡水库区陕西境内农村居民迁安与城镇迁建的调查规划工作计划（初稿）》（此档案无日期），全宗号 J071，目录号 2，案卷号 6，长期，潼关县档案馆藏档。

② 《关于 1958 年上半年移民工作总结和下半年移民工作安排意见》（1958 年 8 月 9 日），全宗号 J071，目录号 2，案卷号 6，长期，潼关县档案馆藏档。

行补充调查①。

安置区的调查是在蒲城、合阳、澄城、白水四县和朝邑、大荔、华县、潼关345米高程以上有条件后靠安置的乡、社进行的②。安置区蒲城、合阳、澄城、白水地广人稀，劳力缺乏，畜力不足，水源较差，土地单位面积产量较低，但生产潜力很大，出产的麦子每年都向外运输。同时，煤、铁、硫磺等矿藏比较丰富，工业发展前途很大。这些地方缺少劳动力是具有安置移民的条件的。朝邑、大荔、潼关土地比较宽广，水利条件较好，华县铜、金矿的开采，需要投入很多劳动力，也可以安置移民③。

城镇调查是在库区335米以下的潼关、朝邑县城和平民、三河口等集镇进行的。由于水库形成后，有些县治也不宜单独存在，根据其自然地理情况，居民生产、生活习惯和人数，确定将朝邑与大荔合并，治所设大荔县城，不再建立新县城。合并时间1958年开始，1959年结束。华阴和潼关合并，治所设华阴县城④。

在调查迁安地区情况的基础上，按照：一、在保证人平均占有平塬地2亩左右的前提下，库区县内后靠一部分后，后靠安置点应在350米高程以上。二、争取向工业和铁路方面安置一部分。三、向渭北高塬各县迁安一部分，因华阴、华县、潼关县内后靠任务大，蒲城安置任务相应减少，可考虑将朝邑除县内后靠和迁往大荔外，所余部分迁往蒲城；澄城、合阳、白水可考虑不安置或少安置等原则，陕西省对内迁移民迁安作出规划：

库区移民线内朝邑县有93028人，其中在本县后靠安置22575人，迁往合阳安置38090人，澄城安置30169人，大荔安置1679人，潼关安置136人，回原籍379人。华阴县61863人，其中本县后靠安置901人，蒲城安置40962人，白水安置20000人。大荔县21615人，均在本县后靠安置。华县37549人，本县后靠安置4890人，蒲城安置20000人，白水安置12659人。潼关县24252人，本

① 《关于1958年上半年移民工作总结和下半年移民工作安排意见》（1958年8月9日），全宗号J071，目录号2，案卷号6，长期，潼关县档案馆藏档。

② 《关于三门峡水库区陕西境内农业恢复和移民规划设计的报告》（1958年9月8日），全宗号J071，目录号2，案卷号5，长期，潼关县档案馆藏档。

③ 《关于三门峡水库区陕西境内农业恢复和移民规划设计的报告》（1958年9月8日），全宗号J071，目录号2，案卷号5，长期，潼关县档案馆藏档。

④ 《关于省内迁安三门峡水库区移民工作的方案（草案）》（1958年8月28日），全宗号J071，目录号2，案卷号6，长期，潼关县档案馆藏档。

县后靠安置15691人，白水安置7761人，回原籍800人①。

渭南县以公社为单位，采取全面调查与典型调查相结合的方法，对人口、劳力、土地、牲口等基本情况采取全面调查，对房屋及公共设施等采取典型调查，对三门峡水库区渭南县境内居民迁移安置作出规划：

三门峡水库水位上升到338.5米，淹没334个村庄、耕地373180亩，需迁移城乡居民123664余人，其中335米以内约69295余人（华阴公社51311人，华州公社1608余人，潼关公社16376余人）；335米至338.5米以内54369人（华阴公社10552人，潼关公社1876人，华州公社35941人）。这些移民要在1961年汛期前全部迁完。

根据上述任务与时间的要求，除华州335米内的1300余人安置西安草滩农场外，华阴公社335米51000余人安置在固市公社21000余人、官道公社30000余人。潼关公社335米及338.5米内的居民与华阴公社338.5米内的居民在本公社后靠安置。华州公社335米内余下的300余人及338.5米内的居民安置在固市公社10000余人、高塘公社15000余人，崇凝、阳郭各5000余人。这些安置移民的地区必须在海拔350米以上，确保安全，避免二次迁安，农村居民的安置要保证每人有适当数量的可耕地，且不能影响当地居民原来的生产生活水平②。

这次安置区调查规划，弄清楚了安置地区的生产情况（包括农林水牧副）、经济情况、需工用料等情况，给安置移民提供可靠资料，弄清楚了水库区各队的人口、劳力、耕畜、农作物播种面积、产量与产值、房屋数量等情况，给对口安置打好基础③。

第二节 潼关县规划移民内迁

1958年春，潼关县对未迁移的城乡居民展开调查，除已决定外迁的两个农业社以外，水库区现有居民4756户24252人，其中城市居民（不包括农民）2925户16376人，城乡居民共计13个农业社1840户7876人，分布情况：吊桥乡2个社

① 《关于省内迁安三门峡水库区移民工作的方案（草案）》（1958年8月28日），全宗号J071，目录号2，案卷号6，长期，潼关县档案馆藏档。

② 《关于三门峡水库区渭南县境内移民迁移安置调查规划工作计划》（1959年4月17日），全宗号J071，目录号1，案卷号14，永久，潼关县档案馆藏档。

③ 《关于三门峡水库区渭南县境内移民迁移安置调查规划工作计划》（1959年4月17日），全宗号J071，目录号1，案卷号14，永久，潼关县档案馆藏档。

576户2407人；城关镇2个社729户2941人；十里铺乡9个社535户2528人[①]。

从水库高程来看，13个农业社中跨越335米至338.5米之间的有吊桥乡永联二社、城关镇先进和先锋社，十里铺乡西北社，共4个农业社1168户4951人，其余9个社共672户2925人。十里铺乡新民、南斜、西村等8个农业社以及吊桥乡永联社群众居住的村庄虽然都在340米以上，但各社大部分村庄位于黄河岸边，若水库水位升至338.5米，不论跨越高程或340米高程的农业社，村庄土地不是受到淹没，就是遭受回水塌岸的危险。从历年汛期河岸崩裂的情况来看，吊桥乡永联一、二社的不少村庄和十里铺乡各社，距离河岸仅30米—50米左右，水位升高以后塌岸将更严重，所以库区各社都有迁移安置的必要。

根据“必须保证移民生产、生活不低于库区一般水平”的原则，县委会议研究确定采取县外安置与县内后靠相结合的方法，分别予以整体或分散安置移民。全县库区移民迁安规划：

城镇有19405人，其中9717人（包括国家机关、团体单位、铁路职工及农业人口），由有关领导部门安排迁移安置和处理。其余9688人迁往本县境内5073人（手工业者及搬运工人2038人，商业者1810人，学生1225人），迁往外县3815人，回原籍800人。水库区共13个农业社1840户7876人，迁出10个农业社4021人，后靠3个农业社3855人。

1960年前，城乡人口全部迁移安置结束，分两步进行：第一步在1959年内完成向县外迁移7836人的任务。第二步除迁出移民外，留下8928人全部在1960年汛期前后靠于本县境内，水库区清理工作也要完成。

13个农业社在1960年汛期拦洪之前全部迁移后靠完毕：十里铺乡的七一、新民等8个农业社278户1286人，城关镇的先进社268户1096人，吊桥乡的永联社394户1639人，共计10个农业社940户4021人，全部迁往外县，安置在陕西省的一个县内。十里铺乡的西北社257户1242人，吊桥乡的永联社182人368人和城关镇的先锋社416户1845人，共计3个农业社[②]855户3855人，全部后靠于本县境内附近农业社。

---

① 《三门峡水库区潼关境内农业人口迁移安置初步规划方案》（1958年6月16日），全宗号J071，目录号2，案卷号9，长期，潼关县档案馆藏档。

② 县境内后靠的三个农业社从1959年冬开始至1960年春完成后靠插社。西北社除将本社塬上土地利用之外，多余的人安插于南头乡上下东里、小东马与坡头等农业社内。先锋社后靠于本社吴村乡的潼川社，永联二社除耕种本社与永联一社塬上土地之外，多余的人安插于南营乡明星一、二农业社。见《三门峡水库区潼关境内农业人口迁移安置初步规划方案》（1958年6月16日），全宗号J071，目录号2，案卷号9，长期，潼关县档案馆藏档。

移民迁安时间：1958年8月起开展移民内迁工作的宣传教育工作，并与安置地联系，做好一切准备工作。1959年春秋两季完成内迁10个农业社的移民任务，年底全部结束内迁工作，割断与水库区的经济关系。1960年6月前完成全县水库区的清理工作。

从上述内容来看，水库区农民迁移的规划“多迁少靠”，其原因是：

一、潼关属于高塬地区，耕地不多，且多系沟、坡、山、沙、滩地，土质不好，全县农业人口12813户57267人占有229710.09亩，农民平均每人4.01亩。塬下土地虽好，但将变成水库，再加上城市人口消费，全县每年所产粮食不够自给。13个农业社共有23252.84亩，加上公联社3033.4亩，共有土地26286.24亩，塬下淹没土地15080.19亩，塬上仅留11206.05亩。后靠的三个农业社每人平均2.9亩土地。若每人按4亩计算，将来就有1054人向其他社安插。

二、塬上不仅后靠农民，还要后靠城镇人口5073人，需要农业供养，其建房、市场也要占用土地。

三、随着水库的形成，陇海铁路向塬上改线，占用耕地不在少数，同时建站、铁路职工、家属等住房用地以及航运事业的发展，占用不少土地。新兴城市等用地约4050亩（其中机关、学校、市场、车站占2250亩，铁路占400亩，公路占900亩，库边占500亩），加上库区淹没土地15080.19亩，共计19130.19亩。塬上仅有耕地210579.9亩，有居民48731人，加上后靠的农民3855人共计52586人，每人平均耕地4亩。

“多迁、少靠”这样规划农民迁移，在县境内安置的每人平均4亩土地能否保证其生活水平不低于原来库区水平？潼关县委认为，是可以的，自1957年兴修水利以来，半数左右的土地可以浇水，加之技术革命和农具改良运动，土地单位面积产量逐年提高，农民群众的生活水平是有保证的①。

1960年国庆节前，三门峡水库高程全部完工，开始拦洪和发电。1960年汛期前335米内的居民不仅要全部迁出，而且要做好清库工作和迁安城镇人口。为此，潼关公社②根据水库区的基本情况和并县后的实际情况，在水库水位335米及338.5米两级高程范围内进行调查。潼关县库区的情况：

一、城镇人口335米高程内1187户5955人，338.5米高程内584户2178人，共计1771户8133人。农业人口335米高程内10户22人，338.5米高程内

① 《三门峡水库区潼关境内农业人口迁移安置初步规划方案》（1958年6月16日），全宗号J071，目录号2，案卷号9，长期，潼关县档案馆藏档。

② 1958年12月，华县、华阴县、潼关县划归渭南县。从1959年1月1日起，按新县进行工作，潼关县改称潼关公社。

789户2447人，共计799户3469人，涉及四个大队、18个生产队。

二、城镇在335米高程内有瓦房5728.5间，其他房423.5间（孔），338.5米高程内有瓦房1635间，其他房131间（孔），共计7918间（孔）。农村在335米高程内有瓦房88.5间，其他房2间，338.5米高程内有瓦房4185.5间，其他房54.5间（孔），共计房屋4330.5间（孔）①。

通过全面调查，338.5米移民线内应迁对象，城镇8133人，农村3469人，共计11602人（连城镇库外学生1225人，总计12827人）。除西北和硷坡村以外，均在339米以及340米以上，不属于迁移对象，但有不少村庄在水库边缘，属塌岸区，特别是十里铺地区有六个生产队，较为严重。潼关公社确定塬下村庄全部迁移，共有3899人，按塌岸轻重分两批迁安，第一批先迁严重塌岸区的2372人，随335米居民迁出；第二批所剩下的1517人，随338.5米居民迁安。

农业人口安置于南营、吴村、南头管区。南头管区有农业人口11539人，有土地38135.72亩，每人平均3.3亩，南营管区有6173人，有土地18789.48亩，每人平均3.08亩，吴村管区有农业人口9639人，土地39330亩，每人平均4.08亩，加上城关农业人口2225人，共计11864人，每人平均3.31亩。城镇人口安置于吴村、太要镇，至于安置多少，根据现状和将来远景再确定。

水库区移民全部迁安在塬上，全社有土地227541亩，将来减少39296.19亩（水库淹没土地、铁路、公路占地），实有土地188244.81亩，公社有农业人口55612人，每人平均土地3.38亩，加上1958年工商业、市民转农3140人共计58752人，每人平均土地3.2亩，可以保证移民生活的。城镇人口安置已划拨庄基土地，也可以保证其生活②。

此次调查工作不仅对库区要迁移的城乡居民做了迁安规划，而且对潼关境内回水塌岸地区进行全面调查，保证了潼关移民迁安顺利展开。

第三节　调查潼关县城工商业

三门峡水库建成蓄水后，潼关县城将被淹没。为了顺利、如期完成县城工商业迁移工作，从1958年1月5日起，潼关县对县城工商业进行调查摸底。此

① 《潼关人民公社关于三门峡水库区调查摸底工作报告》（1959年4月23日），全宗号J071，目录号1，案卷号14，永久，潼关县档案馆藏档。

② 《潼关人民公社关于三门峡水库区调查摸底工作报告》（1959年4月23日），全宗号J071，目录号1，案卷号14，永久，潼关县档案馆藏档。

项工作2月5日结束，历时30天时间，主要调查了以下四方面内容：

首先，调查了解工商业、市民基本情况与全城镇各行业从业人员人数。调查的工商企业门市部有46个，包括棉布、百货、文具、缝纫、副食品、旅店、饮食、蔬菜、理发、面条等。此外，还调查了其他7个行业，如照相、食品加工、信托、诊所等。

此次调查了具有代表性的行业53个，其中从业人员304人，家属391人，中小学生120人，总计工商业815人（原籍陕西123人，山西152人，山东9人，河南511人，河北6人，江苏8人，安徽4人，湖北2人）。还调查了市民42户184人，铁路职工家属48户166人，干部家属3户16人，流动小摊贩6户21人，共99户387人。另外，调查了服务系统785人，商业系统153人，手工业生产369人，共1307人①。

其次，组织不同行业从业人员学习“三门峡水库修建宣传材料”，通过漫谈讨论、个别交谈等方法，掌握了各从业人员对迁移的几种思想认识：

第一种是对修建三门峡水库工程有明确的思想认识，知道三门峡水库的修建是根治黄河水害的一项主要措施，水库形成后，不但保障了黄河下游人民群众的生命财产安全，同时对全国工农业生产发展也起着促进作用。棉布业第一门市部业务组长徐宏伟说，我们营业人员4人在讨论工商业迁移时，表示响应党的号召，坚决拥护移民政策。

第二种是虽决心表示愿意迁往政府指定地区，但思想顾虑重重，唯恐分散迁移、不集体迁移安置，具体问题牵扯大，合营合作等行业资金分家，按股清理不易处理。如公私合营棉布业公方代表杨万胜，提出集体安置要求。

第三种是将来迁移时，害怕政府不保障现有职业，怕因迁移而转业，如照相业王建章表示愿意迁移，但怕将来转农业或转其他行业。

第四种是部分合作商店由于合作后收入增加，从业人员生活提高很快，怕迁移后短时期内营业萧条影响收入、生活没保障。

第五种是工商业从业人员原籍是山西省的，绝大部分要求迁移时返回原籍参加农业生产，不愿外迁。如信托货栈山西籍7人，有5人要求返回原籍，2人愿意随企业外迁。其原因是农业劳动价值大，据悉山西1957年决分，劳动日一般平均二至三元。另一种是原籍河南、安徽、山东等坚决不回家参加农业劳动，愿意随企业门市迁移，因为原籍经常遭受洪水灾害，耕地少。

① 《潼关县城市工商业典型调查摸底工作报告（包括市民）》（1958年2月5日），全宗号J071，目录号1，案卷号4，永久，潼关县档案馆藏档。

第六种是市民大部分是铁路职工家属、工商业家属，表示愿随家属迁移。流动小商贩要求随商业迁至新修城市或其他城市①。

再次，调查了工商业财产。工商业情况复杂，不易掌握流动、固定资产。行业门市分布于全城镇，资金情况统由办事处或中心商店掌握，流动资产牵涉整个行业。此次重点调查了几个门市部，流动资产只能按各门市状况，按比例适当划分。在整个工商业财产调查中，私方人员与职工按照行业性质特点，提出了处理和安置意见。副食品加工厂，由于潼关水土关系，酱菜信誉名驰全国，迁移后产品恐受影响，要求在水库边沿安置。副食杂货业商品资金较大，货物过多，私方经理陈明贤建议杂货资金大都是现存商品，迁运问题很多，待商品销售完或余下一部分由国家按移民财产处理办法处理。一般从业人员对财产处理表示将来迁移时由国家处理。经代销是自营性的商业户，对财产调查登记特别关心，过重地估计固定资产价值。

此次调查的工商业固定资产，包括橱柜、玻璃、门窗、桌凳、货架等大型物件共16262件，价值46728.27元，房屋266间价值34363.19元，流动资金包括银行存款、商品资金、公积金、公益金、公债等191482.35元，其中属公私合营性质的固定资产31075.84元，流动资金93112.56元；合作的固定资金13067.63元，流动资金92424.83元；自营性质的固定资产2584.8元，流动资金5945元。其他不属于重点调查的工商业、小摊商贩资金，合营性流动资金122593.58元，合作流动资金144215.74元，自营流动资金1108.26元，共计流动资金297917.58元②。

从调查中了解到，各行业因业务性质不同，固定、流动资金的不同，迁移问题牵扯大小不同。如酱菜业固定资金多，酱缸安置时用地面积大，牵扯问题多。信托、旅店、流动资金多，具体问题牵扯少。

最后，市民、商户在生产、生活方式上同农民有不同的特点，其处理办法：

一、不少市民职业不固定或没有职业，还有少部分没有正当职业，这些人生活不规律，生活来源不可靠，变动性很大，将来在迁移时必须进行适当的就业安置或让部分有条件的转入农业生产。

二、根据工商业从业人员对迁移的思想认识、企业财产管理领导关系、业务经营门市人员组织情况来看，国营性质比公私合营容易处理，问题牵扯少，

---

① 《潼关县城市工商业典型调查摸底工作报告（包括市民）》（1958年2月5日），全宗号J071，目录号1，案卷号4，永久，潼关县档案馆藏档。

② 《潼关县城市工商业典型调查摸底工作报告（包括市民）》（1958年2月5日），全宗号J071，目录号1，案卷号4，永久，潼关县档案馆藏档。

好安置。公私合营比合作的好处理，因为合作性质的各行业从业人员工资多又固定，按营业淡旺季评定个人收入。饮食信托等行业，合作后工资收入较私营前有所提高，唯恐迁移后收入减少，思想阻力较大。合营性质各行业业务人员工资固定，业务经营统一由中心商店或办事处领导掌握，门市部财产不多，问题较少，合作性质的各行业比经代销自营商业和市民好安置。

三、水库区工商业营业用房、货栈及家属住房多是租赁的，按照财产补偿迁至新城镇后，企业营业用房和家属住房难以解决。

四、工商业迁移时，集中安置较为妥善，不宜分散安置。其原因是：新建城市需要生产生活资料，日常供应由商业单位负责。另外，行业系统合营合作是一个统一体系，各门市营业单位进货经营、资金管理、商品投放等统一由行业中心商店或办事处掌握①。

这次城镇工商业迁移典型调查工作，摸清了工商界从业人员的思想动态和存在的问题，弄清了工商业经营性质以及经营情况，弄清了市民、商户与农民不同的迁移方法，为将来迁移安置移民做了充分准备。

第四节 外迁移民转内迁移民

1958 年 6 月上旬，潼关县做了城市居民的迁移安置规划，库区共 13 个农业社 1840 户 7876 人，其中城关镇先进社、吊桥乡永联一社、十里铺乡新民，东地、南斜、村西、沟西、七一、二、三社共 10 个农业社 940 户 4021 人，全部迁往县外安置。十里铺乡的西北、城关镇先锋社、吊桥乡永联二社共 800 户 3855 人，全部县境内后靠安置，8 月中旬将迁安对口工作结束②。

8 月 28 日，陕西省支峡委员会发出《关于省内迁安三门峡水库区移民工作的方案（草案）》，提出“库区的移民工作正在进行，预定 1958 年底前完成迁往宁夏回族自治区安置 3 万人的任务，对于移民线以内其余的 238307 人，从 1959 年开始在省内后靠插社安置。”③ 潼关县支峡委员会经过研究讨论，确定除

---

① 《潼关县城市工商业典型调查摸底工作报告（包括市民）》（1958 年 2 月 5 日），全宗号 J071，目录号 1，案卷号 4，永久，潼关县档案馆藏档。

② 《关于我县水库区现有农民全部后靠的初步意见》（1958 年 9 月 13 日），全宗号 J071，目录号 1，案卷号 4，永久，潼关县档案馆藏档。

③ 《关于省内迁安三门峡水库区移民工作的方案（草案）》（1958 年 8 月 28 日），全宗号 J071，目录号 2，案卷号 6，长期，潼关县档案馆藏档。

城镇人口仍按原来迁安规划之外，农村人口全部后靠，不再外迁银川移民。潼关县之所以这样规划移民迁安，是基于以下几个原因：

一、农业生产大跃进，农村劳动力明显不足。为适应这一形势，提高农业产量，加强农作物管理，必须解决劳力不足的问题。

二、从水库外的耕地面积来看，将来劳动定额加大，每人平均 3.5 亩土地可以保证生活质量不低于原有水平。全县塬上 7 个乡，除李家村每人平均 2.7 亩、太要乡每人平均 3.66 亩土地不能安插移民外，其他五个乡均可安置库区移民，可安置 9281 人，其中南头乡可安置 2295 人，吴村乡可安置 2167 人，安乐乡可安置 869 人，代字营可安置 1064 人，南营乡可安置 2886 人。

三、各地普遍大搞卫星田，在产量翻几番的情况下，不仅需要劳动力，而且社员即使占有少量土地，收入也可增加。

四、全县水利化的时间缩短，加之农具普遍革新、改良，生产技术不断提高，农村人口生活还会更加美满。

五、勘查出铜、铅矿，即将进行开采，需要大量劳动力。

基于上述情况，潼关县支峡委员会决定，水库区的 13 个农业社 7876 人不再向外迁移，全部后靠安置。这样迁安移民，可以促进工农业全面大跃进以及人民公社的巩固和提高，可以减少移民迁运和物资运输的费用开支，可以统一规划、统一领导、解决迁安有关问题，可以照顾移民的生产、生活习惯和亲邻关系，便于组织动员工作①。

9 月 15 日，潼关县行政会议提出补充意见，除同意水库区所有农民全部后靠外，向外县迁移的市民 3717 人也后靠于县内。后靠的农民每人平均占有土地 3.5 亩，因商人、市民以及新城镇、铁路、公路占地，这样一来很难保证其库区的生活水平。同时，沟坡地较多，港口的形成、水产事业的发展还需一定的时间，若两三年内靠移民经费解决生活问题，将花费很多钱，而后靠安置经费是有限的。因此，县移民办公室决定，农民全部后靠安置，商人、市民外迁②。

10 月 6 日，县委会议研究决定，原向白水县迁移的商人、市民和农民 7738 人全部后靠于本县境内，不再迁往外县。其原因是：一、农业生产大跃进，农村劳力严重不足，工业也大量发展，需要劳力。二、全县农业、工业、服务业共需劳力 52183 个，仅有劳动力 42081 个，尚缺 10102 个劳动力。三、全县共有

---

① 《关于我县水库区现有农民全部后靠的初步意见》（1958 年 9 月 13 日），全宗号 J071，目录号 1，案卷号 4，永久，潼关县档案馆藏档。

② 《关于我县水库区现有农民全部后靠的初步意见》（1958 年 9 月 13 日），全宗号 J071，目录号 1，案卷号 4，永久，潼关县档案馆藏档。

土地面积 224010 亩，除水库淹没 15080.19 亩、公铁路占用 15000 亩和水利等占用 5685 亩外，实有土地 188244.81 亩，全县有农业人口 55612 人，每人平均土地 3.38 亩，加上商市民转农业的 3140 人，合计农业人口 58752 人，每人平均土地 3.2 亩。加之农具普遍革新，生产技术不断提高，移民的生活水平不会低于原来的生活水平。从此潼关县库区人口不再向外迁移，后靠于县境内①。

① 《关于三门峡水库区潼关境内城乡人口全部在县境内后靠的意见》（1958 年 10 月 5 日），全宗号 J071，目录号 1，案卷号 4，永久，潼关县档案馆藏档。

第七章

移民内迁白水县

1959年冬季，潼关向白水县迁移新西街、七里村两个生产大队社员392户1628人，迁移城镇市民89户302人，合计481户1930人，安置于白水县。由于白水生活条件较差，移民屡次返回库区，屡次被送回白水县，这样一直持续到20世纪80年代，白水移民才安定下来。

第一节　移民安置白水县

潼关县向白水县移民，不论是安置地点，还是迁移人数，一直在变化，最后确定为潼关县原新西街与七里村两个生产队的农村移民，当时迁出人口为329户1628人，还有城镇居民89户302人，合计白水移民418户1930人。这也反映出移民是一项复杂的工作，既要按照上级政策办事，还要考虑迁安两地实际情况，最后才能做出合理的决定。

1956年12月30日，陕西三门峡办公室主任会议研究确定，潼关、朝邑两县属于333.6米淹没区，应全部迁移。1958年6月9日和9月5日省三办公两次电话指示：潼关的内迁移民可安置在白水县①。

1958年6月17日，陕西省支援三门峡水库修建工程工作委员会下发了《关于迁安移民对口数量的通知》。要求“先安插335米以内的居民，后安插338.5米以内的居民。”潼关县335米高程以下的移民，向省内白水地区迁移4044人②。

1958年8月28日，陕西省支援三门峡水库修建工程工作委员会发出《关于

① 《关于白水返库移民提出问题答复意见的请示报告》（1968年7月1日），全宗号J071，目录号2，案卷号52，长期，潼关县档案馆藏档。

② 《关于迁安移民对口数量的通知》（1958年6月17日），全宗号J071，目录号2，案卷号9，长期，潼关县档案馆藏档。

省内迁安三门峡水库区移民工作的方案（草案）》，指出："潼关县 24252 人，其中在本县后靠安置 15691 人，迁往白水安置 7761 人，回外省县原籍 800 人。"①

1958 年 10 月 6 日，县委会议研究决定，原向白水县迁移的商人、市民和农民 7738 人全部后靠于本县境内，不再迁往外县②。

1959 年 10 月 9 日，潼关人民公社移民委员会《潼关上半年移民工作总结》，提出：1960 年汛期前迁安移民 11959 人，其中外迁蒲城县（白水）5000 人（当时白水县合并蒲城县，称蒲城县白水人民公社）③。

1959 年 11 月 3 日，《关于渭南县境内 335 米居民迁移、安置工作的安排意见》指出，潼关公社迁出 9500 人（内有 338.5 米内 2180 人），安置在本社 7000 人，其余 2500 人安置在蒲城县（内有市民 750 人）④。

1959 年 11 月 15 日至 1959 年 11 月 23 日，潼关先进队和十里铺七里村大队两批四次向白水搬迁。两队共搬迁移民 392 户 1628 人，其中先进社 265 户 1110 人，七里村 127 户 518 人。这年冬季，潼关古城市民共有 89 户 302 人，也分几批迁往白水安置点。至此，潼关公社 481 户 1930 人于 1959 年底以前迁移白水⑤。

潼关县为什么在 1959 年打乱原有规划，向白水县迁移这些移民，其原因有以下几点：

新西街（先进队）移民主要分布在西街和西关地区，属于库区高程 335 米以内的移民区，半数以上成员为潼关市民（合作化运动中，有地的市民加入农业社），入社所种土地极为分散，住宅距土地近则二三里，远达十里以上，平地很少，坡碱地极多，耕种非常不方便，且距附近各生产队较近，大部分插花在这些生产队内。这些社员在移民范围之内，因之决定迁出安置。

七里村移民属于塌岸移民，这个村庄经黄委会在水库测量时，最高（高程）为 355 米，最低（高程）是 348 米，岸下水面 324 米，岸高 24 米至 31 米，由于

---

① 《关于省内迁安三门峡水库区移民工作的方案（草案）》（1958 年 8 月 28 日），全宗号 J071，目录号 2，案卷号 6，长期，潼关县档案馆藏档。

② 《关于三门峡水库区潼关境内城乡人口全部在县境内后靠的意见》（1958 年 10 月 6 日），全宗号 J071，目录号 1，案卷号 4，永久，潼关县档案馆藏档。

③ 政协潼关县委员会．潼关移民档案［M］．北京：中国文史出版社，2016：72.

④ 《关于渭南县境内 335 米居民迁移、安置工作的安排意见》（1959 年 11 月 3 日），全宗号 J071，目录号 1，案卷号 14，永久，潼关县档案馆藏档。

⑤ 《渭南县潼关人民公社一九五九年移民工作总结报告》（1959 年 12 月 23 日），全宗号 J071，目录号 1，案卷号 14，永久，潼关县档案馆藏档。

岸高压力大，在1959年秋季塌岸很厉害，群众迫切要求迁移。这才打乱了原计划先城镇后农村的迁安方案，便决定提前迁移。

城镇市民原计划向外迁移2000人，后经过分类排队，不少市民没有转移条件，加之旧有习惯不易迁外安置，最后确定89户302人迁往白水安置①。

迁移的七里村在1962年春建立了十里铺大队第九生产队。到1968年，居住在该村的群众已有25户117人，房屋97间（未拆大房20间，小房19间，新建大房2间，小房56间）。25户分类为：

一、移民时为原铁厂农厂职工，经批准不迁往白水者3户20人。

二、移民时以各种方法坠户、白水未做安置者7户37人。

三、1963年前后返库，但因无户口未参加集体生产者4户13人。

四、移民时未走，1963年已将建房费从白水领回者1户3人。

五、白水移民的在外人口，1961年前后借下放之机将户口转到七里村者3户10人。

六、从十里铺、西北大队等地转来者6户33人，其中一户原籍河南，一户原籍安徽。

七、港口市民（五保户）1户1人。

已迁库区不能再安置居民和建房，是党的既定政策原则，因此，在七里村建立生产队是违反政策的，这给已迁移民造成返库借口。白水返库移民质问："为什么迁了我们又安他们，这不证明政府把我们迁错了吗？""既然能安他们，我们也能回来！"使得移民安置工作很被动。为了正确贯彻党的政策，潼关县认为必须拔除七里村庄点，对上述25户的处置：

一、二两项中经过批准不迁白水和坠户后白水未做安置的10户57人，按后靠移民处理，分散插队到十里铺大队。

三、五两项的返库户和移民在外人口下放户7户23人，动员他们回到白水。第四项中领了建房费的1户3人，也要动员回白水。

六、七两项中的7户34人外来户，说服他们从哪里来到哪里去，政府不做安置②。

---

① 《关于白水移民问题》（1963年6月6日），全宗号J071，目录号2，案卷号49，长期，潼关县档案馆藏档。

② 《关于拔除七里村庄点的初步意见》（1968年7月4日），全宗号J071，目录号2，案卷号52，长期，潼关县档案馆藏档。

第二节 移民在白水县的生活

1959年冬季，潼关县城关镇先进队、七里村队、部分市民共有481户1930人，分别安置在白水5个公社14个大队。大部分移民安置在北井头公社和城郊公社。

移民初到白水，借住或租住当地社员空闲和腾出的窑洞和房子。姚秀莲（北井头李家卓移民）说：“我是潼关七里村人，娘家在十里铺。移民时有我婆婆和我及两个女子，我当时20岁。1959年移民时，统一组织坐火车过来，在渭南倒车，再坐汽车到白水。我们借住在当地社员家中，婆婆住在家，我们3口在一家，住了4年。房东人很好，叫胡连生，对我们很关照，现在还经常来往，相互帮忙。婆婆住的那一家叫胡万仓，人也好。”① 有些移民家庭三五口人被安置在一孔窑洞中，生活起居极为不便。王德升（白水县北井头乡李家卓村移民）说：“我是潼关七里村人。当时过来有我和我爸、我妈、我哥。我村是统一走的，先坐火车到渭南，然后坐汽车到白水。村上将我家安置在当地村民张林生家中，全家人挤在一间房子中，做饭、睡觉都在这里。”② 有的居无定处，一年内数次搬家。赵同喜（北井头下徐移民，现年60岁）说：“1959年迁到白水时，家中有5口人。先寄居在当地社员家中，先后搬了好几次家。最后大队给我们在村东头盖了房，我们4家移民住在一个院子里，我家5口人只占一间多房。”③

从1962年起，移民陆陆续续住进新房。移民住房多数以窑洞为主，少数为厦居房，大多户都有院落，也有少数移民几户共住一院。平均每人0.68间窑（房）。每户3~5人安排2间窑（房），5人以上安排3间窑（房）；无房户由生产大队统一安排④。

1962年10月至11月，省移民安置检查工作组对白水移民安置工作进行检查，发现各社队进度不平衡，移民问题处理不及时。北井头公社是安置移民最多的公社，问题也较多。一些移民的住房问题长期得不到解决。该社还有72户移民住在老社员家里，双方生活极为不便，经常吵闹；移民的庄基有些队选址

① 政协潼关县委员会．潼关移民档案［M］．北京：中国文史出版社，2016：84.
② 政协潼关县委员会．潼关移民档案［M］．北京：中国文史出版社，2016：87.
③ 政协潼关县委员会．潼关移民档案［M］．北京：中国文史出版社，2016：85.
④ 政协潼关县委员会．潼关移民档案［M］．北京：中国文史出版社，2016：79.

不当或院落设计不合理，太窄太短，进出与活动不便；有的队建房不够标准，房间开间小、质量差，出现裂缝，通风漏雨，影响居住；有的队建房缓慢，房屋缺门缺窗、没炕没灶，墙面未裹泥压光，半成品，移民没法住；有的队对移民建房一拖再拖，移民找队长督促修建，队长不理反而说，我给你写个条子，上省去告。在建房上，有的队给移民建房用不好的旧木料，给生产队盖房用的是好木料，甚至有的队干脆将移民木料和门窗占为己有，邱木生产大队给移民修房不安门窗，却把移民从库区运来的三副门安给两户当地社员，移民意见很大。为此，省检查组针对以上问题，督促白水县政府和各公社尽快加以解决好以下问题：加快建房速度，打好院墙，保质保量，尽快安排未搬移民入住；认真结算房价，结清移民搬迁手续，照顾好困难户；加强对移民的领导，让移民新社员担任社队干部，实行自治管理；抓好新老社员的团结教育，不能歧视移民，对有意歧视移民和打击移民的分子，应该进行严肃处理①。

潼关移民迁到白水，正值全国三年困难时期开始，“大跃进”浮夸风盛行，全国人民生活水平急转直下，移民背井离乡，来到白水“这里群众过去吃水靠天，家家户备有水窖，靠接雨水生活，吃水比吃粮还困难。”② 白水虽离洛河较近，但地旱地薄，产量低。当时迁移白水的宋鹏飞（60 年代下放铁路职工，与老伴居住在潼关县秦东镇胶泥沟）的老伴对此深有感触，说：“白水是一个高原地带，缺水缺物，啥都缺。当地群众吃水，家家户户都备有水窖，靠接雨水生活。刚去，当地人把水看得很重，不让我们移民吃他们家水窖里的水。我们移民只好翻沟，跑到七八里路以外的河里担水，那里吃水比吃油还困难。大队给我们分的地，地瘦产量低，交公粮，就剩不下多少口粮了，分的较多时也只有二三十斤。”③

移民到了白水生活、生产困难，政府为了解决移民生活问题，发放困难补助、粮棉补助费、打窖饮水费等；多次拨放移民救济款，发放生产困难补助，帮助移民搞好农业生产。尽管政府设法帮助移民解决各种问题，当地群众善待移民，但在自然灾害及“浮夸风”盛行的社会环境下，移民的生活越来越困难。1962 年 11 月，省移民工作检查组调查了解了白水县北井头公社移民生活，发现移民因迁移建家，情绪不安，以及来往探亲等原因的影响，生活更加困难，普遍缺穿缺吃。移民迁移后，变卖衣物家具接济生活的现象极其普遍。如该社南

① 政协潼关县委员会．潼关移民档案［M］．北京：中国文史出版社，2016：80.
② 政协潼关县委员会．潼关移民档案［M］．北京：中国文史出版社，2016：88.
③ 政协潼关县委员会．潼关移民档案［M］．北京：中国文史出版社，2016：96.

窑头生产队的11户移民，卖掉衣物173件，其中移民徐百福一户，卖掉自行车1辆、架子车1辆、门2副、板10块、棉花20斤、平布10丈，后因没有值钱的东西可卖，连油壶秤、粪耙（钗）也卖掉了。移民家底空虚，不少人缺少冬衣，有的母女兄弟合穿一件棉衣，有的移民一家七八口只有两条被子，更有的人赤臂露背，甚为可怜。有些移民的口粮已经不多，或将要断粮，个别移民已经无粮，靠借粮、买粮过活。移民由于几年来的缺吃、缺穿的困难解决不了，生活又难维持，因之很多人欲回潼关，另觅生活①。

1960年后国家征购粮征收加大，移民的粮食越来越少，国家救济也渐渐跟不上，大部分移民在这样的冲击之下，生活之苦难以想象。返库成为移民寻求改变生活困窘的唯一选择。

第三节　白水移民返库及其处理

潼关县城关镇先进队、七里村队、部分市民安置在白水县之后，由于自然灾害，农业减产十分严重，多数移民思想动摇，要求返回库区，加之省外移民已批准回陕安置以及水库蓄水水位降低。因此，白水移民以为三门峡不修了，黄河水下去了，土地都摊出来了，回潼关要地、安家②。从1961年起，少数移民返库，寄居亲友家中或流窜乡村。

1962年春，白水移民返库人数不断增加，向政府要地，跟附近生产队发生冲突，多次劝说坚决不接受，一再哄闹。七里村一些散户64人抢种秋田60多亩。到8月份，正式批准拉吊庄后，流窜潼关的200余人，抢收库边队的晚秋和抢地冬播③。同年9月，移民拉吊庄后，返库才有了缓和，但返库的实质问题没有解决。移民仍然要地，哄闹工作组。有组织和无组织的移民则大量返库，集中居住在港口、西关、七里村。

1962年，移民哄闹过领导和干部四次以上。为了使移民与家属返回白水，4

---

① 政协潼关县委员会．潼关移民档案［M］．北京：中国文史出版社，2016：92.

② 《关于白水移民问题》（1963年6月6日），全宗号J071，目录号2，案卷号49，长期，潼关县档案馆藏档。

③ 《动员潼关移民返回安置区的报告》（1963年8月23日），全宗号J071，目录号2，案卷号34，长期，潼关县档案馆藏档。

月中旬，抽调了干部30余人来库区，采取整风整社的方法整顿吊庄组织[①]，并在训练2个作业站和15个作业组干部的基础上宣传贯彻吊庄政策和反黑风的原则界限，认真解决移民生产生活，从而扭转了库区一时的混乱局面。但一些问题还未彻底解决，如家属与非规划劳力经过多次动员未返安置区；个别闹事分子还未处理；七里村乱修乱建风气依然存在；不断坚持要土地和两头生产、两头分配[②]。

1962年夏收，返库的190户584人，在库区建房106间，打土窑39孔，开垦荒地400多亩，抢种土地1736亩，纠集群众请愿破坏县移民工作座谈会。西关和库边队700人打架抢地，逼迫老汉、妇女提竹篮子在县人委讨饭[③]。

1962年9月，白水、潼关县抽调干部组成工作组，与移民选派代表协商，通过请示渭南专署，允许移民在潼关拉吊庄生产。据此，潼关给移民划拨了土地，解决了一系列具体问题。从1962年冬起，白水拉吊庄移民成立了生产组织，在其生产管理区和两个作业站的领导下进行了秋播和冬季生产工作[④]。

1963年4月11日，移民攻击工作组，多次哄闹干部，胁迫群众不要供应粮、救济款。截止1963年5月统计，西关移民129户338人，七里村61户246人，后来插在各公社生产队的45户129人，总计返库移民235户713人[⑤]。6月9日，大荔会议决定停止拉吊庄，返库移民抢粮抢种，转移牲口，破坏“两头生产、一头核算”的政策[⑥]。

1963年6月，省、专、县工作组集中力量进行劝返移民工作。同时，潼关县人委给各社生产队发紧急通知，要求彻底清理插队户。工作组先西关后七里村，以说服教育为主，对一般群众采取分组包干的办法深入家户、田间，反复

---

① 《关于白水移民问题》（1963年6月6日），全宗号J071，目录号2，案卷号49，长期，潼关县档案馆藏档。

② 《关于白水移民问题》（1963年6月6日），全宗号J071，目录号2，案卷号49，长期，潼关县档案馆藏档。

③ 《动员潼关移民返回安置区的报告》（1963年8月23日），全宗号J071，目录号2，案卷号34，长期，潼关县档案馆藏档。

④ 潼关县移民安置局对潼关县人民代表孙德印、刘志宏提出有关移民的三个问题的答复（1963年3月5日），全宗号J071，目录号2，案卷号32，长期，潼关县档案馆藏档。

⑤ 《潼关县移民安置局潼关库区白水移民劝返工作简报》（1963年8月16日），全宗号J071，目录号2，案卷号28，长期，潼关县档案馆藏档。

⑥ 《动员潼关移民返回安置区的报告》（1963年8月23日），全宗号J071，目录号2，案卷号34，长期，潼关县档案馆藏档。

地、耐心地动员。7 月 25 日，一次性送走了李权贵等 10 户，打开了工作局面①。

由于迁移区、安置区在工作中的一些问题，使得劝返工作更加复杂、艰巨。为了尽快动员移民返回安置区，潼关县给各社下达了紧急通知：

一、各社、队有关单位应指定专人，对分散寄居、流居在各地的白水移民，进行一次全面摸底调查。摸清户数、人数、携带家具和现有粮食数量、返回时间、亲属姓名、现居地址等情况，以公社（系统）为单位，填造清册一式三份，除公社（系统）留存一份外，分别派专人于 7 月 12 日前送港口白水工作组和县移民局一份。

二、公社、大队采取专人包干、上门访问、逐户动员的办法，开展说服动员工作。

三、各地要大力配合白水工作组，互相协作，本着边动员、边遣送，说通一户、走一户的办法。从 7 月 11 日至 7 月 13 日，用 3 天时间，开展突击遣送。在这三天内，各地要将所有白水移民及其家具、实物统一送至港口白水接收工作组。逾期不送的，今后统由当地社、队和移民亲属负责送回白水，一切费用国家不予解决。

四、在本县工作的干部、职工私自从白水搬回的家属，由所在单位负责动员，在突击遣送期内和其他移民一并返回安置区，逾期不送的，由所在单位负责送回白水，费用由单位负责。如职工提出要随家属去白水工作的，征得白水有关方面同意，亦可允许。对原在外工作，家迁白水，误下放到潼关，家居两地，由计委负责，摸清底子，迅速通知有关社、队和单位，将其户、粮关系转回安置区。今后要坚决制止接收和安排家迁白水的精简回乡人员。

五、库区 335 米高程以下的居民（包括对口后靠未迁移的和私自留居的），由移民局负责，港口公社配合，采取突击清理的办法，务须在 7 月 13 日前全部搬出库区，以免白水移民借口不归，影响遣送工作。对口后靠的安置区有房屋的搬入新房，无房的可以借房居住，盲流人口迅速动员返回。

六、库区的破窑洞、庵棚，待白水移民离开后，由当地社队负责，全部拆除。港口公社、公安派出所负责检查，将情况报县。

潼关县人民委员会作出紧急通知之后，要求各地贯彻执行，于 7 月 15 日前写出书面报告。各地还未切实将此项工作抓起来。因此，动员遣送工作很慢，

---

① 《潼关县移民安置局潼关库区白水移民劝返工作简报》（1963 年 8 月 16 日），全宗号 J071，目录号 2，案卷号 28，长期，潼关县档案馆藏档。

给安置工作造成困难。

7月19日，县人民委员会督促各地坚决按照县人民委员会的通知精神，立即行动，切实将此项工作抓起来，完成动员遣送任务，以利移民的生产、生活和移民安置工作①。

在潼关县人委督促之下，移民劝返工作取得了成绩，但还存在一些问题，有13户将家具、物资转移到亲朋家中，4户外逃不知去向。这些人有以下几种可能：第一，投亲靠友回原籍山东、河南等地，若户口迁不上，劝返风头过后，再返回库区。第二，在库边流窜，做投机生意，秋熟后刁一料庄稼，到冬季看大势。第三，把家具寄亲朋家，先回白水，把口粮分上，避避风头，秋收时再返回库区。此外，还有些人口说愿意回白水，但提出很多困难，刁难工作组，不想回白水。为什么这些人不想返回白水呢？据调查，除故土难忘，一些人出身于半农半商，劳动习惯差，嫌白水苦等外，在迁移安置方面也确有问题：

一、安置区方面，建房质量不高，庄基规划狭窄，几户住一院。移民受到排挤歧视，分不到口粮，也不给解决具体困难问题。因此，经过反复宣传，移民不愿回白水。

二、迁移区方面，群众反映迁移时群众迁走了，干部或有面子的人没迁走。另外，没迁到白水和迁到白水而在外工作的干部下放后，都做了安置。群众意见很大，对劝返工作有一定的影响。

根据上述情况，为了让返库移民全部返回安置区，不再流窜。迁移区、安置区、库区全面开展劝返移民工作：

一、安置区方面，在库区劝返的同时，安置区要配合库区搞好巩固工作，普查移民的庄基、房屋，该修的修补，该调整的调整。移民走后，老社员和公共占用的房子立即腾出，自留地帮助把秋先种上，对返库户过去收回的自留地重新划出，发动老社员给移民写信或派代表到库区叫回移民，对返回的移民要很好地安置，分粮、吃水不能为难，也不能歧视。

二、迁移区方面，配合安置区搞好劝返工作，并通知各生产队一律不能让移民寄放家具物资，对已寄放的报知库区工作组送到西关队。安置不当的40户，全部劝回白水。后靠的市民尤其是335米高程以下的立即劝其后靠，杜绝移民返回库区。

三、库区工作组通过说服教育，消除群众顾虑，逐个解决群众提出的问题，

① 《县人民委员会关于迅速坚决地动员白水移民返回安置区的紧急通知》（1963年7月9日），全宗号J020，目录号2，案卷号179，长期，潼关县档案馆藏档。

及时做好青苗交接工作和入仓工作，办清一切吊庄撤销手续，争取时间及早结束工作①。

由于移民故土观念很深和对个别人的劝说工作不够深透，有的移民逃跑在外，有的移民转移粮食、家具，有的移民一家人你回我不回，准备躲过“风头”再看，或者抱着“上去看看再说，安置不好再跑”的打算。还有部分移民投亲靠友，存在着亲属留恋，当地干群同情等问题，使动员遣返工作迟迟不动，而且使准备返回的移民借口不回②。

针对上述情况，工作组除几次强调注意工作方法外，并于 7 月 30 日重新部署力量，用 3 天时间（8 月 1 日至 8 月 3 日）分赴邻村、河南、山西等地寻人寻物，8 月 4 日结束工作。白水移民局张局长为首的 10 多名干部留在潼关，继续寻找外逃户、清理插队户，处理青苗，做扫尾工作③。

1963 年 8 月，潼关县为动员大批白水移民返回安置区，撤销了吊庄生产组织。但由于有些户外逃长期不归及个别户思想不通，一部分白水移民没有及时返回安置区。据不完全统计，住在潼关的移民 19 户 70 人，这些人除居住南头农村之外，其余分别居住七里村、西沟、西街、南街、苏家村等地。有的做投机生意，有的无正当职业，如居住在农村的卖衣服糊口，居住在港口的白天乱跑，晚上住在破窑洞、街头，甚至还有的上门讨饭。

这些移民不愿返回安置区的原因：一、安置区房屋已出卖，怕返回白水后不解决房屋问题。二、丧失劳力，依靠亲戚。三、故土难忘，总想留在潼关。四、亲属的牵扯，不愿脱离亲戚。五、因安置区不能及时解决口粮问题，想在外糊口。

潼关县采取多种措施阻止移民返库，如不让移民参加当地集体生产，收回移民自留地，多次联系专区移民局、白水移民局，希望给移民及时解决一些问题，但收效很小，白水移民仍返回潼关④。

截至 1964 年 5 月 4 日，仍有 15 户 42 人住在潼关县三个公社的十个生产队和地区：港口公社 9 户 26 人，城关公社 5 户 11 人，南关公社 1 户 5 人。这些移

① 《关于白水县返回潼关西关队移民劝返情况的报告》（1963 年 7 月 13 日），全宗号 J071，目录号 2，案卷号 33，长期，潼关县档案馆藏档。

② 《县人民委员会关于迅速坚决地动员白水移民返回安置区的紧急通知》（1963 年 7 月 9 日），全宗号 J020，目录号 2，案卷号 179，长期，潼关县档案馆藏档。

③ 《潼关县移民安置局潼关库区白水移民劝返工作简报》（1963 年 8 月 16 日），全宗号 J071，目录号 2，案卷号 28，长期，潼关县档案馆藏档。

④ 《彻底动员白水返库移民速回安区》（1964 年 2 月 10 日），全宗号 J071，目录号 2，案卷号 37，长期，潼关县档案馆藏档。

民当中5户13人有户口，10户29人没有户口。这些移民从1963年8月以后不仅没给分粮，而且收回了自留地，不让参加生产队劳动。生活来源多是卖家具、卖衣服度日，有的依靠亲邻生活。有的移民因粮食供应停止，生活已无法解决。如白水移民赵志成下放在港口公社先锋队，队内不给分粮，不让参加劳动，生活困难。南头公社留果大队的段秀英老两口经常生病，生活没有依靠，把从白水县领的自己房价已全部花掉，多次找移民安置局，要求给他们解决生活困难的问题，并提出坚决不回白水，哪怕死在潼关也甘心①。

白水移民劝返工作，是1963年移民安置中付出力量最大的工作之一。这项工作从4月到8月历时4个多月，取得了显著的成绩。为了避免再次出现移民返库，库区工作组提出以下要求：

一、县、社、队干部要重视移民工作，每年必须召开一次三级干部会议，研究解决一些问题，总结工作经验，对移民工作中犯有严重错误的干部要进行处理，对移民工作中群众认为好的干部要进行表扬、奖励。

二、关心移民生活。多数移民家庭困难较多，需要帮助其恢复正常生活，如口粮问题，按一头分配的办法，逐户清理各户所分粮食，与安置区社员同样参加分配，并能适当照顾返库移民，对没有口粮者应采取借粮、借劳动日照顾等办法，保证其生活需要，对把粮食藏匿在库区的一定要动员搬回来，否则不解决口粮。工分问题，照库区收入，以产定工，进行清理分工，将没有收入的工分，适当审查计入分配。不论吊庄赔赚，应给合理的工分，经库区工作组审查后，介绍生产队参加分配。拉吊庄的路费要给予解决。对返回安置区社员自留地，因返回库区，没种秋的可发给同样的秋苗，待收后，将地交回生产队。

三、迁移区要及时清理流动的移民，不让其插队或长期居住。有移民的生产大队必须选举公正有威信的新社员当干部，以便反映移民的意见，解决工作中的具体问题。

四、做好新老社员的团结教育工作，加强互相帮助，增加集体收入。

五、在全县范围内开展一次“四清”运动，查清移民建房间数、质量、各项经费，核对人口、木料，把情况向社员公布，让社员心里有底②。

劝返工作耗费的人力、物力、财力是很大的，仅运费一项即达一万二千多元。这一方面说明党和政府对移民的关心负责，另一方面由于迁移、安置区的

---

① 《关于在潼白水移民问题的紧急报告》（1964年5月4日），全宗号J020，目录号2，案卷号220，长期，潼关县档案馆藏档。

② 《动员潼关移民返回安置区的报告》（1963年8月23日），全宗号J071，目录号2，案卷号34，长期，潼关县档案馆藏档。

工作等问题，对国家造成了一定的损失。一年来，群众返库搬家每户损失在100元左右，每户平均负债80多元，半数以上户负债过重，无口粮。国家共付救济款1500元，运费2万多元，集体损失2万元。同时，加剧干部与群众、新老社员的矛盾，致使迁安两地生产受到损失①。

为了阻止移民再次返回库区，潼关县移民安置局提出，迁移区除应严格控制移民户口的转移外，还应严令各公社生产队拒绝流窜移民户口插队留居，以断移民再返迁移区后路。安置区一户一户地安置好移民，合理解决他们的口粮、房屋、吃水问题，帮助他们解决生活上的一些困难，解除移民“这次回去也不会得到很好安置”的顾虑。安置区还应结合社会主义教育运动，普遍、深入地进行一次移民光荣的再教育，使干部和老社员关怀新社员，和睦相处，防止一切打击报复和歧视行为，巩固移民在安置区安家落户的思想②。

1967年6月7日至6月14日，潼关县对返回库区的白水移民进行摸底，发现白水移民返回库区已有25户62人（全家返库13户32人），其中，港口公社的七里村8户25人，西沟6户12人，城内水坡巷3户10人，苏家村2户4人，南刘村1户2人，西北大队1户1人，吴村公社的段力大队2户6人，三堡1户1人。这些移民是1960年至1962年返库的，1963年未动员走或者动员走后又返库的，有2户7人是未去白水的垫库户，还有3户4人是白水移民的在外人口应下放到白水，而下放到了潼关库区或库边队。

返库移民除七里村的6户利用旧房新盖了七间房外，其余住的都是废旧窑洞、水泥地下室，也有少数借居亲朋家中或租房的。移民的生活方式大体有八种：第一，主要是开荒兼打鱼；第二，打鱼并做些小生意；第三，挖药材、割蒲绒；第四，主要给大桥、铁路干零活和拉架子车；第五，靠手艺生活的（泥水匠、木匠）；第六，垫库户和违反移民政策而下放，参加当地集体生产和分配；第七，自己不劳动，靠参加工作的子女供养；第八，自己不劳动，靠投机倒把，贩卖粮食等物资。这些人搞单干，弃农经商，个别的投机倒把，生活水平高于当地社员。当地社员尤其是贫下中农对此很有意见，要求政府尽快地彻底解决这个问题。

这些返库移民经过动员，仍不愿离开库区，其原因是：

一、过去的工作中，政治思想工作少，给钱和物资多，特别是迁移时宣传

① 《动员潼关移民返回安置区的报告》（1963年8月23日），全宗号J071，目录号2，案卷号34，长期，潼关县档案馆藏档。

② 《潼关县移民安置局潼关库区白水移民劝返工作简报》（1963年8月16日），全宗号J071，目录号2，案卷号28，长期，潼关县档案馆藏档。

安置区如何如何好，生产、生活至少赶上或超过库区的水平，忽视了对其进行艰苦奋斗、自力更生的思想教育，因而一部分移民面对暂时的困难，或安置区应解决的问题而未及时解决，就不能正确对待，再加上安置区个别干部和老社员歧视移民，因而返库。

二、移民认为迁移区“生活好”“是交通要道”“来往人多，钱来得容易，收入大，手里松宽。”搞各种形式的单干“谁也管不着”“说啥也不回白水去”。

三、迁移区某些干部没有贯彻移民政策。

（一）白水移民的在外人口如工人、学生，本应下放到白水，但下放到了迁出县，甚至下放到库区迁出队，或者库边队。

（二）港口公社十里铺大队从十里铺迁移6户到七里村安置，影响很坏。

（三）库边队的干部支持移民返库。如七里村前队长杨宝善让返库移民参加该队的生产劳动，和当地社员一样参加分配①。

为了动员返库移民返回安置区，潼关县移民安置局提出：

一、对返库移民加强政治思想教育。干部要跟返库移民学习《老三篇》和《毛泽东语录》，教育移民破私立公、顾大局、识大体，动员移民回安置区。

二、迁安两县抓革命促生产第一线指挥部各有一位负责同志参加动员工作。

三、对白水移民的在外人口，应下放到白水而下放到潼关的，潼关县公安、计委等有关部门查清责任，让其迅速返回安置区。

四、责成有关社、队迅速采取措施，刹住返库移民的单干风。如收回开的荒地，对做生意的征收税，没户口的，派出所配合做些工作，街道基层组织不给返库移民介绍外出劳动，等等。

五、对职工、干部家属的返库问题，除动员其本人外，还应通过机关和组织向他们交代，让他们动员家属带头迅速返回安置区。

六、七里村要求后靠，旧墙推倒可以增加许多肥料，有利农业生产，若再有人想返库也无处着落，老庄基可以腾出好耕地30亩。

七、发动和教育库边社、队的干部和社员做动员工作。

八、安置区对回去的返库移民要积极欢迎，不能歧视，并迅速解决好一些实际问题。

九、除迁安两县干部外，省、专也要派干部来协助工作。安置队能派来威

---

① 《关于返回潼关库区的白水移民摸底情况的汇报》（1967年6月15日），全宗号J071，目录号2，案卷号49，长期，潼关县档案馆藏档。

信高、思想好的干部或社员参加动员工作①。

7月7日，潼关西关先进大队迁白水的移民陆续返库，人数不断增加，其中以北井头公社范家卓、何家卓、秋目大队为主，公开表示要回潼关库区种地。移民到潼关后，县委与移民局负责人多次接见，组织他们学习最高指示和军区公告等文件，号召他们迅速回安置区抓革命促生产。这些移民不但不听，反而要求移民局、县人委答应他们回库区种地。7月14日，移民大量散发传单，7月16日去库区勘查了土地，并准备了绿豆、萝卜等种子。

移民返库的理由：一、库区没有淹没，别人能种，他们也能种。二、他们的土地90%都不是淹没区，因此说他们是后靠区，而不是迁移区。三、国家能在潼关修铁桥、铁路、车站，肯定潼关不是水库区。四、安置区生活水平低。

自白水移民返回库区起，移民安置局指定专人动员移民返回安置区。动员工作没有起到丝毫效果，反而人数不断增加。在白水移民返库的影响下，南头、代字营、安乐公社数户移民也要求返回库边②。为了阻止移民返库，潼关县移民安置局一方面教育移民“破私立公”顾全大局，返回安置区抓革命促生产，一方面让移民干部到群众中去，做好说服工作，同时提出：

一、白水县必须刹住返库逆流，并组织安置社、队负责干部将返库移民动员回去，潼关县移民局给予协助。

二、解决已返库的移民生活、疾病等问题，否则发生其他问题，在政治上造成不应有的损失。

三、港口、高桥公社不能允许返库移民在库边队安家落户或临时居住，不能允许返库移民在库边队耕作区内随意开荒或抢种农作物，不能允许返库移民参加库边队生产或给以生活出路③。

8月3日，潼关、白水11名干部组成工作组，对移民进行思想政治教育，仅个别移民返回安置区，部分移民以县委不供给开水为借口集体到库区，有19人去锄先锋大队的棉花。还有一部分人下滩割马蔺，并扬言“不但要收花，还要种麦、打窑洞。”8月5日，移民两次围攻工作干部，并提出以下几个问题和要求：

---

① 《关于返回潼关库区的白水移民摸底情况的汇报》（1967年6月15日），全宗号J071，目录号2，案卷号49，长期，潼关县档案馆藏档。

② 《关于白水返库移民情况与意见的报告》（1967年7月21日），全宗号J071，目录号2，案卷号49，长期，潼关县档案馆藏档。

③ 《关于白水返库移民情况与意见的报告》（1967年7月21日），全宗号J071，目录号2，案卷号49，长期，潼关县档案馆藏档。

一、把他们迁错了，他们是后靠而不是内迁，理由：（一）1963 年关于撤销拉吊庄的十一县会议纪要上写的是“城镇是后靠”；（二）蔡书森给他们签了字，承认迁错了；（三）国家在库内修铁路、修大桥，他们的土地不但未淹，而且因黄河北倒而增加了；（四）十里铺能后靠，他们不应该内迁。由此，移民一方面要求把蔡书森、刘玉祥、张金平等八人调来解答，落实问题，另一方面要求查看 1963 年十一县会议纪要。

二、兑现 1958 年钢铁退赔款，1959 年迁出时的秋田赔偿款和迁到白水后的三年生活差额补助款。

三、解决已返库移民的生活问题，并扬言他们的生命和发生的一切后果完全由你们负责。

四、上述问题“你们赶快上报，如不解决，我们就要收先锋大队的棉花，秋季种麦，谁要阻挡，我们就打，而且发生武斗也要你们负责。”

8 月 28 日，返库移民已达 120 人，其中七里村 42 人，先进大队 78 人。七里村移民返库后，一方面给库边队社员写公开信，并逐户通知说：“中央已经同意我们返回，就是省、专、县不执行中央指示。你们种的秋你们收，收后把我们的地留下……”另一方面不听工作组的规劝，不听当地社员的劝阻，强行整修土地，私自盖房打窑，更严重的是，在 9 月 10 日返库移民 80 多人抢种凹里、十里铺大队的土地 400 多亩。两队干部同移民沟通，移民不但不理，反而发表声明：“谁要翻种我们的麦，我们就要用血来保……”①

移民抢种土地，不但打乱了十里铺、凹里的生产规划，引起当地群众恐慌，而且给移民返库打下了基础。这一问题不及时采取有效措施解决，将会出现七里村和先进队移民抢种土地。移民抢种土地又会导致移民大量返库②。

10 月 4 日，七里村村民和十里铺群众因种地发生口角，官司打到第一线指挥部。虽经指挥部负责同志耐心解释政策，移民仍然声称地一定要种，要打就打③。移民还以要中央移民文件为借口，以“迁错”和安置区“苦”为借口，哄闹工作组，拉干部上街围攻，拉干部替他们划拨土地，并用撞头、跳河进行

---

① 《关于动员返库移民情况的报告》（1967 年 10 月 4 日），全宗号 J071，目录号 2，案卷号 49，长期，潼关县档案馆藏档。

② 《关于原七里村移民在库区抢播小麦情况的报告》（1967 年 9 月 15 日），全宗号 J071，目录号 2，案卷号 49，长期，潼关县档案馆藏档。

③ 《关于动员返库移民情况的报告》（1967 年 10 月 4 日），全宗号 J071，目录号 2，案卷号 49，长期，潼关县档案馆藏档。

威胁，开一次会哄闹一次，使得工作无法正常进行①。

11 月 13 日，侯平、冯吉庆、周长发、焦俊龙、姚景义五名代表到中央水利电力部上访，提出“该村（七里村）土地完全在淹没线上，要求迁回。”11 月 14 日，中央水利电力部指出：“既已迁去白水县，当地政府也做了一定的安置，为不致影响整个三门峡移民工作大局，不能再返回。应立足于安置区抓革命促生产，发扬大寨精神，同当地社员一起建设社会主义新农村。”② 这些移民代表还提出：“安置区产量低，生产习惯同当地社员不同，双方有矛盾，要求单独建立生产队。”中央水利电力部要求渭南专区生产第一线指挥部“接谈答复”。

12 月 2 日，焦俊龙等人持水电部移民办公室信件到渭南专区生产第一线指挥部，谈有关返库问题。渭南专区生产第一线指挥部答复：“1. 坚决执行北京水电部的指示，移民不能返回潼关库区。2. 应立足安置区抓革命促生产，已返库的移民，应迅速返回安置区，也不要在库区拉吊庄。3. 关于所提移民单独建队问题，为了有利于巩固农村人民公社集体经济，有利于新老社员的团结，有利于巩固移民成果，不能单独建队。4. 至于移民所提安置工作中的具体问题，由安区按照党的既定政策，移民回到安置区妥善解决。”③

1968 年 1 月 5 日，“关于移民要求返库问题的意见”中明确指出：“我们认为移民搬迁是正确的，必要的，不能返回库区。”省军区、省支左委员会第一线指挥部先后发出“公告”“通告”“公开信”，指出移民返库是错误的，移民应回安置区抓革命、促生产④。

虽然在动员白水返库移民中，宣传了党的有关政策和规定，并调查研究了一些问题，摸清了一些情况。但由于思想工作做得不够深透，返库移民人数不减反增，由提意见到库区大搞副业，由搞副业到抢种土地，问题越来越严重，以致潼关县移民安置局适应不了变化的情况，工作很被动，移民动员工作困难日益增大。

1968 年 5 月，返库移民违反中央“关于抓紧搞好秋收、秋种、秋耕的通

① 《关于动员返库移民情况的报告》（1967 年 10 月 4 日），全宗号 J071，目录号 2，案卷号 49，长期，潼关县档案馆藏档。

② 中华人民共和国水利水电部移民办公室给渭南专区生产第一线指挥部的信（1967 年 11 月 14 日），全宗号 J071，目录号 2，案卷号 49，长期，潼关县档案馆藏档。

③ 《陕西省渭南地区抓革命促生产第一线指挥部关于白水返库移民要求单独建队等问题的批复》（1967 年 12 月 8 日），全宗号 J071，目录号 2，案卷号 49，长期，潼关县档案馆藏档。

④ 《关于白水返库移民提出问题答复意见的请示报告》（1968 年 7 月 1 日），全宗号 J071，目录号 2，案卷号 52，长期，潼关县档案馆藏档。

知”，抢种库边队5百余亩麦田（库边队翻种2百余亩）。1968年夏收前，为了防止返库移民抢收，潼关县在返库移民中举办了毛泽东思想学习班，宣传毛泽东思想。返库移民哄闹、围攻宣传工作，说：“割几个头也要收麦”“血里捞命也夏收”，扬言子孙三代大闹潼关，非回来收麦不可。

西关和七里村的移民增至200多人，为抢收办了大灶，还继续抢种豆子、高粱等早秋作物，组织了“移民自救委员会指挥部”。库边队十里铺、凹里、先锋大队组织了“群众专政兵团”，不惜一切制止移民抢收。移民不顾政策一定要抢收，库边坚决贯彻政策一定要收足收好，一场抢收与反抢收的斗争酝酿，双方已做好武斗的准备，因抢收而引起的武斗在所难免。

为了制止武斗，潼关县一面请求上级采取措施，制止这场酝酿中的武斗①，一面采用个别谈心等方式，对移民进行教育，逐渐提高了群众的觉悟。返库的100多人陆续返回安置区，50多人留在库区。这些留在库区的人大体分为四种：第一种是受蒙蔽的群众，不愿回安置区；第二种是企图在库区长期搞单干的人；第三种是感到日子不好过，思想动摇；第四种是想搞各种形式的单干和投机倒把的人②。

为了做好库区管理工作、刹住单干风，潼关县革委会责成有关部门和社队迅速拔除七里村庄点，打击投机倒把。白水县革委会责成有关部门和社队做好安置区移民的巩固工作，特别是返回安置区的移民思想巩固工作，刹住返库风③。

8月29日，潼关县寻找移民，结果只找到7人。其他大部分移民于7月31日已返回安置区，库区剩下不到20人。移民分散逃避，移民返库带头人段天相带领数人，躲在吊桥滩地割苇子。妇女分散在其亲朋家里，个别人另找安宿，大都在西关、东西两沟。港口的旧窑洞、旧墙很多，就宿很方便。居委会瘫痪，旧派出所不管户口，自由市场无人管理。库边队持着“你不撞我，我不理你”的态度，看县革委会如何办？港口公社有百分之五六十的干部和返库移民有亲戚关系，大队内关系更复杂，不但不管，而且起反作用。因此，移民动员工作

① 《关于白水返库移民积极准备抢收小麦挑起武斗的紧急报告》（1968年5月30日），全宗号J020，目录号2，案卷号180，长期，潼关县档案馆藏档。

② 《关于白水返库移民的情况反映》（1968年7月15日），全宗号J020，目录号2，案卷号180，长期，潼关县档案馆藏档。

③ 《关于白水返库移民的情况反映》（1968年7月15日），全宗号J020，目录号2，案卷号180，长期，潼关县档案馆藏档。

在基层障碍很大①。

1970年11月25日，潼关县对返库移民进行了4天的调查，发现流落在潼关港口地区的返库移民15户37人，其中先锋大队有11户25人，南刘大队2户6人，十里铺大队七里村2户6人。移民多数在1961年6月2日返库，后几经动员未走或去而复返。已有5户移民自建房9间，其余或租房，或住窑洞，或投靠亲友，或“打游击”。

返库移民的生活方式有三种：一种是担瓜卖菜，捡拾粮食，割苇子，挖城砖。一种是靠泥水匠、木匠、手艺糊口。一种是开荒种地。七里村薛坤山一人开垦零星荒地达六七亩，能收粮食二三百斤（已收归集体），收摘蓖麻三百多斤。个别人多年来贩卖粮油、票证、木料等进行投机倒把活动。

返库移民经过初步动员，对返回安置区的态度有三种：一种是觉悟提高较快，愿意回安置区共6户；一种是动摇户4户；一种是抵触情绪较大，“死也不回白水”的5户。

为了动员15户移民返回安置区，库区有关社队抓紧对返库移民进行动员教育工作。如十里铺党支部举办返库移民学习班，说通一户走一户，为大动员打好基础。安置区解决移民返回安置区的劳动和吃、住等各项实际问题，做好接待工作，巩固移民安心在安置区落户。对确有特殊情况的返库移民，经两县协商，有关社队同意，可以将其户口转回潼关。返库移民已建有房屋，有的家具要求处理，有关社队协助做好财产处理工作②。

先进、七里村大队的移民，1959年迁移后零星返库，1963年和1967年集体返库。其原因主要有以下几方面：

一、这两个大队处于城市和城郊，生产、生活水平较高。潼关、白水生活水平差异较大，移民向往过去的生活，留恋故土。

二、库区大量建房。省人委在1963年5月18日明确规定，三门峡库区350米以下，原则上不建房，340米以下不能建房。由于没有严格执行政策，港口、七里村在库区大量建房，港口331米—337米高程范围内有94户（企事业和生产队集体单位18户，市民59户，农民17户），建房屋242.5间。94户中返库移民17户65人，坠库户21户92人，其他居民56户200余人。房屋有1961年

---

① 《关于动员返库移民的情况报告》（1968年9月2日），全宗号J020，目录号2，案卷号180，长期，潼关县档案馆藏档。

② 《白水移民返库情况调查报告》（1970年11月28日），全宗号J071，目录号2，案卷号54，长期，潼关县档案馆藏档。

修建的，1964 年、1965 年、1966 年建房最多，1964 年 20 户建房 77 间，1965 年 22 户建房 50.5 间，1966 年 20 户建房 43.5 间，1967 年 8 月以前 9 户建房 21.5 间，有些户还在建房。七里村塌岸十分严重，除 4 户坠库户经潼关、白水县同意后靠到十里铺附近以外，其他的均迁往白水。由于少数人不执行政策，不但这四户未去后靠，而且还将十里铺的群众和家庭已迁往白水的下放职工又安置到原七里村，并成立生产队，这个队已发展到 19 户，新建房屋 39 间。特别是铁路三处，把已安置到 350 米以上的移民和居民 12 户 51 人迁到 335 米以下的库区。随着火车通车和西关车站的营业，东街、南街的商业和居民必将西迁，铁路以南平地较少，必将在铁路北边 335 米以下库内建房。

由于上述问题的存在，返库移民提出："政府迁我们，安他们是什么道理？这不是证明政府把我们迁错了？他们能住我们也能住，迁了我们，安了他们，拆了我们的房，他们却建房，这是什么政策？"①

三、库区土地、市场管理不严。潼关、大荔、华阴连接地区有 7 万多亩土地，自水库拦洪排沙运用以来，有相当一部分土地常年积水，长出大量芋子、蒲草。由于无人管理，加之秦、晋、豫三省收购部门发动生产队集体割卖，见货就收。因而这批财物不但损失很大，而且成为返库移民的重要诱因。据当地群众反映，每年都有几百人私自下滩割蒲草、芋子。1967 年 8 月中旬，库区的群众达四五百人，路上拉运蒲草、芋子，络绎不绝。

白水零星返库的 25 户 62 人，开荒种地、打鱼为生的有 3 户，做小生意的 4 户，做小工拉架子车的 4 户，挖药材、割马林的 4 户，泥木工有 3 户，无正式手续参加当地集体生产，参加当地分配的有 6 户，投机倒把、贩卖粮食的 1 户。返库移民张福海 1966 年连拾小麦达 400 多斤，割蒲草、芋子 10 万多斤，全年收入五百元之多，1967 年拾小麦 2000 多斤，割蒲草 5000 多斤，生活水平比当地社员高。由于库区土地无人管理，市场管理不严，副业好搞，返库的人数逐日增加②。

四、库区迁得不彻底，迁了又安。1959 年至 1967 年，库区尚有 24 户 104 人的坠库户未迁，住在应迁地区，对移民有直接影响。白水移民在外人口应安置白水，港口公社不但在原七里村安置了迁往白水的移民 10 多人，还给郭满福、杨占三等人开证明，把已迁往白水的移民再迁回家。十里铺大队第九生产

---

① 《关于动员返库移民情况的报告》（1967 年 10 月 4 日），全宗号 J071，目录号 2，案卷号 49，长期，潼关县档案馆藏档。

② 《关于动员返库移民情况的报告》（1967 年 10 月 4 日），全宗号 J071，目录号 2，案卷号 49，长期，潼关县档案馆藏档。

队队长杨保善支持移民返库，让白水返库移民 4 户 12 人，长期参加当地生产分配。

五、安置区政治思想工作不到位。移民安置工作变成了建房、打墙、发款等单纯的经济工作，把移民群众引上了张口要这要那，靠公靠上闹经济的道路，因而经济问题越处理越多。一些领导人认为移民安置工作把房盖起，把墙打好就行了，忽视了对安置区群众“迁一家，保万家；安一家，保千家”“为革命而迁，为革命而安”的社会主义思想教育。因而移民的许多思想问题和实际问题不能彻底处理，致使移民一遇到天灾人祸，就返回库区。移民返库时，安置区的群众和干部没有劝阻，把问题解决在安置区。因此，移民返库由少到多，由秘密转为公开，由人返库到带粮食、籽种、农具返库，由单人到全家搬，一步一步发展，问题越来越严重。

另外，安置工作还存在不少问题，个别移民户的房没建，已建的房有的椒烂檩断，倾斜漏雨，缺少门窗。许多移民户的院墙还未打好，有些应该返修的、返建的和补建的房屋还没修建，这在一定程度上影响移民的生产生活，从而引起移民的不满①。

针对上述问题，潼关县移民安置局要求：

第一，省、专第一线指挥部派员组成库区、安置区两个工作组，在迁安两地工作组的互相配合下进行工作，刹住返库之风，尽快动员白水返库移民回安置区抓革命促生产。库区工作组内部实行“三统一”“一开展”即学习统一，研究布局工作统一，向上级汇报统一；及时开展批评与自我批评。移民所提出的问题，属于库区的由潼关县研究解决，属于安置区的由白水县研究解决，临时发生的问题由潼关县就地处理。移民干部要倾听移民的意见，根据每个人的觉悟程度，积极帮助，逐步启发和提高他们的觉悟，在移民自愿的原则下，通一户走一户、通一人走一人。对于移民提出的问题，要分类排队认真研究，按照党和国家的政策及时处理，把政治思想工作和解决实际问题联系起来。对于违法乱纪的人、事也要在适当的场合、适当的时间，进行针锋相对的斗争，打击歪风，以扶正气。

第二，先进、七里村迁安到白水县不仅正确，而且还涉及 20 多万移民的巩固问题。移民总认为把他们迁错了，要求返库，不见中央文件他们总是思想不通，动员工作无法开展。即使动员回去也心不安，有机会便要返库。因此，建

---

① 《关于动员返库移民情况的报告》（1967 年 10 月 4 日），全宗号 J071，目录号 2，案卷号 49，长期，潼关县档案馆藏档。

议省、专第一线指挥部就七里村和先进大队由潼关迁安到白水是正确的作出决议，或者对潼关县所报“关于对白水返库移民所提问题的答复意见”作出批示，明确指出迁安到白水是正确的，要求工作组动员返库移民回安置区抓革命促生产，并在迁安两县大张旗鼓地进行宣传，稳定移民情绪，巩固移民成果。

第三，抽派一两名干部在港口公社进行严格管理，宣传党的库区管理政策。对港口 340 米以下所建的房屋，明确宣布这是违反政策的，谁批准谁建谁负责并限期拆除。铁路三处迁安的 12 户移民和居民也要按照国家政策另行迁安到 350 米以上。库区建房必须按照省人委规定“350 米以下原则上不能建房，少数确有困难的可在 340 米以上建简易房，340 米以下不能建房”的原则下严格执行。原七里村和当地社员除 4 户应该后靠的移民，力求在 1967 年冬或 1968 年春后靠安置，其他户由哪里来到哪里去，政府不做安置，要求迅速迁出七里村。城镇未淹没土地（包括庄基空地）一律归先锋队使用，未经县上批准，任何单位不得占用，先锋队不得建房。

黄河大桥建成后，港口集镇可能西迁，因此，潼关计委要组织人力进行规划和接收工地残留建筑物，以防自由迁移又在库区继续建房和抢占库区地基，形成移民返库①。

第四，库区荒地由潼关第一线指挥部责成有关单位划分给库边生产队，明确管理权限，落实责任，有计划、有组织地进行副业生产。商业收购部门和管理社队签订合同，计划收购。为了保证农副产品收购任务的完成，对社员个人在不影响集体生产原则下所割马林、蒲草等由队按量记工收归集体。商业收购部门把好收购口子，严格按合同执行，见介绍信收购的原则，坚决堵住单干生产。

第五，任何单位或个人都不得私自安置返库移民，不能私下吸收移民包工单干，参加集体劳动和分配。已经安置和吸收移民包工单干、参加劳动的单位，要负责动员移民迅速返回安置区。未经劳动部门批准，任何单位不准雇佣移民当临时工。县市管会加强港口市集的管理，坚决取缔无证摊贩，打击投机倒把分子，堵塞移民返库和弃农经商。

第六，白水安置区要进一步组织移民群众和当地社员学习毛主席的教导，认真改造世界观。按照毛主席的指示，依靠群众开展斗私批修，进行革命的大批判、大联合和三结合，积极响应毛主席号召“抓革命促生产”，促进农业更大

---

① 《关于动员返库移民情况的报告》（1967 年 10 月 4 日），全宗号 J071，目录号 2，案卷号 49，长期，潼关县档案馆藏档。

丰收。同时，还要发动广大贫下中农，以浓厚的阶级感情，欢迎返库移民回白水，热情耐心规劝移民不要返库，一定要把移民巩固在安置区。今后哪个队移民返库由哪个队到库区叫人，各社队都要有高度的革命责任感，限期完成移民任务，切实把移民安置好，为群众负责到底。

第七，迁安两县和社队都要把移民安置列入议事日程，定期研究，定期检查，定期逐级汇报，发现问题及时解决①。

1959年至1991年，潼关、白水县政府一直劝阻移民返库，但移民返库没有中断。库区的房子建了又拆，拆了又建；库区的移民返回来再赶，赶走了再返。最终，大部分移民留在了白水，少数移民回到了库区。白水的大部分潼关移民在国家扶持之下，生活渐趋好转。据2015年10月的调查，白水有潼关移民601户2335人，居住在杜康镇等7个乡镇②。

第四节　处理白水移民财产、房屋

移民财产处理牵涉面广，是整个移民工作中的一个主要部分，直接关系着移民切身利益和国家财产合理使用问题。因此，移民工作开始后，潼关公社组织干部学习移民财产处理政策，大力宣传有关房屋评价的原则，了解群众有以下几种顾虑：第一种是缺房户和房屋质量较差户，害怕房屋价评得少，安置区房价大，将来分新房后负债无法偿还；第二种是多房户和房屋质量较好户，恐怕移到安置区后其赔偿相抵多余部分不付现金；第三种是对房屋评价抱观望态度，看政府咋办；第四种是想通过政府评价，要房价，如库外房主田成吉在房屋价格评定后，向工作组多次提出要现金，房价调整后，几次到办公室要钱。

根据上述思想顾虑，为了让群众彻底明白房屋处理办法，潼关公社在房屋处理范围内的城镇四个居民委员会和一个农村生产队，组织了40余个宣传小组，展开宣传教育工作，并召开各种座谈会，甚至登门拜访，消除群众的思想顾虑。

潼关县还成立移民财产处理机构，以居民委员会为单位成立了评议委员会，行政大组或生产小队分别成立财产处理小组，采取大会报告、分组讨论、实地

---

① 《关于动员返库移民情况的报告》（1967年10月4日），全宗号J071，目录号2，案卷号49，长期，潼关县档案馆藏档。

② 政协潼关县委员会．潼关移民档案［M］．北京：中国文史出版社，2016：115.

试办，使干部掌握了财产处理政策和选标计算、挂等评议等工作方法。

房屋评价开始后，评议委员会实地勘查各地房屋结构，选出标房，然后算出标房市场价格，再根据标房新旧程度、使用年限，最后评定出成数，折算出时值价，交由群众讨论通过。标房价格通过后，按照房屋分布情况，划片包干，分头负责，进行登记分类挂等工作。房屋登记挂等结束后，计算人员逐户逐间算出补偿价和残料价，将计算结果张榜公布，征集群众意见。群众所提意见解决后，经管区和公社批准，以此定案。

先进、先锋、十里村评议补偿房屋 1599. 5 间，补偿费 117237. 9 元，每间平均 73. 29 元，其中大房 581. 5 间，补偿 58748. 9 元，每间平均 101. 03 元，小房 1018 间，补偿 52896 元，每间平均 51. 96 元。结合移民房屋处理并赔偿了移民的果树及零星树木 1770 株，评议价 2876. 5 元，每株平均 1. 82 元①。

移民房屋拆迁时间，按省委方书记拆迁工作“尽量地拆，尽量地运，赶在元月底将能拆的房拆完运走”的指示办理。先进队、七里村共拆运房屋 133. 5 间，大部分木料运往白水为移民建房所用。移民的家禽、家畜能带的就带，不能带的就由国家收购。库区收购的，将数字统计后，上报安置区备案②。

白水县在 1964 年至 1965 年，对全县所有安置移民的生产队的移民经费、物资进行清理，对移民房屋进行结算。他们进村入户，宣传政策，核定移民人口和建房间数；依靠贫下中农，发动群众揭发问题，清理物资、经费；合理计算房价，清结各项经济手续；全面地总结验收，向社队移交移民工作。

多年来，国家给北井头、尧禾等 7 个公社拨付内迁移民经费 2195158. 08 元，潼关移民属内迁移民，人均 273. 6 元。潼关移民人均住房 0. 68 间，房屋迁建补助费（包括院墙、大门、返修返建、余款户自建、自迁户补助等开支在内）人均 222. 70 元，与每人指标 229. 78 元相比，结余 7. 08 元，再加上专区已下达院墙、大门经费指标，内迁移民每人结余 40. 38 元。

在移民户房屋迁建经费结算中，7 个涉潼移民公社在安置区为内迁移民实际建房平均每间 253 元，移民应负担房价平均每间 167. 66 元。国家补助因重建房屋所引起的工料差额（因建窑多，国家补助低）平均每间 87. 60 元。移民户应负担的房价，与其库区房屋补偿费相比，多者为余款户，其余款国家如数付给；少者为欠款户，其欠款应由本人向国家交付③。

---

① 《潼关城镇 335 高程移民工作总结》（1961 年 6 月 26 日），全宗号 J071，目录号 1，案卷号 26，永久，潼关县档案馆藏档。

② 政协潼关县委员会. 潼关移民档案［M］. 北京：中国文史出版社，2016：75.

③ 政协潼关县委员会. 潼关移民档案［M］. 北京：中国文史出版社，2016：81.

此次房屋清结中，6户移民漏登。白水在1960年4月曾派人拆除了这6户在老潼关的房屋。这6户移民迁移时，有4户因登记的不是户主姓名未被登记，2户因房屋手续漏转，致使在1962年白水房屋登记中，登记清册漏造，公布房屋补偿户主名单时，没有他们的姓名，所以未能得到房屋及残料补偿。

这6户移民的处理情况：潼关迁往白水县北井头公社李家卓生产队的移民李仙舟（原住潼关老城汪家巷5号，6口人两处房7间）房屋及残料补偿1207元，刘巧玲（原住潼关老城别家巷12号，3口人房3间）房屋及残料补偿634元，刘家卓生产队的焦福堂（原住潼关老城南大街106号，8口人房5间）房屋及残料补偿781元，王荃（在潼关，3口人2处房）房屋及残料补偿249元。厝子浩、潘仙梅两户在两地政府的协商下，白水县为其补转了房屋手续，补发了房屋及残料补偿费。

在移民房屋清结期间，移民经费物资使用存在一些问题，一是贪污、挪用移民经费比较严重；二是乱拉乱用变卖移民木料现象普遍。这些问题的存在一定程度上影响了潼关移民的情绪。清结工作组对上述行为进行批评教育，并令其退还和折价赔偿，情节严重的依法处理。同时，清结组还查处了移民安置建房中的诸多问题，如移民房屋质量差、庄基过于窄小、四址不明、庄基有附属物等，还要求对移民群众提出的意见，生产队能解决的立即解决，不能解决的，除向群众做必要解释外，转交公社解决①。

① 政协潼关县委员会．潼关移民档案［M］．北京：中国文史出版社，2016：83.

第八章

迁建县城

三门峡水库修建后，潼关县城在迁移范围之内，必须迁移。从1959年至1962年，潼关县完成了县城迁建工作，将城镇居民迁移安置到新县城，清理了移民财产。唯城镇移民房屋结算工作繁杂，持续数年。

第一节　新县城选址吴村

潼关县原属省辖县，1958年并县后，成立潼关人民公社，属渭南县管辖。全社分城关、南营、吴村、安乐、李家村、太要、代字营八个管理区62个生产大队，共有农户13145户59634人，城镇居民5214户25378人，总人口85012人，耕地面积205348亩，每人平均耕地3.4亩①。

吴村位于潼关城西南9千米，距离华阴20千米，南距洛南90千米，东北距河南灵宝24千米，东南距太要街17.5千米。潼惠渠由南向北，穿村而过。地形平坦，南高北低。吴村有750人，耕地3167亩，每人平均耕地4.2亩，主要产小麦、棉花、玉米、谷子、豆类等。该村建筑大部分是泥瓦房，有部分是窑洞，有潼关中学分校和小学各一所，邮电所、粮食管理所、合作商店、公共食堂、理发店、医务所等。吴村管理区委员会设在此处②。

三门峡水库修建后，潼关县城在迁移范围内，必须迁移他处。潼关县人委经过多次勘察和反复研究，决定县城迁往吴村与段名之间，基于以下考虑：

一、地势平坦，塬面较大，南至潼峪庙坡7.5千米，漫坡之势，中隔一条马涧河流，西南东北斜穿而过，北到管家庄6千米，最为平坦，东西塬宽1.5

---

① 《渭南县潼关人民公社中心居民点（吴村）规划方案》（1959年8月5日），全宗号J071，目录号1，案卷号14，永久，潼关县档案馆藏档。

② 《渭南县潼关人民公社中心居民点（吴村）规划方案》（1959年8月5日），全宗号J071，目录号1，案卷号14，永久，潼关县档案馆藏档。

千米多，以后北向段发展，条件优越，便于城镇修建和发展，减少国家投资。

二、饮水便利，该处群众均吃潼惠渠水，渠长 17.5 千米，并有水利管理委员会负责养渠，吴村位于渠道中游，可解决新建城镇居民饮用水问题。

三、交通便利，吴村北至潼关县城 9 千米，东至河南阌底镇 24 千米，西到华阴县 20 千米，陇海铁路改线后将通过吴村以南，并设站场，另有简易公路和车道可达西安、潼关城关（后为港口）及太要、洛南等地，将来三门峡建成之后接近码头，是交通发展的有利条件。

四、吴村为管区政治、经济、文化的中心，有供销合作社、粮食管理所、棉花收购站、银行营业所、西医诊疗所等。在抗日战争时期有“小潼关”之称，将来有发展前途①。

1959 年 3 月，潼关人民公社总体规划了新城镇的土地利用和居民点位置。6 月 9 日，经过多次勘查和研究，潼关公社党政决定新城镇迁于吴村附近。新集镇规划的设计任务，由陕西省城市设计院承担。

原计划在 1959 年 7 月初完成规划，但由于中心居民点总体规划布置方案牵涉问题很多，前后作了 11 个方案，未取得一致意见。为了使总体规划方案合理、经济，避免给今后发展造成不良影响，陕西省城市设计院在规划设计案中选择了 3 个方案，作了总体规划和详细规划。

这三个方案：第一种方案是按省农林厅“广种多收和少种高产同时并行”的方针提出的；第二种方案是按公社意见提出的；第三种方案是按综合有关方面的意见提出的②。

① 参见《关于选择县城新地址单行材料》（1956 年 4 月 6 日），全宗号 J020，目录号 1，案卷号 118，永久；《渭南县潼关人民公社中心居民点（吴村）规划方案》（1959 年 8 月 5 日），全宗号 J071，目录号 1，案卷号 14，永久，潼关县档案馆藏档。

② 《渭南县潼关人民公社中心居民点（吴村）规划方案》（1959 年 8 月 5 日），全宗号 J071，目录号 1，案卷号 14，永久，潼关县档案馆藏档。

第一方案		第二方案		第三方案	
优点	缺点	优点	缺点	优点	缺点
1. 规划区靠近车站，联系便利，运输费用小，能结合自然地形，布置灵活，是集镇形成一个紧凑的有机体，可节省公用福利设施的投资，合理、经济符合城市发展原则。	1. 在部分规划区内修建时土方量较大。	1. 地势平坦，土方量少，施工便利。	1. 规划区与车站距离远，联系不便，运输费用大，城市发展也不紧凑，公社管理不便，公用福利设施投资不经济，不符合城市发展原则。	1. 少占农民良田，保证了农业生产，减少对农民生活的影响。	1. 集镇发展不紧凑，运输费用增加。
2. 少占农民高产区良田美地，可增加农业生产产量，同时不影响农民生活，照顾了集镇逐步形成与发展、与农业增产的关系，不与农民争地，符合“广种多收和少种高产同时并行”的方针。	2. 工业区虽不在主导风向上风向，工业虽无危害，但对居民的生活卫生有影响。	2. 便于道路开辟，市容整齐，使城市易于一气呵成。	2. 多占用农民的肥沃水地，留出吴村以南旱地，地形不够平整，不利实行农业机械化机耕的要求，减少农业产量，不符合不与农民争地的原则。	2. 社中心位置适中，将来集镇若向南北发展，均不影响，社中心与公园结合较好。	2. 居民点离车站较远，势必在车站附近又要形成一个小点，需另设文化福利设施。
3. 由于在用地选择上利用吴村以南薄地，留出吴村北大片耕地，不但产量高，而且使地集中完整，符合农业机械化机耕要求，农业增产是合理而经济的。		3. 铁路降低引水渠水头，不影响居民饮用水，可免去倒虹吸或渡槽的费用。	3. 社中心位置不适中，对居民生活不方便，广场所形成的丁字形交叉口，交通不便利。	3. 对外对内交通联系较方便，同时比第一、二方案节省了一条街坊道路修建。	3. 引入集镇水渠，若降低水位，则吴村以南的土地不能灌溉，不能保证不影响农民的生活水平。
4. 利用现有吴村村庄组成今后集镇一部分，不但节省修建公共建筑投资，而且还可节省居住建筑修建的投资，集镇今后逐步发展是经济的。		4. 发展方向明确，利用现有吴村，节省公共建筑及居民点建筑费用。	4. 引入集镇的水渠，若降低水位，则吴村以南的土地不能灌溉，不能保证不影响农民的生活水平。	4. 工业、仓库、在车站紧靠，可节省运输费用。	

续表

第一方案		第二方案		第三方案	
优点	缺点	优点	缺点	优点	缺点
5. 发展方向明确，规划方案布置紧凑，便于公社管理。			5. 公共建筑用地过多。	5. 住宅朝向好，公共建筑按需要均匀分配。	
6. 居住区离铁路最近 120 米左右，同时由于吴村车站站台在自然标高以下 7 米左右，火车嘈杂声向上扩展，南北向影响居民范围大大减少，故车站嘈杂声对居民区影响不大。					
7. 社中心位置与车站及各居住区街坊交通联系便利，同时按规划及街坊人口分布来看，位置适中，易于公共建筑布置，不致车站再设一套。					
8. 住宅朝向好，公共建筑按需要均匀分配。					

根据以上三种方案的优缺点，陕西省城市设计院提出采用第一方案。由于在用地、布置上的意见不统一，出现三种不同的方案（第二方案为公社的意见），潼关公社提出在第二种方案的基础上进行修改，并表明规划用地选择及各单位建筑面积数据等均由潼关公社负责修改，修改后不能变更。为了配合潼关公社完成移民任务，城市设计院对各项建筑用地及建筑布局进行修改。

居民道路网基本上和原第二方案相同，唯居民点内中间两条南北向的道路向外各移 20 米。为了中心广场的安静，建筑布局上的统一性，两条通往广场的南北路，根据人流、客流计算，两条干道宽度定为 20 米，即按两建筑红线之间的宽度计，规划时干道两边的房屋都在红线后修建，以减少干道交通对居民的吵扰。

公共建筑面积、项目按照潼关公社的要求修建，只是在建筑面积上，因潼关公社提出数字过大，占去居民点的全部用地还不够。为了节约用地，城市设计院和潼关公社负责同志商量修改，但因公共建筑项目繁多，建筑面积确定得过大，修改后的用地指标过大，在今后实施迁移中，适当压缩。

公共建筑的分布，大部分参照公社的意见，调整了对居民生活安全及卫生上有影响的建筑，把机械厂、化工厂、豆粉厂、棉油公司等安排在居民点之南边缘道路旁。根据潼关公社的意见，两条干道及十字交叉路口在规划时，适当地形成商业街。

居民用地面积为87.24公顷，除吴村及吴村附近1000多的农业人口外，其他全部为搬来的商业人口及城镇人口，潼关公社要求安置居民人口10000人。城市设计院根据以前做的人口分布情况推算，此人口数字和原规划没有大的出入，可以在详细规划时按此人口数字来安置。

房屋的布局采用三合院及行列式自由地布局，每户都有自己单独的院落，在充分照顾房屋的朝向前提下，穿插一小部分的东西朝向的房屋。整体布局以小群体组合成全居民点的布局，每一小群体中间，留出较大的园地，作为家务院子，用来晒衣物及种植树木花草的场所。街坊之内，留出较大的绿地，将来兴建街坊①。

1959年11月23日，陕西省规划室正式出图定案，向新城镇迁安机关、企事业和居民人口共7000人，占地1100亩左右（包括空院、城周围荒场在内），开工修建②。

第二节　迁移安置城镇移民

根据水利部规划，三门峡水库千年一遇，洪水水位不超过340米。三门峡水库建成后，其蓄洪分为两期：第一期蓄水位334.6米，1960年完工，第二期蓄水位338.5米，1967年完工。省三门峡委员会要求334.6米内之移民在1960

① 《潼关人民公社中心居民点详细规划修改说明书》（1959年9月19日），全宗号J071，目录号1，案卷号14，永久，潼关县档案馆藏档。

② 《为呈报潼关城镇新址的函》（1959年11月23日），全宗号J071，目录号1，案卷号14，永久，潼关县档案馆藏档。

年汛期前全部迁出，334.6 米至 338.5 米内之移民在 1961 年汛期前迁出。潼关县城绝大部分在最高水位以下，需迁出人口 12920 人，其中非农业人口 9491 人，农业人口 3469 人。依据此规划，潼关县计划迁移至吴村 7011 人，1960 年上半年迁完①。

1959 年 4 月，潼关县成立了移民委员会和城镇迁建委员会，并从有关单位抽调干部组建成迁建办公室。4 月下旬，开始了移民迁移前的各项准备工作，主要进行农业、城镇安置区的调查规划和水库区的补充调查。5 月 4 日，迁建办公室的干部，除参加调查工作的之外，其余人员已进行寻找货源，组织基建工人、运输劳力和筹备运输车辆等工作②。城镇迁建工作全面展开。

潼关城镇非农业人口 9491 人，分别迁至吴村、太要、新港口，动员回老家或在本公社转农安置。迁往吴村、太要、新港口的人员是干部职工、生产人员、学生和潼关老户居民，以及这些人员随迁的家属。有其他职业或生活出路的干部职工家属和无生产条件的市民，尽量少迁或不迁，安置于其他地区。外籍人口动员返回原籍，投入其他生产自找生活出路。

上述移民的迁移由各系统、各单位分类确定，市民由城关管区提出安置意见，移民办公室安置。另外，要动员以下移民家属返原籍：一、家属来自农村，年轻力壮有生产能力者；二、家在本省范围内或外省距离不远者；三、返原籍或到其他地方投亲靠友有生活出路者。动员以下移民家属、市民转农业生产：一、在新城镇无生活出路者；二、有劳动能力只能参加生产者；三、无家可归或老家过远者；四、在城市没有固定职业和正当职业者。

从 1959 年 6 月开始，潼关公社决定，城镇人口不准办理迁入手续，有特殊情况必须迁入者，由派出所与公社计委会研究确定。从潼关城镇迁出的人口，不论迁往何处或投亲靠友、回老家、自找生活出路都可以允许③。

1959 年 12 月，原计划外迁城镇市民 290 户 900 人，后来将有劳动条件的市民 89 户 302 人迁往蒲城白水公社转农安置，剩下 201 户 596 人在本社内安置，其具体安置方向：

一、以打渔为生的 18 户 65 人，安置于港口。

---

① 《渭南县潼关人民公社中心居民点（吴村）规划方案》（1959 年 8 月 5 日），全宗号 J071，目录号 1，案卷号 14，永久，潼关县档案馆藏档。

② 《潼关公社当前移民工作情况报告》（1959 年 5 月 5 日），全宗号 J071，目录号 1，案卷号 14，永久，潼关县档案馆藏档。

③ 《移民工作几个具体问题的处理意见》（1959 年 8 月 4 日），全宗号 J071，目录号 1，案卷号 14，永久，潼关县档案馆藏档。

二、外地干部职工家属在潼关者83户315人，能带家属的随职工迁往外地，少部分投亲靠友或返原籍，有劳力者可参加农业生产。

三、老弱孤寡、无依无靠23户26人，就地成立养老院安置。

四、缺乏劳力的市民97户292人，随城镇迁移，给以其他生产安置（农牧场、猪厂、福利厂）①。

1959年全国持续“大跃进”，水库修建和移民工作展开大跃进。三门峡水库335米拦洪蓄水从1962年提前到1960年完成。为了保证三门峡水库修建适应“大跃进”的需要，1960年3月，潼关县对城镇人口迁移、安置重新规划如下：

潼关城镇不包括铁路系统人口，共计9960人，除在外425人外，实有9535人，其分布情况：335米高程内7357人，338.5米2178人。由于城镇高程不一，界限难分，确定全部迁出安置。

安置于新城镇5990人（干部等2745人，居民3245人），安置于港口2300人（干部等1350人，居民950人），安置于太要307人（干部等95人，居民212人），疏散和外迁1363人，其中白水302人，其他1061人。

新城镇根据三迁三不迁②的原则，用地面积在605亩范围内，太要用地不得超出50亩，港口用地不得超出250亩③。

1959年冬季，潼关城镇居民分散迁移和社内农村后靠的779户2378人，向新城镇迁安822户5549人，迁太要27户143人，港口库边暂住611户2574人（包括未迁新城镇的80户414人，职工31人，未迁太要的3户13人，未迁港口的528户2116人），合计已经迁出和安置1717户8372人（城镇人口2328户10946人）④。

到1960年11月，新城镇计划安置5900人，已经迁来5549人，还有未迁214人，职工31人，计划再从城镇迁200人，合计再迁445人，使新城镇人口达到5994人，除暂不计算在外人口156人，实安置5811人。太要移民已迁143

① 《关于潼关市民不再向外县迁安的意见》（1960年1月3日），全宗号J001，目录号1，案卷号373，永久，潼关县档案馆藏档。

② 三迁三不迁，即新城镇有干部的家属迁，没有不迁；为城镇服务的行业迁，不是不迁，可迁可不迁者一律不迁。见《渭南县潼关人民公社管理委员会关于三门峡水库区潼关境内移民迁安工作规划（草案）》（1960年3月15日），全宗号J071，目录号2，案卷号14，长期，潼关县档案馆藏档。

③ 《潼关城镇迁安工作规划（草案）》（1960年3月15日），全宗号J071，目录号2，案卷号14，长期，潼关县档案馆藏档。

④ 《潼关公社移民工作情况及当前任务》（1960年11月18日），全宗号J071，目录号1，案卷号26，永久，潼关县档案馆藏档。

人，未迁13人，共156人，除在外3人暂不计算外，实安置153人。港口应安置人口2316人，除向新城镇迁移200人、在外人口146人外，实安置1970人①。

1961年12月，淹没区移民线内共应迁移居民2239户10644人，新城镇安置857户5495人，太要镇安置44户221人，港口安置232户1356人，在全县范围内各公社后靠安排53户113人，零星疏散与返回原籍726户2265人。城镇移民包括在外人口在内，还有327户1194人尚待安置②。

1966年12月，城镇移民2328户10946人，除迁移白水县89户302人外，其余2239户10644人在全县分点集中安置，迁安于新潼关902户5994人，迁安于港口公社514户2051人，迁安于太要公社44户221人，转入农业分散插队53户113人，还有投亲靠友和返回原籍的移民726户2265人③。

在安置城镇移民的同时，为了不因迁移而降低原来在库区的生活水平，在潼关公社的组织领导下，城镇移民参加了各种生产组织，如把150名劳力送进县社企事业中生产，把226名市民分别组织到茶炉、洗染、缝纫、装卸、搬运等十个生产组织④。绝大部分闲散劳力投入了生产，在生产收入上每月每人最低16元，一般平均20元至30元之间，最多的近百元之多。从生活水平来看，城镇移民安置后不仅没有降低，程度不同的较原来有所提高，基本上贯彻了“移民安置后不降低原库区生活水平”的精神⑤。

第三节　处理城镇移民财产

1959年5月，水库区潼关城关镇移民财产的处理参照“陕西省人民委员会关于三门峡水库区陕西境内农村移民财产处理暂行办法（草案）”和“三门峡

① 《潼关公社移民工作情况及当前任务》（1960年11月18日），全宗号J071，目录号1，案卷号26，永久，潼关县档案馆藏档。

② 《关于内迁移民暨返陕移民的情况汇报》（1961年12月3日），全宗号J071，目录号1，案卷号26，永久，潼关县档案馆藏档。

③ 《潼关县移民安置工作概况》（1966年12月10日），全宗号J071，目录号2，案卷号45，长期，潼关县档案馆藏档。

④ 《潼关城镇335高程移民工作总结》（1961年6月26日），全宗号J071，目录号1，案卷号26，永久，潼关县档案馆藏档。

⑤ 《关于内迁移民暨返陕移民的情况汇报》（1961年12月3日），全宗号J071，目录号1，案卷号26，永久，潼关县档案馆藏档。

水库区陕西省渭南县境内338.5米内居民迁移安置方案（草案）”制定了只限于迁安水库区潼关城镇移民财产处理办法，即《三门峡水库区渭南县潼关人民公社境内城镇移民财产处理暂行办法（草案）》。

该《暂行办法》指出，移民财产处理采取征用、迁移、补偿或由移民自行处理等办法分别处理，以保证移民生活一般不低于原来的水平。补偿范围只限于因形成水库而引起的财产损失和因迁移修复必需的投资。迁移修复而进行改建和扩建所需的费用，由业主和各单位自己负责，移民经费不予投资。

该《暂行办法》还指出，水库区的房屋除铁路部门的房屋（包括职工及其家属宿舍）及建筑费用由其主管部门在迁建规划设计范围内解决外，其余房屋处理方法：

一、所有房屋一律根据房屋补偿标准，采取“重造价、扣除残料价和折旧费”的办法，经群众民主评议，报公社管理委员会批准，给予补偿（国家和集体所有的房屋不做评议）。每间房屋不得超过140元（包括院墙、备料）。门窗、木料等残料价分别评议，单独记载，由国家直接运至安置区统一使用，其运费和房屋拆除费由国家发给。

二、安置区的房屋由迁建委员会包建，移民库区的房屋补偿价和残料价与在安置区所分配的房屋造价相抵后，多余款数记在本人名下，由公社分期付给。安置区分配的新房归社员所有，部分移民确因原有房屋质量差、数量少，在水库区所得的补偿价、残料价不够修建必要的房子时，其不足部分，有条件偿还者，分期归还，确无条件归还的，组织群众评议，报公社批准，适当减免，安置区分配的新房，仍归移民所有。库区无房户，安置区分配的新房，房权归社有，使用权归移民，移民按月交付房租。对库外群众房屋的补偿价、残料价，待建房结束后，由移民委员会交付所属单位转交本人。

三、少数民族公用房如清真寺在具体处理时，补偿略厚于一般公、私有房屋。庙宇、祠堂、城门楼和所有权不明确的房屋，只给拆除费，不做补偿，由公社运至安置区用于公用建筑。个别结构特殊的房屋（如用料多、特贵、耐久性强等）和磨坊、车房、门楼等不受补偿指标限制。典当房屋的补偿价、残料价大于原典当价时，其高出部分应归出典人，小于原典当价时，应归承典人①。

该《暂行办法》还对居民的树木、生活用具以及工厂、商店的产品的处理办法作了如下规定：

---

① 《三门峡水库区渭南县潼关人民公社境内城镇移民财产处理暂行办法（草案）》（1959年5月25日），全宗号J071，目录号1，案卷号14，永久，潼关县档案馆藏档。

水库区的成材树由移民自行砍伐，木材收购站按现行牌价收购，运至安置区建房使用，不成材、不结果的幼树自行处理。能移植的果树进行移植，不能移植的给予适当补偿。水库区浇地或饮水用的水井一律不做补偿。

居民的日常用具尽量带至安置区，实在带不走的（如石器等）自行处理，无法处理的物资，公社协助处理或酌情补偿。机关、团体、学校、工商企业等单位的用具，由本单位运至安置区，物资运费由移民费内支付。运费过大超过本身价位的，在库区处理。

工厂、商店的机器、半成品根据需要，运至安置区，商品、原材料迁移前在满足市场需要的前提下，尽量少购置、少进货。库存的原材料和商品在迁移前组织力量大力推销或处理，以免迂回运输，造成经济浪费。工厂的机器、市内的电话、电灯、广播等设备拆除、安装、运输费用，由移民经费解决。

移民和各单位应得的补偿价、残料价在安置区清算付款，果树、坟墓迁葬补助费在库区付现。在迁移安置过程中的损失，要根据补偿原则和实际情况，经群众评议，提出意见，经公社批准补偿①。

1959 年 6 月至 10 月底，潼关移民委员会对潼关城镇和农村房屋作了成房评价。这次共处理民房 8239. 5 间，补偿价 591171. 9 元，每间平均 71. 71 元，残料 379402 元，每间平均 46. 05 元。同时处理公房 2258. 5 间，补偿 692343 元，每间平均 306. 82 元，残料 289155 元，每间平均 128. 09 元②。

在移民财产处理过程中，大部分城镇居民能按上述移民财产处理办法处理自己的财产，有些人却违反移民财产处理规定，暗中拆卖房屋，甚至挖掉门窗。为了制止这种现象的继续发生，潼关公社发出通告：

一、凡属潼关城镇范围内的房屋原则上一律由移民委员会评价收买，任何人无权私自拆除、转运和出卖。

二、凡在潼关城镇范围内的房屋，如果房主确属特殊原因，需要房屋自行迁建的，必须由本人持移居当地政府证明，向移民委员会申请，经移民委员会研究批准发给拆房执据后，方可自己拆除和迁建。

三、凡由移民委员会评价收买房屋中所有门、窗、墙板、楼板、木料等均在房屋评价范围之内，任何人不得随意拆除自用。

四、在房屋拆除中，所有木板、柴棒等一切废料，均归移民单位所有，由

① 《三门峡水库区渭南县潼关人民公社境内城镇移民财产处理暂行办法（草案）》（1959 年 5 月 25 日），全宗号 J071，目录号 1，案卷号 14，永久，潼关县档案馆藏档。

② 《潼关公社移民委员会关于清理移民房屋情况的报告》（1960 年 1 月 10 日），全宗号 J071，目录号 2，案卷号 14，长期，潼关县档案馆藏档。

负责拆除者，全部清理运往指定地区，不得乱拉、乱烧和乱用。

五、在拆除转运期间，城镇居民必须严守纪律，管好小孩，任何人不得乘机偷盗和捡拾各种废品木材。

六、凡属违反上述规定的事情发生后，均应按其本人动机，情节轻重和对移民工作影响大小而分别查处。

七、对已经发生私拆偷运房屋、挖掉门窗、烧毁废料等问题，均要进行查处，除私拆偷运的木材、门窗必须全部交回，已经烧掉的废料必须评价扣款外，并对本人按情节严重给予适当处理。

八、维护移民拆运秩序，保障移民财产安全，揭发检举坏人坏事，人人有责①。

移民财产处理工作一直延续到 1961 年 6 月，潼关公社完成了对 335 米高程全城镇迁移的财产进行合理的评价处理，共评议补偿移民房屋 8896.5 间，补偿费 1166277 元，每间平均 131.09 元，其中大房 4081 间，补偿 836365 元，每间平均 204.91 元，小房 4815.5 间，补偿 269330 元，每间 55.92 元②。

第四节　修建城镇移民房屋

1959 年 4 月，潼关公社着手进行迁安准备、库区调查、勘测新城地址、规划设计、财产处理、外迁移民安置对口等工作，到 9 月份基本就绪。新城建筑材料运输从 7 月份开始，10 月份开始小规模的建设，10 月下旬在结束三秋工作的基础上，移民工作进入一个新的阶段。

城镇远景规划东西长 1 千米，南北宽 0.75 千米，总面积 1117 亩，包括吴村 315.3 亩，新城镇用地 577 亩，近期人口 7000 人（吴村原有在内），远景人口 10000 人。城镇规划采取棋盘式的混合布置，居民住宅主要是给机关单位、工厂、企业修建，计划总建筑面积 65098 平方米，其中居民住宅 45164 平方米，公用建筑 38000 平方米。

根据县委提前完成移民任务的要求，潼关公社党委确定 1959 年冬建成 2000 间，为完成这一任务，责成各管区成立临时建筑队与迁建队担负建房工程，建

① 《渭南县潼关人民公社管理委员会通告》（1959 年 10 月 24 日），全宗号 J071，目录号 2，案卷号 11，长期，潼关县档案馆藏档。

② 《潼关城镇 335 高程移民工作总结》（1961 年 6 月 26 日），全宗号 J071，目录号 1，案卷号 26，永久，潼关县档案馆藏档。

设所需物资主要是就地取材，就地使用，旧料为主，新料为辅。

10月15日，公社党委召开管区书记、主任联席会进行布置动员，大规模的迁建移民从10月下旬开始。10月底11月初，并居、腾房、拆运、建筑等工作于先后进入高潮，取得了显著成绩。1959年冬投入迁建的男女劳力9613名，其中参加运输拆房的6393名，参加修建的2720名，后勤支援的533名。到12月20日，迁移、并居和临时疏散的居民共腾出房屋3200余间，机关单位腾出600余间，拆除库区旧房3685.5间。同时，大量建筑材料运入工地，运到工地物资31704吨，基本上满足了工地需要①。

迁建任务包给各管区建筑队、社建筑队、县建筑队等十个单位，在迁建委员会的领导下，先建居民用房后建工业用房，再其他。房子按照阳光方向，房门院子朝南，有单间、套间，质量有高有低，造价大小不一，适应各阶层群众需要。

2000间房的建房任务下达后，领导亲自上阵，群众干劲冲天，短短一个月时间，新城镇的新房遍地出现，原计划房屋分三阶段建成，两期开工2029间，已修建好1767间，半品房262间，原计划的任务基本完成②。

潼关公社修建房屋时为了减少用地面积，公共建筑修建楼房，建筑是砖木结构。公用房屋的建筑造价标准根据各单位的经济情况做决定，一般不低于30元每平米，居民房屋造价不超过28元每平米，建筑面积平均每人6平方米，用地面积每人80平方米③。

1960年7月25日，新城镇地区共开工建房3572间，其中居民1791间，公用房1781间。已完成3459间，其中居民房全部完成，公用房建成1668间，仅有113间公用房结尾。太要集镇共开工建房129间，其中居民房46间，公用房83间，已建起新房66间，其中居民46间，公用房20间。港口修建麦收后也开工，给公社中学建房38间。上述修房任务3739间，已完成3581间，占开工任务的95%以上。新城镇的市政工程已基本竣工，大街三条小巷十二条已全部开通，地下排水道全长1298米已完成，城市水厂还在进行④。

① 《渭南县潼关人民公社一九五九年移民工作总结报告》（1959年12月23日），全宗号J071，目录号1，案卷号14，永久，潼关县档案馆藏档。

② 《渭南县潼关人民公社一九五九年移民工作总结报告》（1959年12月23日），全宗号J071，目录号1，案卷号14，永久，潼关县档案馆藏档。

③ 《渭南县潼关人民公社中心居民点（吴村）规划方案》（1959年8月5日），全宗号J071，目录号1，案卷号14，永久，潼关县档案馆藏档。

④ 《潼关移民迁安工作报告》（1960年7月26日），全宗号J071，目录号2，案卷号14，长期，潼关县档案馆藏档。

1961年6月，修建新房4854间，其中公用房屋2655间，民房2199间。这些房屋分别在新城镇、港口、太要三个地区修建，新城镇修建房屋4070间，其中公用房屋2279间，民房1791间；太要修建房屋183间，其中公用房屋101间，民房82间；港口修建房屋600间，其中公用房屋274间，民房326间。

新房落成后，按移民人数进行分配，对库外人员也适当分配住房。修建民房2199间，已将2097间分配给1100户4708间，平均每2.24人住一间，其中太要将民房70间分给43户193人，平均2.76人一间房。新城镇将1701间新房分给857户3587人，平均2.09人一间房。港口民房326间分给200户929人，平均2.85人一间房，基本满足了城镇居民住房的需求①。

1961年6月22日，潼关迁建工作基本结束，迁建委员会除留范登仁等人继续领导潼关各项尾工和清理手续外，将于6月30日撤销。该会遗留其他各项待完成的工作和尾工如下：

一、港口地区遗留尾工，由港口公社成立迁建组织领导工程。各项工程经费由迁建委员会按所留尾工大小，拨资金给各基建单位包干使用，超支不补，结存上交，专款专用。

二、潼关城镇335米高程以内移民尚留567人在港口安置，每人按6平方米计算，需建房230间。此项工程由港口公社按每间房屋造价200元包干工料修建，在冬季完工。移民其他工作由移民办公室负责办理。

三、根据各项遗留工作和尾工的实际需款情况，补充各项经费数额：除已用款外，留拨经费七项计水厂工程10000元，居民宿舍、门楼、围墙留30000元，剩余全部尾工15000元，港口中学5000元，港口小学7000元，港口公社基建费5000元，金陡剧院残料由港口公社迁往万家村另建剧院，太要、港口基建费8100元。

新补拨工程费五项：港口市政工程费2000元，幼儿园大门经费1500元，生猪厂基建费30000元，库房基建费2000元，居民房屋迁建补助费60000元。

四、新城镇、太要、港口公社成立房产管理委员会，负责管理移民经费修建的居民房屋包括房权属公的房屋收租修缮等事宜②。

港口原计划建房230间，南头、代字营两个公社各承担115间。根据港口地区的自然情况，实际下达223间，两公社抽调建房劳力586名，其中木工68名，

① 《潼关城镇335高程移民工作总结》（1961年6月26日），全宗号J071，目录号1，案卷号26，永久，潼关县档案馆藏档。

② 《关于潼关城镇迁建委员会撤销后遗留工作和尾工的安排意见》（1961年6月22日），全宗号J071，目录号2，案卷号16，长期，潼关县档案馆藏档。

泥工 68 名，普工 450 名，架子车 89 辆，胶轮大车 2 辆、推土车 10 辆，牲口 71 头，共完成运输量 3059 吨 816 千克。在工地上打二坯 155000 页，拆除库区旧房 200 间。建房占用土地面积 8.081 亩，其中青苗地 5.817 亩，院落地 2.066 亩，场面地 0.198 亩。

1962 年 1 月上旬，港口全部完成了建房任务。南头、代字营公社建房 222 间，修理窑 1 孔，修好倒塌的房 3 间，合计 226 间。实际新建房 223 间，其中大房 32 间，小房 190 间，窑洞 1 孔①。

1962 年，潼关古城的迁建工作已经全部结束，新城镇转入常规建设。如 1963 年完成了 1962 年冬修建的 198 间民房尾工，新修门楼 19 个，隔山花墙 188 个，打围墙 452 丈，翻修了民房 461 间，完成了剧院的安装铁椅，增修了灶房 3 间、厕所 5 间以及机关单位的遗留工程，完成了城市饮水的自来水管的安装放水工作，以及水厂的整修等。另外，对县人委大楼漏雨和城市排水工程以及增修群众饮水涝池等等作好了联系设计备料工作，即将施工②。

1966 年 12 月，移民安置局对城镇移民建房做了总结：1960 年开始了潼关县城 335 米高程居民迁移安置，总计城镇移民 328 户 10946 人，市民除迁白水县 89 户 302 人外，其余 2239 户 10644 人基本在县境内分点集中安置。迁安于新潼关 902 户 5994 人，建房 7673 间（其中机关单位 5600 间，居民 2073 间），每人平均 0.35 间；迁安于港口公社 14 户 2051 人，建房 550 间，每人平均 0.27 间；迁安于太要公社 44 户 221 人，建房 82 间，每人平均 0.37 间。转人农业分散插队 53 户 113 人，还有投亲靠友和返原籍的移民 726 户 2295 人③。

第五节　结算城镇移民房屋

城镇移民房屋结算工作分为两大部分，一部分是居民，一部分是机关，居民房屋进行过两次结算。第一次结算是在 1960 年基本安置好居民后，进行了一次结算。1960 年 12 月，城镇修建工程大部分竣工，潼关公社决定给移民分配房

① 《港口移民迁建工作报告》（1962 年 1 月 23 日），全宗号 J071，目录号 1，案卷号 26，永久，潼关县档案馆藏档。

② 《潼关县移民安置局关于移民安置工作的情况报告》（1963 年 9 月 13 日），全宗号 JC71，目录号 2，案卷号 28，长期，潼关县档案馆藏档。

③ 《潼关县移民安置工作概况》（1966 年 12 月 10 日），全宗号 J071，目录号 2，案卷号 45，长期，潼关县档案馆藏档。

屋，并对房屋结算办法做了规定：

一、新城镇所建新房，均属移民使用，因此住房对象必须是潼关移民。

二、居住新房原则谁住新房谁出房价，房权取得后，房屋属于本人，土地（即地基）属于公有。

三、移民住房分配每个人平均不得超过6平方米，在分配过程中，根据辈数及人口多少还可适当增减住房面积。

四、对库外群众在库区的房屋，按其所评价款，在安置区分别处理。

五、对地主、富农、资本家和敌伪军政人员的库区房屋，按其全部房屋价款，在安置区分配给房屋，不发给现金。

六、房屋结算按“多退少补”的原则办理。将移民所分新房造价与库区房屋补偿价相抵后，其多余款数分给房屋或退付现金，不足必须补交现款。关于长款户多分房子的原则，属于安置新城镇的长款移民一律分给房屋，新城镇以外移民参照第四条办理。房屋补偿款不足的移民补交现金，一次清结有困难者可以分期交还房款，但期限不得超过二年。

七、库区无房户移民，原则上必须买房居住，对于确属无力购买或不可能购买者，经过民主评议可以租房居住。

八、房屋结算及退款

（一）房屋分配根据上述原则，进行调整登记，提出逐户分房意见，报请公社审批，发给房屋证书。

（二）房屋结算手续由移民及外地群众持移委会发给的房款欠据及所在单位证明信件（写清本人身份及补交房款意见）来指定地点办理手续。

（三）领款由本人直接办理手续，对于应退房款由分配结算工作组汇兑所在单位转交本人。

九、对于申请已经自拆房屋（库区）的群众，经了解确属自修自住者，由移委会发给房屋补偿费用。

十、关于新城镇住房收租问题，1960年12月底按原规定标准办理，从1961年元月起按照公社新规定的办法执行，每间月租为：一等房一元四角，二等房一元二角，三等房一元①。

1960年12月20日，渭南县人民委员会对潼关公社房屋分配及结算办法作出批复：

---

① 《潼关公社关于移民房屋分配及结算办法》（1960年12月7日），全宗号J071，目录号2，案卷号14，长期，潼关县档案馆藏档。

经研究，基本同意你社的分配意见。其中关于房屋地基的问题，我们意见应分别对待。凡原来在潼关有房有地基者，在新城镇所分房屋，其地基仍应归本人所有；原在潼关没房没地基或有房没地基者，其所占房屋的地基应归公有。另外，在长款户退款方面，为了避免大量资金在市面上流动，因此，所退大量房屋款一般可汇交本人所在单位或生产队暂时保管，视本人需要随时付给。①

新房建成后，潼关公社本着多退少补的原则对库区移民和安置移民进行经济结算。库区有房产 1839 户，处理房款 1484315.22 元，已经结清手续的 1186 户房款 1218904.22 元，其中分配新房 356 户，分给新房 1026 间，价值 309247 元。未结清手续的 653 户，房款 265411 元，其中库外群众 580 户，房款 219022 元。未清结的库内库外移民还在结算中②。

这次房屋结算存在不合理现象，最为突出的是，少房的贫困户不少不给房权，将房价预顶为房租收回，形成库区有房权，安置区无房权的现象，加之房价偏高不合理③。

由于第一次房屋结算存在上述问题，1963 年 7 月间，潼关县重新作了结算方案，报请上级批准后，又重新进行了结算。此次城镇房屋结算从 1963 年开始，由于对实际情况估计不足，一直延续到 1967 年仍未结束。

1962 年 12 月，陕西省农业厅派移民工作检查组对潼关城镇迁建工作进行检查，发现潼关城镇迁建中国家机关单位在新城镇建房数量超过了旧城镇原有房屋，建房补助费也超过了。这不符合水电部黄河规划委员会关于“因形成水库引起损失和迁移恢复而进行的措施费用，由水利枢纽工程部门负担；结合迁移恢复工作而进行的改善或扩建措施的费用，由各有关主管机关负担”的规定④。

同时，移民工作检查组发现潼关县移民房屋结算方法不够合理。其办法是：按照每 3 人一间房，结合支数分配；依据库区房屋处理款（补偿价和残料价）确定房权。库区房屋处理款与安置区房屋造价相抵，能抵几间就确定几间；如果确定给本人的间数不够用时，可以出钱购买，无钱购买者交房租。对无钱购买，而库区房屋处理款不够抵一间房价的，将库区处理款抵作预交房租。这种

---

① 《关于对潼关公社房屋分配及结算办法的批复》（1960 年 12 月 20 日），全宗号 J071，目录号 2，案卷号 14，长期，潼关县档案馆藏档。

② 《三门峡水库区潼关境内 335 米高程移民迁建工作总结报告》（1961 年 1 月），全宗号 J071，目录号 1，案卷号 26，永久，潼关县档案馆藏档。

③ 《潼关县移民安置工作概况》（1966 年 12 月 10 日），全宗号 J071，目录号 2，案卷号 45，长期，潼关县档案馆藏档。

④ 《陕西省农业厅关于潼关县移民迁建收尾工程预算的批复》（1963 年 11 月 22 日），全宗号 J071，目录号 2，案卷号 33，长期，潼关县档案馆藏档。

办法，未按省规定补给工料差价补助费，移民吃了亏。对贫困户也未评发建房补助费。尤其以库区房屋处理款预交房屋的办法更是错误的，移民有意见。由于采取预交房租的办法，有149户移民将库区房屋处理（19469.56元）预交了房租。移民反映："几个月或几年后，房、钱两空"。港口有26户移民将库区房屋处理款领回，不要房屋①。

针对上述问题，移民工作检查组提出：

集体单位房屋结算办法，可按照农村移民房屋的结算办法处理。但属于扩建部分不补给工料差价补助费，原则上由各单位按新房造价付款；如有困难者，可将扩建部分的房权确定给多房户，由集体单位租赁使用。民房的结算办法，亦可按照农村移民房屋的结算办法处理。对世居潼关的少房户或无房户，应分给房屋，经济确有困难者，通过群众民主评议予以减免。非世居户和机关厂矿职工家属不应无代价地分得房屋，保持原库区时的租赁关系。对移民单位已收的房租，应在房权确定后，全部退给房屋所有者本人。②

城镇房屋结算工作是一项复杂的工作，其涉及有多房户、少房户、无房户，有世居户、有库外户，有机关、学校，有全民性质的、公私合营的，也有合作的，有新房新料、新房旧料，有"大跃进"中建的，有"大跃进"以后建的，情况错综复杂。潼关县在缺乏工作经验的情况下，学习了外地经验，在实践中探索方法，主要是在摸清经费底子的基础上反复算了大账，提出了房屋调整结算的各种办法进行对比，最后通过县人委行政会议讨论，确定了按人分房，计算工料差价，按钱结算适当照顾的办法③。此次房屋结算在秦岭巷进行了试办，核实了移民人数，登记了房屋，分类评议了房价，提出了房屋调整的初步意见，但因劝返白水移民，暂停了此项工作。对此，潼关县移民局计划集中全力搞一次城镇房屋调整结算工作，争取在1963年底前将城镇移民房屋调整结算工作基本完成④。

1963年10月22日，城镇移民房屋结算工作从新城镇全面展开。为了使房屋结算工作顺利进行，潼关县人委对房屋结算和确定产权作出一些政策规定：

---

① 《关于潼关县城镇迁建情况和今后房屋清洁工作意见的报告》（1962年12月25日），全宗号J071，目录号2，案卷号33，长期，潼关县档案馆藏档。

② 《关于潼关县城镇迁建情况和今后房屋清洁工作意见的报告》（1962年12月25日），全宗号J071，目录号2，案卷号33，长期，潼关县档案馆藏档。

③ 《潼关县移民安置局关于移民安置工作的情况报告》（1963年9月13日），全宗号J071，目录号2，案卷号28，长期，潼关县档案馆藏档。

④ 《潼关县移民安置局关于移民安置工作的情况报告》（1963年9月13日），全宗号J071，目录号2，案卷号28，长期，潼关县档案馆藏档。

一、关于结算方法问题。新城镇移民房屋，虽做过部分结算，但原定房价高低悬殊，而且是按大账分摊，未除耗损，也未付给工料差价补助，不够合理。这次采取普遍评议等级，逐等选出标房，根据标房造价，逐户清算房账。对于欠款户确因贫困、无力交纳，经过评议予以减免，通过“三榜定案、确定房权”的办法结算房屋。在新城镇的房屋评等、选标、计算情况列表如下①：

潼关新城镇房屋（民房）差价补助费一览表

房屋等级	总间数	条件	安置区初结每间平均造价	库区每间平均造价	迁移区、安置区房价相差金额	合计差额
特级	102	带走廊的全新料房屋	1173.24	475	698.24	71220.48
1	167	和平东路、七道檩、入深大、工料多、活路细、位置适中、全新料房、根角好、带尾巴房	772.88	389	383.88	64107.96
2	118	和平路丁字房、东西方向、全新料房、活路较好	479.18	339.02	140.16	16538.88
3	745	砖多、开间大、檩好、工细、地点较适中、坯硬山、七道檩	334.62	304.73	29.89	22268.05
4	541	土木结构、开间一般、檩条均匀、砖柱、木柱、梠檩好	321.58	281.45	40.13	21710.33
5	244	木桩、间口大、封山、活路较粗、位置偏僻	289.71	254.69	35.02	8544.88
6	156	木桩、间口小、2.5 米以下、封山、活路较粗、料劣	286.57	238.02	48.55	7573.80
合计	2073					211964.33

① 《县人民委员会关于城镇移民房屋结算当中几个具体问题的指示》（1963 年 11 月 12 日），全宗号 J020，目录号 1，案卷号 243，永久，潼关县档案馆藏档。

各等标房工、料差价试算情况表

房屋等级	标房地址	原初结造价（元）	现核造价（元）	库区造价（元）	每间应补工料造价（元）	合计应补差价（元）
特级		102	475	475		
1	和平路	475	439.77	367.43	59.29	9901.43
2	和平路三幢	405	394.30	339.02	55.69	6571.42
3	东风巷八幢	347	362.42	307.73	58.69	44369.64
4	书院巷九幢	313	332.76	281.45	51.09	26515
5	超英巷四幢	309	304.78	254.69	50.09	12773
6	超英巷八幢	284	286.61	238.02	48.60	7589
合计						107678

二、关于房屋分配及确定产权问题。根据原城镇无房户多、有房户少和多房户房屋又比较集中的特点，原则上凡移民户保证均有房住，以人口多少、支数多少、原库区房屋多少来确定房屋。对多房户采取“以钱折房”，根据原库区房屋评价多少，确定房屋间数，不足一间者可以领取现金（不保证原库区房屋间数）。对于少房户采取“房屋以间顶间”（小房两间折一间大房），不论原住草房还是瓦房，都以间顶间，原库区有几间，就分配几间。如确系困难户，拿不出房价者，予以分期归还或减免，以资照顾。对于无房户，也根据人口多少、支数多少，分配给同样的房屋，但不确定产权，仍以租赁关系处理。对于一些城市贫民、世居户确实无力偿还房价和租金者，经民主评议给以减免。

三、对于集体单位和国家机关，除原库区房屋和群众同样付给工料差价补助费外，多余房屋按市价折款找补或将房退回，由移民局另行分配。如确属需要，移民经费内有可能时，集体单位可以用租赁关系处理，国家机关由移民经费内统筹解决。

四、在保证移民中有房户和无房户房屋分配外，非移民也给以适当安置。如有多余房屋，无房户也可以出钱购买。但应按市价不能享受差价补助费。

五、对库外移民，如有领走房屋折价等费用，可不予分房。如原已分配房屋，应视移民费情况，或以房顶钱，或以钱顶房。

六、因事领走房款，现在还住新房，应视其具体情况分别对待，如原属生活困难，领走房款，愿将原房款交回，仍按移民看待。如属其他原因，不予照顾。

七、对于赠送房款，一般应按原赠送人一户计算，如赠送人房多，赠送后仍够自己使用，可以分开。

八、对于移民后分家户，仍按库区情况，以一户计算。

九、在调整房屋过程中，对部分户搬家，给 15 元以下的搬家费①。

按照上述政策规定，全城镇民房 2073 间，经过民主评议、分类、数标、挂等，求出了工料差价补助费。这次结算 529 户 1350.5 间房屋，补助工料差价 237297 元，平均每间房补助差价 115 元，（新房原造价 843744 元，现评价 606447 元）。另外，对 466 户无房移民进行了适当安置，基本完成了住房的调整。分户算账和欠款户的减免工作还在进行②。这次房屋结算工作也没有按期结束，存在着以下问题：

一、关于结算问题。房屋结算本着“既不浪费国家资财，又要照顾移民利益”的精神进行，对有房户的政策是“间对间”（库区大房一间在新城镇确定产权一大间，库区小房两间在新城镇确定产权一大间），参考支数、辈数、钱数，确定产权，找补差价。对多房户，是以钱折房（库区房价在新城镇能折几间就折几间），确定产权。全城镇 500 多户有房移民中，共确定产权 1300 多间，共需补给工料差价 23 万多元。大多数有房户都结算过，但还有少数人尚未结算。这些人不愿结算的原因是想利用移民身份来占国家的便宜，如有的人库区是两间小房，按政策只能给他结算一大间房，但他不同意，不给确定两大间房的产权就不结算。有的人库区房价少，非要结算房屋等级高、价钱大的房子，不然也不结算。有的产权少、人口少而住的房过多，叫他腾出一间，他也不愿意，也就不愿意结算。还有些人自己一算账，要给国家交钱，因此连账也不算了。

二、搬家问题。搬家工作持续将近一年了，全城镇只有 30 多户搬家了。其原因是多方面的，原来的规划中，搬家的户数过多，而多数群众不愿意搬。部分人挑拣地区和想多占房子。不少人自己没有房，却非要住宽敞的房子不可。甚至少数人（包括个别干部在内）不经移民局允许，就搬进被移民局分配出去的空房里去。个别群众住着有房户的房，却不认房主，说：“移民局叫我住这，我认你是老几！”

房屋调整工作运用了在港口结算的经验，并且通过重点试办，提出了新的解决原则、方法。这些原则、方法经县人委行政会议通过。调整原则是基本不

① 《县人民委员会关于城镇移民房屋结算当中几个具体问题的指示》（1963 年 11 月 12 日），全宗号 J020，目录号 1，案卷号 243，永久，潼关县档案馆藏档。

② 《县人民委员会关于一九六三年移民工作总结报告》（1964 年 2 月 28 日），全宗号 J020，目录号 1，案卷号 238，永久，潼关县档案馆藏档。

动、个别调动。具体来说：第一，关于留公房的问题，要整幢的留，东风巷第六、七幢，和平路南边和北边路西几幢，丹凤巷公安局背后一幢，潼关中学对面临街一幢，其余的能留整幢就留整幢，如果搬家户多，就不勉强留，可以把公房分散安排。第二，多房户和库外户的房子，本着“一户一处”的原则，但如引起多户搬家，对他们自住的多余部分，就可以在附近给以确定。第三，少房户和无房户占用房子过多，如一个人住两间，一定要调整，要是稍多或者稍少，就一般不动。第四，要求调整地区的，如果确实需要，而且有条件，就给以照顾，不然就不能照顾。否则就会因照顾一家而引起多家的麻烦。

三、房租问题。很多人住房不愿意交房租，有些人几年不交房租，如潼关中学赵可生三间房子住了几年，房租分文不交。有的人不但不交房租，还要多住房。有的人不经移民局允许就住房，走时不等移民局清理房租就搬走①。

为了彻底解决上述问题，做好移民安置工作，潼关县移民局计划：1964 年集中主要力量开展城镇移民房屋结算工作，争取在年底完成此项工作。

1964 年上半年的房屋结算工作并不顺利，由于少数群众，特别是部分干部职工挑选地区思想严重，几经动员拒不搬家，致使整个调整工作陷入瘫痪状态②。房屋调整规划中，有的不适当地照顾了多房户，而对无房户，则往往照顾不到。1964 年变更后的方案，则纠正了上述偏向，并强调不能歧视无房户，对某些不给无房户租房的多房户进行了严厉的批评。

1964 年也未能按期完成房屋结算工作，移民安置局总结了其原因：“城镇移民房屋结算后期进行的调整工作之所以持续一年多还没有结束，一方面是原规划有些脱离实际，脱离群众；另一方面也是由于我们‘撤兵’过早，以后又以少数力量搞搞停停、停停搞搞，结果不但群众有意见，而且拖住了部分干部的手脚，影响了其他工作。”③

鉴于上述情况，移民安置局作出 1965 年移民经费结算工作计划：县四级干部会后，以一个月的时间，集中力量结束新城镇房屋调整工作，然后全力以赴搞后靠移民经费清结。再逐社逐队进行返陕移民经费结算。到 10 月份开始新城镇机关单位的房屋结算。由于此项工作既复杂又无经验，届时需要上级在人力

---

① 《在新城镇移民代表会上的报告》（1964 年 11 月 27 日），全宗号 J071，目录号 2，案卷号 41，长期，潼关县档案馆藏档。

② 《1964 年上半年工作报告》（1964 年 7 月 15 日），全宗号 J071，目录号 2，案卷号 40，长期，潼关县档案馆藏档。

③ 《潼关县移民安置局一九六四年移民安置工作总结报告》（1965 年 2 月 7 日），全宗号 J071，目录号 2，案卷号 40，长期，潼关县档案馆藏档。

上给予援助①。

城镇移民房屋结算一直未能结束，其主要原因是新城镇房屋调整工作未彻底搞完。根据“基本不动、个别调整”“先移民后干部家属”的原则，② 1965年继续新城镇移民房屋结算工作，主要是：一、给经济手续已清的有房户发产权证；二、动员迟迟不来的欠款户清结手续；三、彻底清理房租。工作中改变了过去的大调整做法，代之“基本不动、个别调整”，由于要求明确，方法对头，阻力减少，工作进度加快。全城镇470户有房移民已经结算手续的400户，产权调整户复算34户，外地户结算81户，合计结算515户，共发给房屋产权证192户。全城镇无房移民472户，绝大部分欠房租手续已彻底清理，已收房租3795.58元，维修房屋从中开支了173.35元。

1965年房屋结算工作虽然解决了过去存在的问题，但还有不少移民没有结算，仅新城镇70余户有房户未算账，20余户需复算，算了账的欠款户也未催交欠款，困难户的减免工作以及公共房屋也未清理结算③。

房屋结算工作采取基本不动、个别调整的结算办法，避免了移民大面积搬家，但在结算中还存在以下问题：一、原结算原则是库区有房者给产权，无房者不给，存在问题是多房户以库区认价，全部结算给房屋，没有按移民人、支需要认库区价，多余部分认安置区造价，致使一些多房户占便宜（正进行私房改造工作）。二、一般的户想抓现金，不愿意结算房屋。三、愿意要新城镇和太要的房，不愿意要港口的房，因港口的房质差、地区高、经济来源少而不愿意。新城镇居民愿占中心，不愿意占偏处。四、典当关系的房价有的够，有的不够，原结算时原则上要给房主人，但因房主人不在，又无音信，至今未结算。五、原结算后的欠款户，一般的没有交款。六、城镇内的地主在土改时，将多余的房子分配给贫困户，其政策精神是只有居住权，不给产权，但在结算中已结算给本人产权了。七、新城镇是房少人多，住房有些紧张，原因是原按公社规划建房的，今改为县城，除446户1885人的无房户要住房外，再加上改为县城后，增添的职工、干部和家属的住房问题，形成结算给移民自己的房，由于倒转不开，至今未搬进自己的住房内，并给管房单位造成了每日给要房的人回话。八、

① 《潼关县移民安置局一九六四年移民安置工作总结报告》（1965年2月7日），全宗号J071，目录号2，案卷号40，长期，潼关县档案馆藏档。

② 《潼关县移民安置局关于1965年移民安置工作的安排意见》（1965年3月12日），全宗号J071，目录号1，案卷号62，永久，潼关县档案馆藏档。

③ 《潼关县移民安置局一九六五年移民安置工作总结报告》（1966年1月12日），全宗号J071，目录号1，案卷号62，永久，潼关县档案馆藏档。

想多住房住好房，但不愿意交房租①。

机关房屋5600间结算也存在以下问题：一、由于原负责迁建的人来自各单位，加上经费安排上不一，有的是移民局直接负责建成，如县人委、公检法等单位。有的是将经费放到口，如工交口，有的是又归口又直拨，如文卫口。还有财贸口，仅给了残料补差价，由本口上级拨款，自己建成。同时在迁建人员上，先后进行更换和调动，形成经费混乱，无账又无人如工交口。二、有的库区无房或少房，到安置区后盖房、盖好房，如缝纫社，库区仅有一个灶火棚，拆了几十元，到安置区盖了楼房。三、库区无房单位，到安置区住房，始终未收过房租如印刷厂、木器社等集体单位。四、占用居民住房，如商业部门占用和平路南头西边新盖的居民房，又如编织社占用丹凤巷的居民房②。

房屋结算从1960年开始，七年时间内除居民已做过结算外（但不够彻底），而机关单位始终未结算。机关房屋结算办法不多，也没有经验，为此，省、专组织的工作组，在各县复查结算后，来潼关县帮助机关单位进行房屋结算，还复查了城关、太要、港口三个集镇的房屋结算工作。

首先，对部分机关单位进行了初步结算。原对城镇机关单位旧房是按照房屋的实际造价，参照使用年限、新旧程度折算，并略高于折成价的原则，确定补偿价的。如县医院库区房屋每间的残料补偿价为1130元，安区每间造价才928元，安区、库区相抵每间盈余202元。因而在结算办法上采取间对间（控制建房数量），安区、库区价格相抵，多退少补的办法。从实际出发，对24个全民所有制的机关、事企业、学校、11个集体所有制的合作组织进行了结算。这些单位库区共有房屋864.5间，其中大房644.5间，小房220间。安置区共建房屋1478.5间，其中楼房252间，砖木房466间，砖木土房760.5间。库区的残料补偿价为359093元，安置区房屋的实际造价为1127249.14元。这些单位总欠款768156.14元，其中21个单位库区无房，安置区共建房242.5间，欠款146635.99元。商业系统拨给残料补偿价199047元，尤其自行包干修建，采取以拨代支，不再另行结算（只剩工交口账未清，房未结）③。

其次，对城关、太要、港口三个居民点的房屋结算、房权的分配情况进行

① 《潼关县移民安置工作概况》（1966年12月10日），全宗号J071，目录号2，案卷号45，长期，潼关县档案馆藏档。

② 《潼关县移民安置工作概况》（1966年12月10日），全宗号J071，目录号2，案卷号45，长期，潼关县档案馆藏档。

③ 《关于潼关县城镇移民经费清结和复查工作进度情况的汇报》（1967年2月1日），全宗号J071，目录号1，案卷号66，永久，潼关县档案馆藏档。

摸底。这三个集镇共安置移民1330户5448人，建民房1723.5间，建公房886.5间，共2610间，每人平均0.48元，其中有房户797户建房1723.5间，已经结算677户1544间，未结算的有120户179.5间。

原来在结算方法上，把房屋分为六个等级，如新城关共结算2073间房屋，其中一等为208间，每间定价为860元，移民负担417元，国家认差价443元；二等房179间，每间定价为706元，移民负担340元，国家认差价366元；三等房745间，每间定价334元，移民负担296元，国家认差价38元；四等房541间，每间定价为321元，移民负担274元，国家认差价47元；五等房244间，每间定价295元，移民负担247元，国家认差价48元；六等房156间，每间定价286元，移民负担218元，国家认差价68元。全镇移民房屋总造价为843744元，每间平均407元，国家应认差价237297元，每间平均115元，移民负担每间平均292.5元。经过对原来结算办法和核定的房价进行审核，认为基本可行。

这次复查虽然做了不少工作，但遗留工作量还很大。因此，为了完成遗留工作，潼关县移民局提出了以下几条意见：

一、经费、物资上大量的空白单据和各种物资的亏损，库存物资与账面的核对，须要结合四清以及下段工作继续彻底核对清楚。

二、机关单位结算后，应继续和各单位落实。欠款的处理，应和各单位协商后提出方案，经县行政会议研究确定，应收回的，可分批分期收回。工交口的账必须彻底清查，按照机关单位结算办法予以结算。

三、城关、太要、港口居民的结算复查，应在原结算的基础上，全面地摸清情况，核定移民人口、阶层、政治面貌和库区的经济情况，以及安民房权分配的是否合理。坚决纠正多建房的现象。如有什么问题，就解决什么问题。在摸清情况的前提下，分类排队，按照政策，具体解决。对未结算的居民按原结算的六个等级评价挂钩，张榜公布，限期落实。倾斜、裂缝、倒塌的房、墙应区别情况，分清责任、性质，应由政府负责的，国家给予维修，应由各户负责的，讲清道理，自行解决。机关单位多占的民房，应由县人委研究，在最短时间能够腾出的要腾出来，以解决群众住房紧张的实际困难。

四、县上要求，明春省、专能继续来人，协助潼关县完成尾留复查结算任务①。

---

① 《关于潼关县城镇移民经费清结和复查工作进度情况的汇报》（1967年2月1日），全宗号J071，目录号1，案卷号66，永久，潼关县档案馆藏档。

第九章

回水塌岸移民与自迁移民

1960年至1972年，潼关县迁移安置回水塌岸移民，处理了回水塌岸移民财产，清理了回水塌岸移民经费。在此期间，有些移民没有去国家指定的安置点自行迁移。潼关县按照上级要求对这些自迁移民做了处理。

第一节 回水塌岸移民

1960年6月11日、6月12日，潼关抽出移民干部4人专门将移民地区的具体情况进行了勘察摸底，在三门峡塌岸工作组目测的基础上做了再次调查，并于6月14日在党委会议上进行了讨论。塌岸区包括公庄、吊桥、先锋、十里铺、西北五个队的部分地区，共计512户2386人，其中危险区有十里铺的西村、沟西两个村，先锋队12小队和七里村、吊桥等一些零散户126户537人。另外，外迁公联社库区遗留户8户21人。总共520户2407人都必须在拦洪前迁移出库区①。

1960年10月，三门峡水库竣工，进行蓄水。黄河水进入老潼关城，各条大街被水淹没，潼河里行船停泊。三门峡水库拦洪水位要达到337米，比现有的水位高5米以上，因此，在335米至337米内的居民在汛期前必须全部迁出库区②。塌岸区牵涉两个公社（港口与高桥）以及五个生产大队（西北、十里铺、先锋、吊桥、公庄）共13个自然村。这些村庄居民住宅位于库区边沿，拦洪蓄水后全部有倒塌沉陷的可能，根据库区水位上升情况，经公社与生产队勘察，初步确定库区边沿13个村庄全部迁移，以防遭受倒塌的危险。

---

① 《关于潼关移民工作的报告》（1960年6月21日），全宗号J071，目录号2，案卷号14，长期，潼关县档案馆藏档。

② 《潼关公社1961年春季移民工作安排意见》（1961年2月13日），全宗号J071，目录号2，案卷号16，长期，潼关县档案馆藏档。

1961年春，潼关县既要结束335米高程的移民迁安工作，又要完成335至337米的移民任务。全社335米至337米以内的移民涉及3个管区4个生产队的13个自然村，共计504户2419人，计划采取分散插队和集体安置两种办法安置，其中南头管区400户1947人，西北生产队274户1335人为集体安置，在学坡、小塬上和小塬坡根三个地区建立新村，十里铺生产队的东地、沟西、西村126户612人分别在东马、凹里生产队插队安置。港口管区先锋队73户308人，除小寨子集体安置32户130人外，剩余41户178人后靠本队分散安置。高桥管区41户164人，除2户8人安置于港口管区金联生产队外，剩余39户156人全部在本管区各生产队后靠安置①。

1961年8月，潼关恢复县制后，制定了《潼关城镇、农村移民及恢复县制工作安排意见》。该《意见》指出：由于三门峡水库拦洪蓄水，靠近河边的农村塌岸地区必须迁出，安置移民481人，其中已迁未安63户235人，急迁任务51户246人。需要建房6365平方米，折合房屋401间（包括吊桥、十里铺两所学校需要建房70间）。拦洪前，由有任务的公社和生产队负责将塌岸区移民、物资、木料全部迁出危险区，并做好移民安置规划②。

各塌岸公社根据任务大小、地理条件，在不降低移民原生活水平、海拔必须在350米高程以上、有利生产的原则下，初步确定安置庄点。港口、高桥公社根据8月份移民委员会的移民任务，提出移民迁移安置规划：

一、港口公社：西北生产队的沙坡小队21户110人，全部迁安于二层塬上。十里铺生产队的东地队44户254人以及沟西、西村两队92户434人，共136户688人全部安置于七里村南的二层塬。

二、高桥公社：吊桥生产队的七小队和十二小队31户146人，全部迁安于金坡队坡根。八小队24户107人全部迁安于张尧生产队。九队和十一小队有74户321人，全部安置于二层塬。十小队25户107人，全部安置于列穴沟口。公庄生产队的三小队47户212人，安置于二层塬上。四小队的仁义堡36户138人迁安于本队的南城子。

除上述移民安置规划外，高桥、港口公社提出各自的迁移人数：港口公社西北、十里铺两队157户798人，先锋队73户308人，合计230户1106人。高桥公社吊桥队154户681人，公庄队83户350人，合计237户1031人。另外，

① 《潼关公社1961年春季移民工作安排意见》（1961年2月13日），全宗号J071，目录号2，案卷号16，长期，潼关县档案馆藏档。

② 《潼关城镇、农村移民及恢复县制建房工作安排意见》（1961年8月24日），全宗号J071，目录号1，案卷号26，永久，潼关县档案馆藏档。

七里村已迁未安移民 17 户 44 人，总计秋后迁安任务 349 户 1615 人，比原计划（114 户 481 人）增加 235 户 1134 人。

根据高桥、港口公社移民迁安规划，潼关 1961 年冬、1962 年春的移民任务为 484 户 2181 人，将全部在县内后靠安置。这项任务完成后，农村塌岸移民基本结束，仅留西北队和十里铺队的南斜、南壕小队，以后看情况移民①。

潼关移民委员会同意港口、高桥公社所提的安置意见，安置移民不打乱原生产组织，照顾群众习惯，安置后每人平均土地 3 亩以上（个别队不足 3 亩，有水地补给）②。

12 月 9 日，陕西省人民委员会同意潼关塌岸区沙坡、东地等八个村庄、三所小学 1962 年汛前迁移居民 253 户 1178 人，拆除房屋 1043 间的意见。在迁移时，应本着先建后迁的原则，充分征求群众意，认真做好动员和组织工作，使所有移民得到安善安置③。至此，潼关县回水塌岸区移民村庄、人数确定下来。

在省人委批准潼关塌岸区移民任务后，潼关县作出决定：库区边沿的西北大队沙坡村 27 户 114 人，十里铺大队的东地 46 户 256 人，沟西村 32 户 151 人，西村 60 户 287 人，七里村 8 户 26 人，吊桥大队的五里铺 11 户 64 人，东北星 26 户 105 人，西舍 43 户 175 人，共 8 个村庄 253 户 1178 人，全部迁移安置。这些村庄迁移的同时，对 335 米高程遗留农业人口，其中先锋队 61 户 284 人，公联队 11 户 24 人，先进队 3 户 18 人，共 75 户 326 人亦应算作任务，一并迁出安置。

潼关县根据省塌岸查勘工作组意见，确定沙坡村安置在村正南马锋沟口，东地村安置于东地端南小坡沟口，沟西、西村小学安置于端南小坡口，七里村分散插队，高桥公社的五里铺安置于东寨子附近，西舍村安置于正南二层塬，东北星安置于张尧队，小学安置于正南塬下、西寨子附近，先锋、先进、公联遗留人口，分散在队内后靠安置④。

1962 年 12 月，塌岸的四个生产大队、八个村庄、三所学校，253 户 1178 人。连同 335 米高程遗留的农业人口 75 户 326 人，共 328 户 1504 人。这些移民

① 《关于 1961 年下半年移民和安置点的意见》（1961 年 9 月 12 日），全宗号 J071，目录号 1，案卷号 26，永久，潼关县档案馆藏档。

② 《移民修建工作中提请人委行政会议研究的几个问题》（1961 年 9 月 17 日），全宗号 J071，目录号 2，案卷号 16，长期，潼关县档案馆藏档。

③ 《省人民委会关于三门峡水库潼关塌岸区移民问题的批复》（1961 年 12 月 9 日），全宗号 J020，目录号 2，案卷号 131，长期，潼关县档案馆藏档。

④ 《潼关县人民委员会关于高桥、港口公社塌岸移民任务的通知》（1962 年 1 月 17 日），全宗号 J020，目录号 2，案卷号 148，长期，潼关县档案馆藏档。

除已迁移安置93户438人外，还有235户1066人未迁①。

1963年，回水塌岸村庄，上级共批准迁移8个，连同335米高程遗留农户，共328户1504人。迁移安置了258户1215人，2个村庄（沙坡、西社）70户289人，因回水塌岸影响不大，没有进行迁移。已迁的移民，建起新房853间，占总任务1203间的70.9%，并有160户904人搬进了新房②。

1964年，全县8个公社69个大队245个生产队以及新城镇等地区，安置移民3006户14051人，其中内迁2239户10644人，塌岸258户1215人，塌岸迁移补批的硷坡村21户107人，返陕移民488户2085人（1964年新安置3户20人）。建房7716间，其中给内迁移民建房5605间，给返陕移民建房1258间，给塌岸移民建房853间。2821户11284人住进新房③。

在回水塌岸移民后靠过程中，高桥公社公庄大队碱坡村21户107人是未经上级批准自行后靠的。该村高程在338米至339.5米，由于1960年至1961年库区三次蓄水，河岸不断倒塌，距村庄不远，群众思想不安，对生产也有一定影响。1961年12月省人委批准潼关县后靠安置塌岸村庄8个村（无碱坡村），该队干部多次提出，三门峡库已形成，迟迁不如早迁，并征得公社同意，后靠到该大队附近的二层塬上，但没有补助经费。因此，1964年潼关县提出：该村确属塌岸地区，而且已经迁移后靠，请予以补批④。同年7月，渭南专署批复，同意按回水塌岸区居民迁移看待，每人按70元建房补助费，由县掌握使用。以后未经批准不得迁移⑤。

1964年9月，陕西省水利厅三门峡管理局制定了《陕西省三门峡水库335米以上回水影响区1965年至1970年移民规划初步意见》。该意见指出，潼关后靠的村庄有4个，分别是沙坡村21户，西社村68户，西城子30户，仁义堡29户，共148户740人。计划1966年迁移370人，1968年迁移370人。沙坡村在三门峡库区移民前自行后靠，1964年后因回水塌岸没有对该村造成威胁，没有

① 《潼关县一九六二年移民安置工作总结报告》（1962年12月18日），全宗号J020，目录号1，案卷号219，永久，潼关县档案馆藏档。

② 《县人民委员会关于一九六三年移民工作总结报告》（1964年2月28日），全宗号J020，目录号1，案卷号238，永久，潼关县档案馆藏档。

③ 《潼关县移民安置局一九六四年工作总结报告》（1965年2月7日），全宗号J071，目录号2，案卷号40，长期，潼关县档案馆藏档。

④ 《县人民委员会关于补报未批已迁塌岸后靠移民的请示》（1964年6月1日），全宗号J020，目录号2，案卷号210，长期，潼关县档案馆藏档。

⑤ 《专署关于潼关县未经批准迁移了回水塌岸区居民问题的批复》（1964年7月15日），全宗号J020，目录号2，案卷号219，长期，潼关县档案馆藏档。

再后靠。但在落实移民扶持政策时，上级部门同意按移民村对待。西城子有5户移民随碱坡村后靠到半塬，西社村和仁义堡均没有后靠①。

1967年9月，港口公社凹里大队四队（第一寨）和五队（远望沟口）及市民，共44户244人（其中返陕移民5户20人）。由于黄河主流南倒，浸没塌岸严重，群众心慌不安，多次赴县、找社要求解决他们的迁徙问题②。1968年11月，陕西省革命委员会在给渭南专区革命委员会《关于三门峡水库回水影响区1968年居民迁移的批复》中，同意凹里大队四队后靠。

1970年9月，港口公社十里铺大队三队社员35户219人，因河心淤泥，河水冲刷，塌岸严重，公社、生产队多次要求迁移③。潼关县革委会生产组向渭南革委会生产组提出：全队35户219人，除3户18人住南壕村暂时不迁移外，急需迁移32户201人。经渭南地区革委会三门峡库区管理局、港口公社、十里铺大队派干部共同勘察，同意后靠。后靠的移民能耕种本大队土地，平均每人以80元计算共需16080元。全大队175间房屋，房屋迁建共需补助木材20立方米④。

1970年12月，渭南地区革委会生产组批准港口公社十里铺大队三队31户196人迁移安置，并按人数下拨经费9800元（每人补助50元）⑤。1972年7月，十里铺大队三队后靠4户39人（离河岸太近，有塌岸危险），并划拨经费1950元⑥。回水塌岸移民工作到1972年结束。

第二节　自迁移民

在移民迁移安置过程中，大多数移民一般按照国家移民要求迁移到国家指定安置点，但有些移民没有去国家指定的安置点，而是自行迁移。如一些移民

① 政协潼关县委员会．潼关移民档案［M］．北京：中国文史出版社，2016：177-178.

② 《关于港口公社凹里大队四、五队浸没塌岸情况的报告》（1967年9月15日），全宗号J071，目录号2，案卷号50，长期，潼关县档案馆藏档。

③ 《关于港口公社十里铺大队三队因黄河冲刷急剧塌岸急需迁移村庄的报告》（1970年9月10日），全宗号J071，目录号2，案卷号54，长期，潼关县档案馆藏档。

④ 《关于港口公社十里铺大队三队因黄河塌岸社员急需迁移的报告》（1970年9月24日），全宗号J071，目录号2，案卷号54，长期，潼关县档案馆藏档。

⑤ 《关于三门峡库区回水塌岸移民的通知》（1970年12月26日），全宗号J071，目录号2，案卷号54，长期，潼关县档案馆藏档。

⑥ 政协潼关县委员会．潼关移民档案［M］．北京：中国文史出版社，2016：178.

与其父、母、妻、子分居两处（库内库外），并有房屋、财产可以维持生活者，取得亲属本人及当地政府同意后准其回原籍自行迁移，愿回原籍安家户者，经与原籍政府协商同意后，其迁回原籍。还有些移民不愿意迁移到宁夏或白水，在本省或外省投亲靠友，投亲靠友的移民，凡属有赡养关系的，由亲友所在生产队予以安置。其余移民要求投亲靠友，但无赡养关系，按亲友所在生产队安置条件而定，并必须征得亲友所在社、队的同意可投亲靠友①。1956 年至 1962 年，潼关自由迁出和返回原籍 2265 人②。

潼关县 1958 年移民时遗留 10 余户未迁往宁夏，先后在 1959 年至 1960 年自行迁移。三门峡蓄水前进行勘察库区均无房屋，故未列入回水塌岸移民。1962 年宁夏移民返回安置，这些自迁户来信要求补偿他们。经潼关县移民安置局研究，由于水库形成，原住址不能居住，非迁不可应该补偿等，决定划拨补偿指标，按 1963 年 3 月 4 日署移字第 044 号“关于财务工作中几个具体问题的处理意见”的通知第二条：库区移民未按国家指定地点迁移安置，未经批准拆除自己的房屋，因而未付房屋补偿费，现在给与不给，各县应将其详细情况了解清楚（户数、房屋间数、补偿价款多少）专案上报再作研究。潼关县将遗留 10 户房屋 37. 5 间，补偿款 2586 元列表上报渭南专署，请示批准拨款③。

渭南专员公署移民安置局批准了潼关县的请求：“关于所报五九至六〇年有十户自行迁移的外迁遗留户移民，申请补发房屋补偿价问题。经研究，同意付给补偿价 2586 元，可列入自迁户在年终随决算报销，不另拨款。”④

1962 年 9 月，潼关县人民委员会对移民迁安工作中自迁移民提出处理办法：

原在迁移中返回原籍的自由迁移户（包括宁夏移民与县境内后靠移民），现重返回库区要求安置的，一律不再安置。对于原迁至宁夏的公联、古槐生产队移民未取得合法手续自行返回山东、河南等地，现在又返回库区要求安置的，可暂按盲流人口予以处理，待摸清情况后，再区别对待。凡在原籍已经安置的，

---

① 《县人民委员会关于对“移民迁安工作中若干问题处理意见”的通知》（1962 年 9 月 8 日），全宗号 J020，目录号 2，案卷号 148，长期，潼关县档案馆藏档。

② 潼关县城镇迁移居民 2239 户 10644 人，其中在新城镇安置 5994 人，港口安置 2116 人，安置在太要镇 269 人，自行迁移与返回原籍 2265 人。见《关于潼关县城镇迁建情况和今后房屋清洁工作意见的报告》（1962 年 12 月 25 日），全宗号 J071，目录号 2，案卷号 33，长期，潼关县档案馆藏档。

③ 《潼关县移民安置局为请示回水塌岸自迁户拆除房屋补偿的报告》（1963 年 6 月 1 日），全宗号 J071，目录号 2，案卷号 26，长期，潼关县档案馆藏档。

④ 《关于自迁户房屋补偿问题的批复》（1963 年 9 月 23 日），全宗号 J071，目录号 2，案卷号 26，长期，潼关县档案馆藏档。

不再接安，目前原籍确系没有安排，继续到处流浪的，可按移民对待。①

陕西省三门峡库区自行迁往省内和省外的移民，只发给库区财产补偿费和所需的路费，没发给房屋迁建补助费和生产措施投资费。从 1962 年以来，不少自迁移民多次来信并派代表赴省和国务院，反映生产、建房有困难，要求发给补助费，为了帮助自迁移民解决生产和建房中的一些困难，陕西省农业厅发出了《关于补发自迁移民建房补助费和生产补助费的通知》，确定每人发给建房补助费 46.4 元，生产补助费 45 元，其发放办法：

一、对自迁移民人数应严格审查，以 1961 年各县向省报告的定案数为准，不得超过。各县对移民个人应以“自迁证”上的人数为准，以后“生不添，死不减”。

二、自迁移民不论省内或省外，凡安置在农村的一律按上述标准发给建房和生产补助费。安置在城镇的，只发给建房补助费，不发生产补助费。建房补助费发给移民个人，生产补助费发给移民所在地生产队扶持发展集体生产。

三、领款办法：本省的自迁移民可持自迁证明和所在地人民公社或机关的介绍信，到迁出县移民局领取建房补助费。生产补助费可由各迁出县移民局寄给安置移民的生产队。自迁在省外的移民，由迁出县移民局核实人数，编造清册，报专署移民局审查汇总，然后由专署移民局按此标准和山西、河南等有关省联系汇款，请他们帮助移民建房和发展生产。

四、补发自迁移民建房、生产费所需的经费，先从各迁出县原自迁户经费指标中开支，不足部分由专署移民局编造预算报厅审批②。

几年来，移民人数变动很大，有生有死，有的户口在外，有的移民在外，还有混入移民人数以内的，也有盲流人员混到安置区的，加之由宁夏返回的移民，有不少外流，返回要求安置。对此，渭南专署要求，各县核实移民人数，汇总后上报专署移民局审批。核实移民人数的八项办法：

一、凡在库区迁移前（各安置县应按全部迁移结束的时间划分界限）根据正式户口进行迁安对口者，均算移民人数。

二、凡是迁移前，移民在外人口（包括干部、职工、军人、学生等）均应计算在移民人数以内。

---

① 《县人民委员会关于对“移民迁安工作中若干问题处理意见”的通知》（1962 年 9 月 8 日），全宗号 J020，目录号 2，案卷号 148，长期，潼关县档案馆藏档。

② 《陕西省农业厅关于补发自迁移民建房补助费和生产补助费的通知》（1964 年 3 月 12 日），全宗号 J071，目录号 2，案卷号 41，长期，潼关县档案馆藏档。

三、凡是迁移到安置区后（按各县规定全部迁移结束的时间计算）应按“生不添、死不减”的原则核定移民户的人数。

四、凡是迁移前，自行迁移的户或人，已经在当地移民部门办理过移民财产处理手续者，应计算在迁出县的迁出人数内，但一律不做安置的移民人数，也不能按移民对待。

五、凡是迁前或迁移时，其全家在外，一直没有安家落户，而是借居（如干部、军官、职工）原籍库区的房屋财产等至今未做处理，现在本人要求办理自己的房屋财产等手续时，应由迁出县移民部门，按移民财产处理规定给予办理，可不做安置移民人数计算，只作迁出县的迁出人数计算。本人如果不愿办理财产处理手续，而要求随原迁生产队到安置区落户时，安置区应作移民看待，并计算在移民人数以内。

六、凡是迁移前，没有正式户口的户或人，而在迁移和安置过程中，混入移民人数以内的，一律不做移民对待，不能算作移民人数。

七、凡在迁移前确系漏登的在外人口，经原生产队干部、群众证明，确系漏登在外人口，应补办登记手续，列入移民人数，按移民户的在外人口对待。

八、凡是迁移时，没有户口的户或人，随同（直系、旁系亲属等）有户口的移民，迁入安置区已经四五年，经公安部门审查后，安置区只能立户，但不能作为移民人数，也不能按移民对待①。

陕西省农业厅关于补发自迁移民建房补助费和生产补助费的通知发出后，各有关县在核对三门峡库区自迁移民时，由于界限不清、口径不一，因而错登、漏登自迁移民现象普遍存在。这给发放补助费工作造成一定困难。为了切实搞清自迁移民的人数，合理地发放生产、建房补助费，根据已往有关规定和当前情况，陕西省农业厅又发通知如下：

一、凡在当地迁移期间、取得移民部门批准并办理了正式手续而自行迁往他地落户的三门峡库区居民，可按自迁移民看待。对于家居库外而在库区国家机关、事企业单位工作或学习的职工及其随带家属、学生等，离开库区者不能算自迁移民。

二、自迁移民补助费的标准，应按农业厅（64）农移薛字第6号通知（每人生产补助四十五元交安置队投入集体生产，建房补助费四十六元四角发给移民个人）执行。但对下列自迁移民，应按以下规定办理：

---

① 《专署关于登记核实移民人数几项办法的通知》（1963年3月30日），全宗号J071，目录号2，案卷号33，长期，潼关县档案馆藏档。

（一）对自迁到城镇不从事农业生产的移民，不发给生产、建房补助费。

（二）对已办理了自迁手续，后又由国家重新安置的移民，不发给生产、建房补助费；原发之库区房屋补偿费和残料费应全部收回。

（三）对已办理了自迁手续但一直未离开库区的，或者自行后靠在库区350米高程以下的、盲流外地至今未落户的、自迁后又返回库区的移民，均不发给生产、建房补助费。但对自迁在华阴县境内340米至350米之间的移民，鉴于该县人多地少、350米以上地区安置移民有困难，因之，可发给生产、建房补助费。

（四）对自迁户中的地主、富农，只给安置队发生产补助费，不给个人发建房补助费。

三、迁到安置区后又自迁的移民，原则上按社会迁移处理。本人住房盖成的，由生产队把经济手续结清，房子由本人处理；住房未盖成的（包括对口后未去安置区而由库区自迁的移民），除发给本人库区的房屋补偿费和残料费以外，再参照库区自迁移民补助费的发放办法，只发给建房补助费，不给生产补助费。

四、各移民局接通知后，应据此精神，重新核对一次自迁移民人数。人数核实后，望将结果报专署移民局审查汇总，报厅定案。发放补助费时，对自迁省外的，由专、县移民局将名单和经费转厅，由陕西省农业厅与有关省联系办理。对迁往县内和省内其它县的，由专、县移民局联系办理。另外，迁到宁夏后又自迁的移民，其建房等补助问题，待省与宁夏清结经济手续后再定①。

1964年6月，渭南专署移民局指出：自迁移民的遗留问题是整个移民移工作中不可忽视的一部分，希各县抓紧办理，务必在年底以前结束。凡自迁外省者，由省农业厅与各省联系办理，迁出县可将自迁花名册和经费直接寄省。凡自迁本省各地的，由迁出县直接与自迁移民、安置县（市）移民或民政部门联系办理，户数、人数、现住地址核实后，即应按规定汇款。未查清核实者，应继续派人查清核实②。

1965年，潼关县原计划做好2265人自迁移民补助费的发放工作③，因好多

---

① 《陕西省农业厅关于重新核对自迁移民人数与合理发放生产、建房补助费问题的通知》（1964年9月7日），全宗号J071，目录号2，案卷号41，长期，潼关县档案馆藏档。

② 《关于转发“陕西省农业厅补发自迁移民建房补助费和生产补助费的通知”》（1964年6月23日），全宗号J071，目录号2，案卷号41，长期，潼关县档案馆藏档。

③ 《潼关县移民安置局关于1965年移民安置工作的安排意见》（1966年3月12日），全宗号J071，目录号1，案卷号62，永久，潼关县档案馆藏档。

城镇自迁移民情况不详，住址不清，经过普遍查证，从各方面落实情况，仅给3户返陕自迁移民发建房补助费820元，其他自迁移民的补助费没发放①。

1966年，潼关县对自迁外省移民进行复核缮造名册。名册中有的有省名没县名，有的有县名没省名，表格诸多内容是空白。这些移民的迁出时间均在1959年到1960年之间。经过对这个名册分析统计，潼关自迁外省移民情况如下：河南省174人，山西省68人，甘肃省31人，青海省5人，内蒙古5人，新疆11人，四川14人，河北省4人，北京6人，山东省9人，吉林省6人，江苏省10人，浙江省9人，湖北省15人，以上自迁外省移民共计368人。

省内自迁情况，当时由于工作生疏、预见性不够等原因，对自迁投亲靠友的移民登记工作没有妥善安排。1960年12月间，原渭南县（潼关公社）通知索要移民定案数字，自迁移民数字是由公安派出所迁移证存根进行统计的，并曾在1964年4月26日潼移财字第017号随文报送省内外移民花名册（此花名册无法找到）②。因此，省内自迁移民情况不详。

自迁移民的其他情况，因档案资料没有记载，诸多细节已无从知晓。潼关移民过程中，还涉及铁路系统、关中内河航运公司、潼关水文站等驻潼单位，共约6000余人进行了迁安③。因档案所限，恕无法展开详述。

第三节　处理回水塌岸移民财产

回水塌岸后靠移民的财产处理，采取逐级包干、全部包给安置社的办法，即迁移与安置一个移民，华州外迁安置为292元，潼关、固市、华州社后靠为280元④。

社员个人房屋及生产队集体所有房屋，由迁出公社组织群众评出时值价，记在个人名下。各社补偿指标是：固市74元，华州79元，潼关不高于已处理的房屋补偿价（不包括残料价）。房屋拆除后运至安置区，安置区按每个移民0.8间（包括生产队集体用房0.2间）修建房屋。

① 《潼关县移民安置局一九六五年移民安置工作总结报告》（1966年1月12日），全宗号J071，目录号1，案卷号62，永久，潼关县档案馆藏档。

② 政协潼关县委员会．潼关移民档案［M］．北京：中国文史出版社，2016：192.

③ 政协潼关县委员会．潼关移民档案［M］．北京：中国文史出版社，2016：193.

④ 《三门峡水库坝前水位335米渭南县境内回水塌岸区居民迁移、安置方案》（1960年8月13日），全宗号J071，目录号2，案卷号15，长期，潼关县档案馆藏档。

移民库区房屋补偿价和残料价与在安置区所分配的房屋造价相抵后，多余价款付给本人。安置区分配的新房归社员所有，不足者按住房户的经济情况，由本人偿还，确无条件偿还者，组织群众评议，报公社批准，给予适当减免。分配的新房仍归社员所有，库区个别无房户分配的新房，房权归社有，使用权归社员。新建房屋的结构形式，由公社和群众协商确定。

移民个人在库区的大小家禽和农具、家具及其他物资，尽量带走，带至安置区不合算的东西就地进行处理，但在处理中不得违犯国家政策。

移民在库区的公共建筑如民办学校等，按质量好坏予以补偿，到达安置区后，公社在补偿指标内进行修建。公办学校的房屋及用具由文教局统一登记分配，库区庙宇属于国家所有。祠堂一直为生产队（原农业社）占用的，可作为生产队集体财产处理。土改中分配给农民的祠堂归农民所有，未分配的为政府机关占用者归公有。

移民途中设站物资损坏、赔偿由其他费用开支，库盘清理费用应用于库盘清理，由专人管理，设专账管理①。

1960 年，在动员 335 米以内居民迁移的同时，以生产队为单位，成立财产处理委员会与财产处理小组，对塌岸区的三个生产大队的移民财产进行处理。这次共处理了塌岸区房屋 1692.5 间，补偿金额 120380 元，每间平均 71.13 元，残料金额 81542 元，每间平均 48.11 元。塌岸区的经济林木也按其常年收入作了评议补偿，这次共处理了果幼树 862 株 1877 元，每株平均 2.18 元。另外，在处理塌岸区移民财产时，对 335 米至 337 米水位高程的西北生产大队房屋进行了处理，共处理 1201 间，补偿金额 75535.89 元，每间平均 62.89 元，残料金额 49497.76 元，每间平均 41.21 元，处理果幼树 364 株，补偿价 546 元，每株平均 1.5 元②。

1963 年，原批准的 8 个塌岸村庄，迁安了 6 个村庄 258 户 1215 人，还有 2 村庄 70 户 298 人因回水塌岸影响不大未迁，修建新房 853 间，160 户 904 人住进新房。塌岸后靠移民工作一度抓得不紧，无人负责。一部分移民没给建新房，继续租住别人房子。已建新房的没结算③。

---

① 《三门峡水库坝前水位 335 米渭南县境内回水塌岸区居民迁移、安置方案》（1960 年 8 月 13 日），全宗号 J071，目录号 2，案卷号 15，长期，潼关县档案馆藏档。

② 《潼关公社移民委员会六零年工作情况总结报告》（1961 年 2 月 14 日），全宗号 J071，目录号 2，案卷号 14，长期，潼关县档案馆藏档。

③ 《县人民委员会关于一九六三年移民工作总结报告》（1964 年 2 月 28 日），全宗号 J020，目录号 1，案卷号 238，永久，潼关县档案馆藏档。

1965年，后靠塌岸移民，少数户的房屋仍未建起。十里铺、张尧、五里铺移民经费清而未结，先锋队、硷坡移民未结账，个别移民的房屋未建起①。

第四节　清理回水塌岸移民经费

潼关县回水塌岸后靠移民共4个大队13个生产队258户1215人，加上自迁后补批的硷坡村21户107人，共279户1322人。后靠塌岸移民安置工作从1962年开始，截止1964年，除沙坡、西社和七里村遗留户尚未移可以缓迁外，其余十里铺、五里铺、张尧和335米高程遗留户已基本安置结束②。

1964年3月下旬，潼关县移民局协助港口和高桥公社清理后靠移民经费，发现后靠移民经费结算工作涉及政策性问题较多，各公社在使用和口径也不一。为了在方法、步骤和具体政策上有所遵循，根据专区结算工作几项处理规定和外地有关经验，潼关县移民安置局提出"关于清理后靠移民经费意见（草案）"待修正后，批转港口、高桥公社参照执行③。

3月30日，潼关县人委批准了县移民安置局关于对后靠移民经费清结工作的意见，要求高桥、港口公社加强领导，指定专人，对历年经费使用情况进行一次摸底清理。在清理的基础上做好分户结算工作。应补的及时补给群众，该退的迅速退回。对贪污、挪用的移民经费必须坚决地追回，情节严重恶劣的要按照政策规定给以处分。在清洁经费过程中，一定要发动群众，既要把移民经费清结工作做好，又把移民安置工作做好④。

全县塌岸后靠移民258户1215人（包括335米高程遗留户75户326人在内），规划建房1203间，已经建起房屋852间，全部建成的十里铺、五里铺、张尧大队等。由于原对后靠移民经费使用的具体政策不够明确，致使各地发生执行不够统一，无法进行清理结算。为了及时清理结算后靠移民经费工作，潼关县移民安置局对有关清理后靠移民经费方法、步骤和具体问题处理，提出以

---

① 《潼关县移民安置局一九六五年移民安置工作总结报告》（1966年1月12日），全宗号J071，目录号1，案卷号62，永久，潼关县档案馆藏档。

② 《潼关县移民安置局关于清结塌岸后靠移民经费的意见报告》（1964年3月21日），全宗号J020，目录号2，案卷号210，长期，潼关县档案馆藏档。

③ 《潼关县移民安置局关于清结塌岸后靠移民经费的意见报告》（1964年3月21日），全宗号J020，目录号2，案卷号210，长期，潼关县档案馆藏档。

④ 《县人民委员会批转移民安置局关于对后靠移民经费清结工作的意见》（1964年3月30日），全宗号J020，目录号2，案卷号210，长期，潼关县档案馆藏档。

下几点意见：

一、方法步骤

在大队支部和大队委员会的领导下，建立以大队委员会和生产队委为基础的移民经费清结领导小组，吸收移民中的贫下中农中有代表性、公道、能干的人参加。清洁工作开始首先要宣传政策，发动群众，进行三查：查实人口、查对账目、查对实物，然后依照政策按队、按户算账，三榜定案（核实人数、原评房屋价数为一榜，确定各等工料差价为第二榜，各户清理结果退补减免为第三榜），通过结算使群众明确自己应领国家补助多少，实用了多少，还欠多少，应补多少，并要将集体经费使用情况向群众公布，整个工作争取在一个月左右完成。

（一）在清理账目时，一定要发动群众，公开账目，要将经费使用情况逐项向群众公布，发动群众找差距，揭露问题，要有账、有据、有物三对口（包括用工在内）。

（二）在清理各户账目中要做到三不变：核定人口不变，以批准迁移时间为准，以后生不添、死不减；核定房屋残料、赔偿价不变，不能随意提高、减少；人畜迁移费不变（原是怎样定就怎样办）。

（三）各类标房单价、数量要准确合理，不宜过高，也不宜偏低，工资一般以低于社会工资、高于本队工分值为宜，料不能取高价，但高价买的有据者可适当考虑。

二、有关结算中几个具体政策问题

（一）核定人口的时间以省人委 1961 年 12 月 9 日会办李字 164 号文批复为准，以后生不添、死不减，在外人口只计算直系、有经济往来的亲属，迁移后嫁、娶、入赘的均不增不减。

（二）经费按人头，每人塬上 292 人，塬下 270 元（其中生产投资 72 元，房屋迁建补助费 175 元，迁移费 8 元，公共建筑费 280 元，清库费 8 元，其他 19.2 元）。塬上再增加房屋迁建补助费 16 元，增加迁移费 6 元，其他项目指标和塬下相同，由公社统一掌握调剂使用，但项与项、目与目之间不能调剂，只能在地区、队与队之间。由于距离不同，数量多少不同，在同项同目之间的调剂。生产投资原则上应按人数发给安民大队（即核算单位），安民大队如因增加移民而受影响的小队或照顾移民穷队可掌握不超过 15%的调剂权。补偿费和迁移费、工料差价费按指标到户，房建成后，统一结算，多退少补。

（三）无房户和超支户真正生活困难者，可适当照顾和减免，但无房户照顾每人平均不得超过 80 元补助费。

（四）对于不属于移民事业上的开支概不负责，由生产队自行处理。

……

（十一）建房指标每人平均不得超过 0.7 间，公房不得超过 0.1 间①。

1964 年，曾初步进行清理十里铺、五里铺、张尧三个大队的移民经费，但未彻底处理。张尧移民要求重返库区问题仍未解决。未经处理的港口公社先锋大队 6 个生产队，经费使用相当混乱，问题更为复杂。后靠移民普遍不满移民经费标准降低。因此，除进行经费清理外，还必须做思想工作。此项工作计划从 10 月初至 11 月中旬一个半月左右的时间完成②。

1966 年，潼关县移民安置局指出，塌岸移民曾在 1961 年开始移民，陆续沿至 1963 年，在当时计算人口、指标均以上级指标和原计算的人口逐级下放，因此目前清理还须依据原基础（人口）给其核算，只是指标根据 1964 年 5 月份省检查组意见，集体迁移在不耕种原生产队土地和村主后靠不放弃原土地两种标准，但房屋迁建均以原拆原建原则结合实际情况给予合理结算（指标为 85 元和塬上 150 元）此项工作因人员不足尚未清结③。

1970 年 12 月，潼关县革委会生产组提出：移民经费的使用，坚持专款专用的原则，全部用于移民事业。每人平均控制指标 50 元，主要是建房补助（包括生产队公房和饮水设施等），由队掌握包干使用。按照各户家庭经济情况，困难大的多补助，困难小的少补助。对贫下中农要照顾，对地主、富农和家庭主要成员系反坏分子或新生资产阶级分子的移民户，应当严加控制。补助的办法：民主议定，大队审查，报公社批准。对评到各户的补助款，采取“指标到户，款存银行，凭证（大队证明）支取，超支不补”的办法，由社、队监督，根据迁建进度，逐步拨付④。

---

① 《关于对塌岸后靠移民经费清结工作的意见》（1964 年 3 月 30 日），全宗号 J020，目录号 2，案卷号 210，长期，潼关县档案馆藏档。

② 《潼关县移民安置局关于 1965 年移民安置工作的安排意见》（1965 年 2 月 28 日），全宗号 J071，目录号 1，案卷号 62，永久，潼关县档案馆藏档。

③ 《潼关县移民安置局关于我县回水塌岸自迁移民经费和人口计算的请示报告》（1965 年 3 月 14 日），全宗号 J071，目录号 2，案卷号 45，长期，潼关县档案馆藏档。

④ 《关于三门峡库区回水塌岸移民的通知》（1970 年 12 月 26 日），全宗号 J071，目录号 2，案卷号 54，长期，潼关县档案馆藏档。

第十章

应对返陕移民

为了支援三门峡水库修建，陕西省将库区居民迁移宁夏3万多人。移民安置后生活恶化，屡次返陕寻求生活出路，屡次被遣送返宁。政府阻止移民返陕的力度越大，移民返陕的人数越多。最终，陕西由阻止移民返陕转为“回来多少，安置多少”。从1962年3月开始，陕西省安置返陕移民。潼关县也拉开安置返陕移民的序幕。

第一节　劝返返陕移民

1956年至1958年，陕西共向宁夏移民31529人，移民因种种原因陆续返陕，虽经陕西省多次迁送，但边送边返，送而返，返而送，一直未停。特别是1960年冬以来，返陕移民人数不断增加。1960年冬至1961年11月底，先后返回4900余人，除已送走的1600余人，还有3300余人，其中从陶乐返回1829人，永宁135人，贺兰481人，中卫306人，宁朔203人，中宁279人，平罗156人。移民返陕后分布在渭南县381人，大荔721人，华阴1262人，蒲城545人，潼关259人，澄城110人，白水111人①。

1961年12月，移民返陕仍有继续增多的趋势。部分庄点派代表写申请，公开要回陕西，如贺兰的东湖、王澄、清水，陶乐的三站等四个庄点的移民（约4000人）以当地耕地少、质量差、产量低，收入小、口粮少、生活困难等理由，用生产队党支部和队委会的名义，给中央和宁夏回族自治区各级党政及陕西党政来信，要求返回陕西。1961年11月9日至11月15日，贺兰清水大队四个小队的97名移民在7名队干带领下，返回大荔仁义村，派代表找西北局、省委和

① 《关于我省迁往宁夏移民返陕情况和意见的报告》（1961年12月13日），全宗号J071，目录号1，案卷号34，永久，潼关县档案馆藏档。

县上要地要口粮，还在原村庄附近搭棚种地，准备 1962 年春将留在宁夏的 1700 余人全部接回陕西①。

移民返陕后，有的在库区搭棚种地；有的找当地县、社、队要粮吃，要活干；有的投亲靠友；有的到处流浪；不少人将已往的积蓄耗费殆尽，生活十分困难。潼关县有不少返陕移民到当地政府要吃要穿，要求安置②。

1961 年 10 月下旬，各县对返陕移民进行了摸底排队，并配合宁夏派来的干部动员移民回宁夏，但移民大部分表示，宁夏不解决生产、生活问题，坚决不回去。宁夏的几名干部，对移民提出的要求未表示态度。因此，仅送走 100 余人③。

1961 年，宁夏移民返回陕西 4500 余人，已送回宁夏 1600 余人。移民返陕趋势仍在增长，为了避免移民生活遭受返回的损失和移民闹事，动员返陕移民回宁夏，省人委召开各县移民办公室主任会议，决定分两步进行动员移民返回宁夏：

第一步，立即动员下列情况者返回宁夏：

第 1 类，宁夏安置庄点生产条件好，每人耕地在 3 亩以上，生活没有困难的移民。

第 2 类，移民移至宁夏后，生活有困难，不属于特殊情况，经常在库区做投机生意，企图到库区捞一把者。

第 3 类，移民生产队的干部、公社干部、国家干部将家属迁至库区的。

第 4 类，移民户全家人人口大部分在宁夏，回库区的仅一、二人，企图探听消息，待后全家搬回者。

第二步，暂缓处理，生产、生活给予临时安排：

第 1 类，宁夏安置点生产条件差，群众生活确有困难，如陶乐县安置后，每人平均土地 1.2 亩，这些移民在宁夏将生活资料全部卖光，全家返回者。

第 2 类，外迁时，将一户分成两处安置，即宁夏一部分，陕西一部分，宁夏这部分返回者。

第 3 类，移民户主要劳动力已在宁夏死去者，如丈夫死在宁夏。

---

① 《关于我省迁往宁夏移民返陕情况和意见的报告》（1961 年 12 月 13 日），全宗号 J071，目录号 1，案卷号 34，永久，潼关县档案馆藏档。

② 《关于我省迁往宁夏移民返陕情况和意见的报告》（1961 年 12 月 13 日），全宗号 J071，目录号 1，案卷号 34，永久，潼关县档案馆藏档。

③ 《关于我省迁往宁夏移民返陕情况和意见的报告》（1961 年 12 月 13 日），全宗号 J071，目录号 1，案卷号 34，永久，潼关县档案馆藏档。

第4类，移民子女已和陕西人结婚，但老人在宁夏，没有生活依靠者①。

会议指出：凡是返陕移民不论属第一步还是第二步范围之内，立即登记。属第一步范围对象者，采取收容的办法，全部集中在一起，临时安排生产生活，供给粮食，进行思想教育，迁送宁夏。属第二步范围者，生产、生活上彻底给予安排，凡安排到生产队的移民，生产队在生产、生活待遇上应和当地社员同样对待，不得有鄙视等现象发生。

会议还对迁送移民和安插移民生产做了如下规定：

一、脱产干部在全面登记、细致审查的基础上，按照规定要求，划清第一步范围与第二步范围，不得公开宣传，仅内部掌握，以免形成移民闹事。

二、移民划至第一步范围内的必须坚持说服教育，搞通思想，不得有任何强迫命令或变相强迫命令，使移民思想问题完全解决后，再迁送。

三、凡移民划至第一步范围，准备迁送的移民，现有的粮食不论属自己开荒所得或小偷小摸所得，全部允许带走，不查不究。迁送中移民携带粮食确有困难，要换取粮票者，当地政府立即协助兑换粮票，由移民带走，不得留难。

四、第二步移民范围内，个别移民因将衣被卖光，以及没有劳动力的移民由当地政府以社会救济的办法妥善地给予解决，防止饿死或冻死，应以国家负责到底的精神去处理问题。

五、凡迁送的移民在集中期间和返宁途中的粮食和车船费用统由宁夏负责。

六、迁回宁夏的移民应在11月底以前完成，能提前最好提前②。

陕西省阻止移民返陕，移民却要返陕，其原因：除故土难离、亲邻难舍外，主要是：陶乐、贺兰县等少数安置庄点土质、水利条件差，耕地少，加之连年遭受灾害，移民生产、生活困难。华阴县返陕移民中，因生活困难而引起返陕的73.1%。陶乐新村大队每人平均只有1.6亩耕地（在库区每人平均3亩多），1960年粮食平均亩产76斤，每个劳动日仅值1角钱。贺兰东湖大队1959年、1960年两年社员平均年收入仅30.94元，比当地潘昶队每人平均收入96元少65.06元，与库区拜家队同期社员收入相比，每年少90多元。由于收入少，不少人把衣物箱柜廉价换取了粮菜，致家底空虚，生活困苦。移民的这些问题，一直未得到解决。另外，由于任务变动和有些地区工作上的问题，造成一户迁

① 《关于省人委召开各县移民办公室主任会议情况的汇报》（1961年10月22日），全宗号J071，目录号1，案卷号26，永久，潼关县档案馆藏档。

② 《关于省人委召开各县移民办公室主任会议情况的汇报》（1961年10月22日），全宗号J071，目录号1，案卷号26，永久，潼关县档案馆藏档。

居两地，思亲心切，加之“水库不修了”“库区安了河南人”等谣言，进一步助长了移民的返陕情绪①。

陕西省面对返陕移民问题，除建议宁夏加强对移民的政治思想教育外，要求粮食部门解决 19 万斤口粮；商业部门解决 3 万尺棉布、3389 斤棉花（每人 1 斤）；民政部门解决一部分救济款。这一时期主要是遣送返陕移民，除非返宁有困难，才就地进行安置。如在宁夏生产、生活困难很大，又难以解决返陕移民和直系亲属分居两地，以及主要劳力在宁死亡无依无靠等特殊情况的人，就地安置②。

潼关外迁移民从 1956 年开始至 1958 年全部结束，迁移农民 465 户 1907 人（公联大队和古槐大队），安置于宁夏回族自治区中卫县常乐公社。1956 年至 1958 年零星返回潼关 254 人。经过多次劝返，移民已全部返回宁夏，投入了生产。

从 1959 年内迁移民开始以来，移民不断返陕，返回 69 户 225 人，其中全家返回 44 户 180 人，半返户 25 户 45 人。这些移民有以下几种情况：

第一种是，库区有亲戚，返回后暂时居住亲戚家里，参加生产队生产，共 30 户 102 人；

第二种是，库区没有亲戚，在水库边沿开荒种地维持生活，共 7 户 31 人；

第三种是，丈夫在安置区病故，家属、子女在潼关结婚，共 6 户 20 人；

第四种是，返回库区后，无正当职业，到处流窜行踪不定，共 26 户 72 人。

前三类是全家返回库区，没有牵连，生活用具除部分出售外，其他全部带回，经多次动员，坚决不回宁夏。第四类是半迁户，看政府坚决动员返回就返回，若政府放松动员就到处流窜，在库区寻找安家机会，条件具备时全家返回。

根据以上情况，为了阻止移民返陕，潼关县请省三门峡办公室通知宁夏配合潼关县一次或分次全部动员回宁夏，以免造成社会影响③。

1961 年 10 月，省人委召开库区各县移民办公室主任会议，对返陕移民进行专门研究。潼关县根据会议精神，在全县范围内登记返陕移民 75 户 258 人，分类排队，初步确定了迁返与就地安置。

① 《关于我省迁往宁夏移民返陕情况和意见的报告》（1961 年 12 月 13 日），全宗号 J071，目录号 1，案卷号 34，永久，潼关县档案馆藏档。

② 《关于我省迁往宁夏移民返陕情况和意见的报告》（1961 年 12 月 13 日），全宗号 J071，目录号 1，案卷号 34，永久，潼关县档案馆藏档。

③ 《关于返陕移民的情况汇报》（1961 年 10 月 16 日），全宗号 J071，目录号 1，案卷号 26，永久，潼关县档案馆藏档。

这些返回户中，有条件并征得本人同意，愿意迁回宁夏的4户6人，从宁夏返回后临时安排生产、生活的移民58户212人，其中18人安插在县建筑队，其他人员安排在高桥、港口、南头公社9个生产队。13户40人做投机生意维持生活，没有固定的住所，尚未登记。

这些返陕移民缺少被子85条，缺少棉衣、棉裤145件，如移民刘莲全家五口人仅有一条破烂被子，两个10岁左右的小孩穿着单衣，无法过冬。返陕移民生活不固定，缺乏营养，患病的有85人，其中浮肿病患者55人，肠胃病患者20人，其他病者10人①。需要将这些病患者送医救治。

1961年冬至1962年春，移民174户639人返陕（全迁回者160户603人，半迁户14户36人），其中已登记74户310人，暂时安排生产、借吃口粮的100户329人，通过说服教育已送走14人。

潼关县通过说服教育，动员了一部分返陕移民返回宁夏，但大多数返陕移民不愿意回去。如乔松新说："政府就是叫我上刀山，我也不愿意回去，我死也死在潼关。"刘连说："政府一定要我回中卫去，我最后一条路，只有和我这几个娃跳黄河，我看死到黄河里比死那里强。"李金彦等人说："在潼关就是死了人心里都是个痛快的，哪怕在潼关当个鬼，都不愿意做中卫的人。"②

针对上述返陕移民的情况，潼关县除积极安排移民生产生活外，建议渭南专署和宁夏安置区组织移民工作组解决返陕移民的有关问题，动员返陕移民返回宁夏，并请求省、专署迅速解决所需的粮食、布证③。

移民连续两年要求返陕，其原因主要是安置区遭受自然灾害，移民生产生活条件较差，安置工作做得不够扎实细致，当地社会救灾工作做得较差，移民生活水平逐年下降。因此，移民返回潼关另谋生活。虽然通过说服教育，潼关县遣送了返陕移民，但从整个移民返陕情况来看，移民返陕只增不减，而且绝大多数移民全家搬，将自己的生活用品、家具、衣物、箱柜全部运回潼关，不准备返回宁夏④。

---

① 《关于返陕移民的情况汇报》（1961年11月27日），全宗号J071，目录号1，案卷号26，永久，潼关县档案馆藏档。

② 《潼关县关于返陕移民工作汇报》（1962年2月22日），全宗号J071，目录号2，案卷号22，长期，潼关县档案馆藏档。

③ 《潼关县关于返陕移民工作汇报》（1962年2月22日），全宗号J071，目录号2，案卷号22，长期，潼关县档案馆藏档。

④ 《潼关县关于返陕移民工作汇报》（1962年2月22日），全宗号J071，目录号2，案卷号22，长期，潼关县档案馆藏档。

第二节 安置返陕移民

三门峡库区从1956年以来，先后迁出移民39263户196317人，其中，迁往宁夏回族自治区6281户31529人，内迁渭南专区32982户164788人①。

1962年3月底，外迁移民已返回12046人，其余人员将继续返回。内迁移民因种种原因，返回库区的有2500余人。安置在中卫、贺兰、陶乐的移民绝大多数已返回，其余县的移民也在积极准备返回。

移民返陕后最突出的问题是，口粮没有着落。有的人靠宁夏带回的粮食生活，有的靠亲朋接济，有的由县、社解决一些粮食生活，有的从黑市买回一些粮食吃。不少人吃饭成问题，库区搭建的棚挡不住风雨，人多棚少，男女混杂，生活条件差。

移民返陕后要求，把他们安置在库边沿或平川，不上塬、不进山，要保证生产生活。潼关的返陕移民要求集体安置，华阴的移民要求在泾三原安置，大荔半淹没区的移民要求就地安置，淹没区的移民不愿离库区太远。

当地县社虽然帮助返陕移民解决了一些问题，但绝大部分返陕移民没有住所，生活无着。有些返陕移民抢种生产队、国有农场和机关农场的耕地，私分自留地；个别人乘机敲诈勒索，造谣煽惑，企图闹事。这些问题如不及早解决②，将严重影响当前的农业生产和社会治安。因此，渭南地委提出：

一、安置区本着确保移民的生产生活的原则安置移民，以防再次搬家。各安置县只要条件许可，尽量将移民安置在生产条件、工作基础好的地区，安置人数不超过当地人数的6%～7%。鉴于能投亲靠友的比例不大（据大荔调查10%），已安置县容纳的人数不多，可给临潼、富平两县安置移民人数增加到4000人，沙苑农场增加到3500人，潼关增加到1900人。如果返回人数超过2.5万名，建议省上考虑在泾三原一带选点安置。

二、根据分散插队安置的办法，2.5万人进行规划对口，由迁安两地的县、社、队，逐级对口，落实到户。移民住房暂按平均每人半间借居，妥善安排住处。

---

① 《中共渭南地委关于三门峡库区移民安置工作的意见》（1962年4月5日），全宗号J001，目录号2，案卷号255，长期，潼关县档案馆藏档。

② 《中共渭南地委关于三门峡库区移民安置工作的意见》（1962年4月5日），全宗号J001，目录号2，案卷号255，长期，潼关县档案馆藏档。

三、安置队组织运输力量，负责将移民接回；至于移民的口粮、燃料、生活用具，由当地社、队及时供应；尽快组织移民投入生产。

四、积极备料，确定庄基，迅速进行建房。建房材料不足，发动当地群众出售多余的建房材料，或购买多余的成房。

五、移民队的经济划分，要本着有利生产、有利团结、公平合理的原则（划分的方案另行规定）。

六、迁移安置的具体时间，从方案下达之日起，赶夏收前全部安置到队。至于迁移安置的具体步骤和方法，由各安置县安排①。

渭南地委本着“回来多少，安置多少”的原则，安置人数暂按 25000 人安排，采取分散和“对口”安置办法安置外迁移民。“对口”安置有困难的，分散安置在渭南专区的其他县。安置中要求投亲靠友，当地有安置条件，并取得生产队同意的，应当允许。根据这些原则，渭南地委与各地商定，原潼关移民 1900 人由当地包干安置；大荔、华阴移民“对口”安置在大荔 2500 人，蒲城 1000 人，澄城 500 人，白水 500 人，渭南 1000 人，华阴 900 人，沙苑农场 1000 人，合阳 7600 人，临潼 4000 人，富平 4000 人，共计 25000 人②。

4 月 6 日，渭南专署移民工作会议确定，暂按 25000 人规划对口，后经陕西省与宁夏联系，在宁夏定居下来的仅有 30 余人，其余将陆续返陕。5 月 5 日对外迁移民安置重新做了调整：

一、沙苑农场安置由宁夏中宁县返回，原属大荔县阳村、拜家移民 1100 人。

二、大荔县安置由宁夏中宁返回，原属大荔县陈村、洪善的移民 2200 余人；安置由贺兰、平罗、陶乐等返回的移民 500 人，共计 2700 余人。

三、临潼安置由宁夏青铜峡市返回、原属华阴移民 2600 余人，安置由陶乐县返回原属华阴移民 2000 余人，共计 4600 余人。

四、富平安置由宁夏陶乐县返回的原属华阴县移民 1500 余人；安置由宁夏陶乐返回的原属大荔县移民 1100 余人；安置由贺兰返回大荔仁义村移民 1900 余人，共计 4500 余人。

---

① 《陕西省渭南专员公署关于当前移民安置工作中几个问题的报告》（1962 年 3 月 29 日），全宗号 J020，目录号 2，案卷号 162，长期，潼关县档案馆藏档。

② 《中共渭南地委关于三门峡库区移民安置工作的意见》（1962 年 4 月 5 日），全宗号 J001，目录号 2，案卷号 255，长期，潼关县档案馆藏档。

五、澄城县安置由石嘴山等地返回的原属大荔县移民700余人①。

六、蒲城县安置由平罗、贺兰等地返回的原属大荔县移民800余人；安置由陶乐、青铜峡市、平吉堡等地返回的原属华阴移民800余人，共计1600余人。

七、渭南县安置由陶乐、永宁、青铜峡市等地返回的原属华阴移民1500余人。

八、华阴县安置由陶乐、平吉堡等地返回的移民1000余人。

九、潼关县安置由宁夏中卫县返回的移民1900余人。

十、白水县安置由陶乐、银川返回的原属华阴县移民800余人。

十一、合阳县安置由陶乐返回原属华阴移民1000人，安置由贺兰返回的原属大荔县移民4600余人；安置由石嘴山、银川等地返回的移民1100余人；安置由陶乐返回原属大荔的移民1900余人，共计8600余人。

十二、返回原籍的约2000余人，陕西不再重新安置，以上共计31000余人②。

各县接到通知后，按上述任务包下来，对口落实到队，计划5月底把返陕移民妥善安置到队，投入生产。安置返陕移民的社、队在生产、生活条件和工作基础较好，且土地多劳力缺的地区，每队安置三五户，人数最多不超过当地人的10%③。

到7月底，离宁返陕的移民达2.5万余人，除处理自行回省外原籍的30余人外，已安置好14285人，其中临潼安置3025人，大荔2856人，合阳2559人，潼关1769人，蒲城1241人，华阴808人，富平792人，渭南529人，澄城340人，白水278人，华县88人，并运送移民物资1520吨，为移民租赁房屋13471间，对移民的生产、生活都做了安排，大多数返陕移民参加了生产④。

1956年至1958年，潼关县先后向宁夏中卫县迁移465户1907人。到1959年，宁夏遭受自然灾害的袭击，庄稼减产，灾情较为严重。移民看到安置区生产、生活条件较差，加之不习惯当地生活，又与当地社员存在着矛盾。这些大

---

① 《陕西省渭南专员公署关于调整安置返陕移民人数的紧急通知》（1962年5月9日），全宗号J071，目录号2，案卷号24，长期，潼关县档案馆藏档。

② 《陕西省渭南专员公署关于调整安置返陕移民人数的紧急通知》（1962年5月9日），全宗号J071，目录号2，案卷号24，长期，潼关县档案馆藏档。

③ 《三门峡库区移民工作会议纪要》（1962年5月18日），全宗号J071，目录号2，案卷号24，长期，潼关县档案馆藏档。

④ 《陕西省渭南专员公署移民安置局关于1962年上半年移民工作情况和下半年工作安排意见的报告》（1962年8月27日），全宗号J071，目录号2，案卷号24，长期，潼关县档案馆藏档。

大影响了移民重建家园、投入生产的劲头。一部分人便不安心生产，陆续返陕，做投机生意，以致其他移民产生返回潼关另谋生活出路的想法。

1961 年 11 月 12 日至 1961 年 12 月 14 日，潼关县抽出 2 名干部调查登记全县的返陕移民。全县共有返陕移民 94 户 311 人（临时安排生产、解决生活问题的 71 户 254 人，未安置的 23 户 57 人），其中港口公社有 42 户 151 人，安置了 41 户 148 人，未安置 1 户 3 人；高桥公社有 35 户 94 人，安置了 15 户 44 人，未安置 20 户 50 人；南头公社安置 9 户 34 人；城关公社 7 户 30 人，安置了 5 户 26 人，未安置 2 户 4 人；太要公社安置 1 户 2 人①。

返回潼关的 94 户 311 人生活困难，其中将东西卖光、没有棉衣穿的 32 户 85 人，没有棉被盖的 42 户 120 人，生活特别困难需要口粮吃的 23 户 53 人，需要救济的 5 户 5 人②。返陕移民郗俊亚一家迁往宁夏中卫县，除将家具、手表变卖外，又将政府给他盖的三间房屋卖了 700 余元（已花掉）。返陕后，全家 8 口人无处居住，靠他每月 60 多元的工资维持生活，生活困难较大③。

根据返陕移民的实际情况，潼关县按照上级党委所提出的“冬季不能冻死饿死一个人”的原则，用 2 个月的时间将返陕移民安排生产、生活。为了使返陕移民能够安全地过冬，潼关县发了一批布证、棉花和救济款，解决移民的衣食问题。这次发了布证 2400 尺，棉花 220 斤。县政府协同各公社将 2300 尺布证、220 斤棉花发给 74 户 205 人，并用 600 元解决了解决了 21 户 71 人缺钱买布、买棉花的问题，还拿出 50 元解决了毛来顺无钱治病的困难，使其病情好转。剩余 23 户 57 人还未安排，县政府与各公社联系，让其尽快安插。

潼关县临时解决返陕移民的吃住问题，并不给予彻底安置。所有返陕移民最终要送回宁夏安置区。因此，潼关县政府要求返陕移民不要出外乱跑，搞投机生意和偷盗不法行为，也不要给中卫县安置区写信让家属和亲友返回，因为这里不是长远解决生活的出路。返陕移民所吃的粮食都是在最紧张的情况下调剂借来的，如果把安置区移民叫回来，粮食问题无法解决。潼关县政府还要求返陕移民不管在哪个生产队住，不要提出额外要求，不利于解决生产、生活问

① 《潼关县关于返陕移民工作报告》（1962 年 1 月 18 日），全宗号 J071，目录号 2，案卷号 25，长期，潼关县档案馆藏档。

② 《潼关县关于返陕移民工作报告》（1962 年 1 月 18 日），全宗号 J071，目录号 2，案卷号 25，长期，潼关县档案馆藏档。

③ 《对返陕移民在宁卖掉房屋返陕后申请建房问题的请示》（1963 年 8 月 11 日），全宗号 J071，目录号 2，案卷号 32，长期，潼关县档案馆藏档。

题以及过冬问题①。

1962年3月，从宁夏返回潼关移民291户1423人，虽已采取措施临时安置，但因库区土地淹没，房屋拆除，缺吃少穿流行病严重，移民埋怨抵触情绪严重，个别移民造谣煽动移民企图闹事。这些情况如不及时解决，不仅影响农业生产，威胁社会治安，而且会造成不良的政治影响。为此，潼关县采取分散插队的办法安置返陕移民，在条件好的地方建立集体庄点。根据各公社土地面积与现有人口，港口公社安置200人，高桥公社安置115人，城关公社安置200人，太要公社安置230人，李家村公社安置160人，代字营公社安置250人，南头公社安置400人。个别移民与原生产队社员有亲邻关系，要求居住一处，经生产队同意可以允许迁居一处，照顾他们的亲朋关系②。

由于家产损失，移民埋怨抵触情绪严重。安置返陕移民的社、队结合生产和生活安排，通过群众会、移民代表人物座谈会、新老社员会，向移民进行思想教育和安慰工作，说明党对移民负责到底的政策，服从政府安排，促返陕移民愉快地到新安置区，安心生产。

各安置公社积极组织返陕移民生产，尽可能供应一些生产资料。县级商业部门分配子种物资时，给移民适当的照顾。返陕移民的生活日用品由各安置公社供销社按当地社员标准负责供应。返陕移民的吃粮食标准稍高于当地社员，根据移民返回迟早、带衣服多少，分月供应。

各安置公社给安置的返陕移民，办理户口登记手续，查清黑人黑户，防止他们借机混入；对移民中的四类分子清理登记，监督改造；慎重处理移民中发生的治安事件，属于生活问题而偷盗，一面解决生活问题，一面指出其错误，教育其不再发生③。

4月20日至4月25日，返回库区的移民全部给予安置。全县安置移民359户1429人，其中港口公社安置59户206人，城关公社49户203人，高桥公社43户159人，安乐公社23户82人，太要公社52户229人，李家村公社25户89人，代字营公社46户191人，南头公社62户250人④。

---

① 《潼关县关于返陕移民工作报告》（1962年1月18日），全宗号J071，目录号2，案卷号25，长期，潼关县档案馆藏档。

② 《潼关县返陕移民工作安排意见》（此档案无日期），全宗号J071，目录号2，案卷号22，长期，潼关县档案馆藏档。

③ 《潼关县返陕移民工作安排意见》（此档案无日期），全宗号J071，目录号2，案卷号22，长期，潼关县档案馆藏档。

④ 《返陕移民安置情况检查报告》（1962年4月26日），全宗号J071，目录号2，案卷号22，长期，潼关县档案馆藏档。

返陕移民在公社、生产队及当地社员的帮助下，解决了生产生活困难，初步建立家底，恢复了正常生活。据5个公社统计，给移民解决住房409间，帮助购买生产生活用具699件，供给布证1659尺、棉花324斤，救济人民币1927元。自留地除各安置生产队划拨分配外，已确定由移民使用管理144亩。返陕移民情绪逐步稳定下来，积极生产，重建家园。

从返陕移民安置情况来看，已有1350人投入生产，安置基本就绪，因其他问题未处理彻底还未参加生产的有79人，还有安置地点未确定未参加生产的121人。这些未参加生产和不经常参加生产的移民，各公社迅速解决具体问题，适当给予教育，让他们尽快参加生产①。

到1962年9月，返陕移民已安置1859人，还有100人将要返回。移民安置后，各公社帮助他们熟悉当地生产情况，根据移民体力的强弱、技术专长，合理分配工作，在受益分配上同工同酬，跟当地社员同样看待。县、社、商业和供销部门及时供应移民日常生活的必需品。

第三节　安置公联社、古槐社返陕移民

公联、古槐社因修建三门峡水库，集体迁往宁夏自治区中卫县。这些移民于1962年3月26日起返回潼关后靠插队安置。1962年10月，潼关县迁往宁夏的公联、古槐两个生产大队，返回437户1859人，余下100余人将继续返回。这些返回的移民采取分散插队和建立小型庄点相结合的办法全部安置，分给自留地313亩，添置生产工具800件，借用房屋491间、窑洞161孔，发放救济布证13700尺，救济款5330元②。

这些移民分三步安置：第一步，组织移民在库区播种，其所需籽种除将移民每人所带的35斤调换外，不足部分由县上设法解决，畜力和农具由安置队协助解决。第二步，农闲季节，公社组织劳力修建房屋。第三步，房屋修好后，1963年春或1963年夏搬家③。

① 《返陕移民安置情况检查报告》（1962年4月26日），全宗号J071，目录号2，案卷号22，长期，潼关县档案馆藏档。

② 《县人民委员会关于原公联社返陕移民安置问题的请示》（1962年10月9日），全宗号J020，目录号1，案卷号219，永久，潼关县档案馆藏档。

③ 《县人民委员会关于原公联社返陕移民安置问题的请示》（1962年10月9日），全宗号J020，目录号1，案卷号219，永久，潼关县档案馆藏档。

古槐社大队的移民原居住地区条件较差，这次安置后情绪稳定，生产安心。公联社大队的移民情绪不安定，纷纷要求返回小泉（原居住地附近）。有的移民向省、专、县联名写信，有的移民直接找县、社领导，有的移民阻止政府在新安置区给他们盖房，声明政府即使在新安地区把房盖好，他们也要拆了搬到小泉。五六十户在秋播时，结伙或单独到他们原居住地种麦，有10余户根本不到新安置的生产队去。据了解，公联社大队返回的362户1490人中有313户1330人坚决要求返回小泉安置，这些人要求返回小泉的原因是：原公联社大队土地质量好，水利条件优越，每年夏秋两季收成都有保证，生活水平较高。新安置地区都是旱塬，收成不好，生活水平低。白水的移民在库区拉吊庄，对其影响很大。同时，有些安置区歧视和排斥移民，个别地方还发生欺压、侮辱移民事件。

公联社的移民集中安置在小泉，原公联社大队有耕地2037.24亩，其中，在328米至333米高程的有1103.94亩，333米至335米高程的有430.3亩，335米高程以上的有530亩。按照水库蓄水水位不超过320米的高程，这些土地可以全部耕种，且河槽加深，滩出的土地有1500亩以上，这些土地可以安置1330人。另外，移民从宁夏带回来牲畜51头、20多辆车，可以满足集体生产的需要。

公联、古槐队返陕后，把主要财产、牲畜、羊只和农具等带回潼关。潼关县支援三门峡水库修建工程工作委员会对公联、古槐队所带东西进行处理分配。

公联、古槐队原迁出465户1960人（实际迁出434户1907人），已经登记安置的409户1551人，带回财产总值179037元，粮食12000斤。分配时，对可能返回的202人作为待安置人口，也给予分配财产。这次参加分配人数1775人，其中公联社分配人口1476人，分配财产价值146187元，每人平均分配99.05元，另外按实安人口1293人分给安置生产队机动粮10344斤，每人以9斤分配。古槐队分配人口为299人，分配财产总值为32850元，每人平均110元。按照分配资金搭配的牲口、羊只、农具等已经领回，基本上分配到队。机动粮在领发中。公联、古槐两队有一批在宁夏的财产，包括籽种、公用家具、牲口、库存现金等，预计价值30000余元，清理结束后全部分配①。

这次分配返陕移民的各类财产，按人分配资金，根据资金搭配实物，以公

① 《陕西省潼关县支援三门峡水库修建工程工作委员会关于返陕移民财产处理分配工作简洁报告》（1962年6月8日），全宗号J071，目录号1，案卷号34，永久，潼关县档案馆藏档。

社为单位领取向下分配，用19天将两个队的主要财产、牲畜、农具等进行分配（公联社14天、古槐社5天）。移民队未分财产，组织移民大队支书、队长、会计等有关人员进行查账、清账，列出移民原有财产清单，发给安置移民的生产队，并召开移民队小队长以上干部会议，制定出全部财产处理分配方案，经财产处理分配委员会、移民代表会，对制定的财产处理分配方案讨论，及时向下分配①。

第四节　西姚大队安置返陕移民

西姚大队位于潼关东塬地区，全大队6100多亩耕地中沟坡地占20%，每人平均3.3亩，牲畜149头，每头负担耕地37亩。1960年平均亩产159斤，1961年平均亩产161斤，社员口粮每人平均276斤，1962年平均亩产217斤，口粮每人平均270斤。1963年平均亩产可达256斤，口粮每人平均可达290斤②。

1962年夏收前，代字营公社西姚大队安置返陕移民11户49人。这些移民分别安置在全大队12个生产队中的三个生产队，第12生产队安置的移民最多，共计9户41人，占该生产队18户的一半。

安置移民最多的第12队情况则更差，全队290亩耕地中除旱地70亩外，其余均为塬、梯、沟、坡地，全队每人平均耕地3.5亩，畜力也弱，11头耕畜有三分之一不能用，每头平均耕地24亩。全队只有一口水井，天稍有旱，则形成人畜争水现象，对社员生产生活影响很大。

移民刚来西姚大队，只有3户安心生产，8户很不安心生产。一年半后，安心生产的移民由3户增加到10户，不够安心的则由8户减少到1户。截止1963年9月底，第12队的9户移民中，已有6户超额完成了基本劳动日，3户移民由于热爱集体、劳动积极而被评为光荣户。

在自然条件较差、困难较大、移民又不安心生产的情况下，西姚大队是如何做好移民安置工作，移民是如何由不安心而转为安心的呢？西姚大队的移民安置工作之所以做得好，除上级加强领导和督促检查外，贯彻执行了党有关移

① 《陕西省潼关县支援三门峡水库修建工程工作委员会关于返陕移民财产处理分配工作简洁报告》（1962年6月8日），全宗号J071，目录号1，案卷号34，永久，潼关县档案馆藏档。

② 《西姚大队如何做好了移民安置工作》（1963年10月28日），全宗号J071，目录号2，案卷号28，长期，潼关县档案馆藏档。

民安置工作的政策、方针、措施，并善于从实际情况出发，依靠群众做好安置工作。他们的主要做法和经验是：

一、保质保量建房。房屋是关乎移民几辈子的大事，房子盖好了，移民吃了“定心丸”。在建房方面，西姚大队有两种办法：第一种办法是，建立必要的组织，实行生产队包干负责的办法。大队成立修建委员会，由党支部书记负责，让移民代表参加。各承包生产队则成立修建小组，由正队长负责。这个大队的木工、泥工多，而且技术好，大队充分利用这个优势，把他们组织起来，由技术最好的人员指导。第二种办法是，大队加强督促检查和验收工作。在备料阶段就实行验收，避免造成“既成事实”，以后再行返工。如在验收中发现第九队所备的料有的很细，达不到标准，就予以更换。党支部书记赵安邦不放心，经常到工地检查、督促，并反复向负责建房的干部、社员进行思想教育，还把第六队包建的移民住房建成标准房，作为各队建房的样板。除 1 户移民尚不安心建房外，其他 10 户已建成 26 间（应建 33 间房屋），院墙也打齐，移民早已搬进去。半成品留 2 间，剩余 5 间料已备齐，三秋之后动手建造。移民房屋不但规格、用料和房基宽窄等基本符合标准，而且外形给人以美的感觉，门窗、檩椽一色新。墙泥用的是石灰泥，又光又亮。屋脊还压了三层砖，坚固又好看。墙头上还留有通气孔，有的还按照当地习俗做了“梁记”。

二、关心移民生活。西姚大队除按政策给移民划分和老社员一样的自留地以外，把上级政府给移民的粮、钱、布证如数发到移民手里，另外照顾移民。1962 年夏收分配中，移民刚来，没种自留地，每人比老社员多分 15 斤粮。1963 年春，用 1300 斤机动粮救济移民。国家拨的返销粮 600 斤，全部分配给移民最多的第 12 生产队。生产队根据实际情况，照顾移民户。1962 年移民刚来，老社员已分过食油，大队考虑到移民生活困难，每人给补发了半斤食油。1963 年春节，给移民借了半斤油。大队对移民的经济困难，也积极帮助解决。如移民屈正祥女人生病，急需用钱，党支部书记赵安邦在信用社给他借了 30 元。

西姚大队在教育移民自力更生、消除“靠公思想”的同时，还发动老社员帮助移民解决困难。1963 年第 12 队的老社员，利用亲友关系，从外地给移民借了八九百斤粮食。为了解决吃水问题，大队还用 300 元帮助第 12 队掏深了水井。正因如此，移民生活困难不小，有的一家只有一床被子，有的连买火柴、食盐的钱也没有，但很少有人叫苦。

三、大力扶住生产。关心移民疾苦、帮助移民解决生活问题，目的是为了促使移民在安置区安心扎根，积极参加集体劳动，尽快改善移民的生活。大队干部在关心移民生活的同时，从各方面扶住移民。为了让移民最多的第 12 队发展生产，西姚大队除将国家发给移民的生产投资拨给安置移民队外，在大队的修配厂给移民打造了二三十件小农具，还发动老社员给移民借农具。第12队增加了移民几十口人，平均耕地面积少了，西姚大队说服各生产队，抽拨了57亩耕地给12队，并且每亩地给了33元投资。移民带回的一头骡子也给了第12队。1963年春，第12队牲口缺料，西姚大队把300斤黄豆照顾了12队。1962年的公购粮任务，给12队减少2000多斤，油料减少30斤，减少的数目均由其他生产队负担。在其他方面也照顾第12队，西姚大队出钱给12队订报，放映电影也不要12队负担电影费。第12队充分利用劳力增加了20多名的有利条件，大抓生产。往年劳力缺乏，回茬麦无肥，1963年情况大变，140多亩秋播面积，每亩施底肥达5000斤。往年棉花锄四五次，1963年普遍锄了七八次。

四、进行思想教育。移民刚来不久，西姚大队召开三次群众会议，讲解移民光荣的道理，教育老社员不能把移民当“客户”对待，和睦相处，团结生产。干部以身作则，给群众做榜样。党支部书记赵安邦发现第12队队长和会计有厌烦移民情绪，马上批评教育。移民张黑栋、屈正祥和其他社员热爱集体、积极劳动，被评为“光荣户”。为了加强新老社员团结，大队党支部还把移民张俊贤等人作为党员培养，让他们参加积极分子会议，提高他们的政治觉悟。

正是因为西姚大队抓住了做好移民安置工作中的上述重要环节，移民安置工作才取得如此成效，移民由不安心生产转为愿意在安置区安家落户①。移民安置工作是一项新的工作，缺乏工作经验，因此，潼关县移民安置局要求各公社组织干部学习西姚大队移民安置经验，并仔细地检查本地区的移民安置工作，从而取长补短②。

---

① 《西姚大队如何做好了移民安置工作》（1963年10月28日），全宗号J071，目录号2，案卷号28，长期，潼关县档案馆藏档。

② 《潼关县移民安置局关于西姚大队如何做好移民安置工作的通报》（1963年10月31日），全宗号J071，目录号2，案卷号28，长期，潼关县档案馆藏档。

第十一章

解决返陕移民问题

返陕移民从宁夏回来后，政府进行安置。安置后的移民不仅生产生活困难，而且在建房过程中遇到不少问题。潼关县从生产、生活、拨发院墙补助款救助移民，以期使移民快速恢复到当地群众生活水平，从而把移民巩固在安置区。

第一节　返陕移民生活生产问题

1962 年 3 月底，潼关县安置返陕移民 480 户 1997 人（有原籍华阴的返陕移民 18 户 86 人），其中在高桥公社塬下设立一个新庄点（小泉），集中安置了移民 39 户 157 人，其余采取分散插队的办法，分别在全县 8 个公社 68 个生产队安置①。返陕移民虽已初步安置，但绝大多数移民的房子没有盖好，借房居住，又遇上自然灾害，农业歉收，开荒地少，自留地收入不多，生活生产困难②。

到 1963 年 8 月，全县还有 36 户返陕移民，由于种种原因，在安置区不安心，要求调整安置点。有些户还表现得非常坚决，经常来移民安置局反映，一再要求调整安置点。这些移民分布在李家村公社 18 户，太要公社 10 户，南头公社 5 户，代字营公社 3 户。移民在安置区不安心的原因：

一、生活习惯差距过大，如代字营公社东埝、太要老虎城队等，特别是李家村公社，除 2 户移民已建房、1 户移民自迁外地、1 户移民与当地社员合家外，其余 18 户均不安心（分布在桐峪内 4 户、善车峪 6 户、太峪内 6 户、玉石峪内 1 户、善车口 1 户）。这些移民居住分散，居住地沟深坡陡。一个男壮劳力

① 《潼关县移民安置局关于第一季度移民安置工作情况报告》（1963 年 4 月 18 日），全宗号 J071，目录号 1，案卷号 40，永久，潼关县档案馆藏档。

② 《在公社党委书记会议上传达元月中旬专署召开的移民工作会议与 2 月 7 日晚专署关于移民工作的电话会议精神的报告》（1963 年 2 月 8 日），全宗号 J071，目录号 1，案卷号 40，永久，潼关县档案馆藏档。

做工地活，做不下一个当地妇女的工分。开荒虽有条件，但移民开不了，就连在峪内穿麻鞋，也成了生活中的最大负担。

二、吃水困难，主要是一些缺劳力的军工属户，如东马坡头万家岭的移民因吃水困难，不能安心建房。

三、亲戚牵扯的，返陕移民原属公联社与古槐社社员，与华阴、吊桥、公庄、老潼关以及前塬地区结亲较多，这对安置移民有很大影响。一般的经过解释，问题解决了，开始建房，但有些表现得非常坚决，要求调整安置点，如太要公社寺底队刁练民等人。

四、一家人数处居住，没有团聚，如移民段运良住高桥公社税村大队，因返陕时间不一，其母与兄弟二人住在南头公社坡头大队（在宁夏时是 1 户）。

这些不安心的移民经过多次解释无效，仍不愿意在安置区。因此，潼关县移民安置局在做思想教育的基础上，采取一般不动、个别特殊的具体问题具体解决的办法。其具体解决办法：

一、李家村公社居住峪内的 18 户，全部由公社统一调配，重新安置于该公社峪内的生产大队。李家村公社的情况如下：

（一）安置移民的生产大队共 4 个，太峪每人平均 1.76 亩土地，桐峪内每人平均 1.4 亩土地，善车口每人平均 1.72 亩土地，善车峪队每人平均 2.35 亩土地，这四个队均无水地。

（二）未安置移民的大队共 8 个，其中每人平均占有土地，小狃 2.32 亩，马蜂峪 2.27 亩，东官上 1.83 亩，安上 2.8 亩，沟西 2.28 亩，党家村 2.11 亩，李家村 2.13 亩，太峪口 1.72 亩。这些队不但有水地，而且有的水地还很多。

由此可见，峪内能安置移民，峪外更无问题。现在需要将峪内移民全部安置在峪外生产队，个别仍愿留在峪内亦可。

二、其他公社零星的不安心的移民，一律不动。情况特殊者，经严格审查属实，可在公社内部统一调剂。

三、移民家庭没有团聚的，让全家团聚一处。

以上三种办法，解决了一部分移民户的问题。因其他特殊情况而对其他移民没有影响的，经县领导批准，直接安置于高桥公社小泉生产队。

鉴于上述情况，潼关县决定，城关、安乐、高桥、港口四个公社已安置的移民不再变动，为了照顾各公社解决特殊移民户，将李家村 9 户，南头公社 4 户，代字营公社 3 户，太要公社 4 户，连同今后可能返回的零星户在内，安置于小泉队，小泉队安置移民 260 人（已安置 160 人）。

小泉队 335 米高程以上的土地 503 亩（旱地），333 米至 335 米高程有水地

402.38 亩、旱地 27.92 亩，共计 933.3 亩（333 米高程以下 1103.94 亩未计算），将 333 米至 335 米高程的水地按一半计算仍有 732.11 亩，每人平均 2.8 亩，可安置移民 263 人①。

根据小泉队的土地情况，不安心的移民集体安置于小泉大队，安定了移民的思想情绪，特别是李家村公社把原安置于峪内的移民迁出峪外，移民非常满意。

还有一些移民也提出在本公社或本大队内调整，如王有民等 4 户提出要到高桥公社高桥队、西税村队、太要老虎城队。城关公社税南大队冯春桂等 9 户态度坚决，经县、社多次教育无效，确定在安置区无法继续居住。对此，县移民局先调整影响不大和分居两处的，有影响的尽量不动或缓动②。

个别安置移民地区的少数干部和群众排斥和歧视移民。如高桥公社税村上河队在场里晒麦子，移民段运良从场中绕过，队部认为他偷了麦子，跑到移民家中把分的粮食全部过了秤，但没有找到什么问题。南头公社万家岭三队因争地基将移民张治英已立木的房屋推倒。留果大队第一生产队管制分子的孩子因移民收谷遗掉一个谷子，便用镰刀将移民张向文母亲的手砍伤。代字营公社姚青六因移民修路一事和正队长打了架，该队副队长朱海山当晚召开群众会，强迫移民崔水泉搬离他队，叫在大会上签字、画押，并公开宣布“我代表大家，我也同意，移民崔水泉一定要搬走，咱们把他的房子拆了，院子犁了，家中的东西撂出去。”队地红薯被偷，将移民王振容的母亲硬拉到地里对足印，结果没对上，才算了事。这种排斥和歧视移民的做法，使移民难以在安置区安心生产生活③。

有的公社对移民的天灾人祸不解决，不照顾救济也不给贷款，致使移民不安心。安乐公社东柳湾大队王俊西反映，个别干部歧视他们，他们在安置区过不下去，大队、公社推来推去不解决问题④。

有些移民要求返库，有的移民思想波动，认为自己原来的一些土地没有淹没，黄河又修大桥，住在异地生活不习惯，收入没有原来多，加之库区没有按

---

① 《潼关县移民安置局为解决返陕移民中不安心在现安地区问题的请示》（1963 年 8 月 11 日），全宗号 J071，目录号 2，案卷号 28，长期，潼关县档案馆藏档。

② 《潼关县移民安置局调整个别不安心在现安区的返陕移民的报告》（1964 年 2 月 9 日），全宗号 J071，目录号 2，案卷号 37，长期，潼关县档案馆藏档。

③ 《县人民委员会关于一九六三年移民工作总结报告》（1964 年 2 月 28 日），全宗号 J020，目录号 1，案卷号 238，永久，潼关县档案馆藏档。

④ 《关于当前移民安置工作谈几点意见》（1967 年 5 月 20 日），全宗号 J071，目录号 2，案卷号 50，长期，潼关县档案馆藏档。

移民政策办事，迁走了老社员，安插了新社员。老社员认为，别的地方人员都可以住库区，我们为什么不能住呢?①

总的来看，移民要求返库或已经返库的原因有二：一是故土难忘；二是安置工作存在问题。前者是根子，后者是导火线。安置工作做好了，生活得好，移民思想不安的问题也就消失了。相反，安置工作没做好，就是思想安定的移民也会不安起来。如太要公社南歇马大队移民张福海房已建好，返库将近一年，坚决不回安置队②。

第二节　返陕移民建房问题

1962 年，潼关县移民陆续返陕，由于返陕移民是分散插队安置，因而建房任务由各安置公社、生产队按照承担安置移民任务大小，具体负责包干。建房任务的时间要求：秋收前应完成 200 间，冬季完成 500 间，剩余 600 间在 1963 年夏收前完成。建房资金由县按房屋修建补助费规定下拨公社，承建房屋的公社、生产队具体负责包干。建房材料除木料、钉子、砖瓦等材料由县解决外，其余材料统由生产队筹集③。

塌岸区移民在库区蓄水后遭受塌岸影响的情况下采取逐步迁移，建房根据塌陷程度以边拆、边建的方法逐步修建。修建任务由各塌岸公社生产队包迁包建，采用原按原卸的方法④。

城镇移民在原建房时，因渭南大县采取经费包干办法，要求大公社建房经费使用方面必须留有余地。因此，原建房未按移民实际需要安排，仅从资金考虑，将建房任务暂定为 5483 间，但在安置房屋分配中，每人平均仅居住房屋 0.4 间，同时对群众婚、娶与在外人口估计不足，加之潼关市民不断从外地返回无法安插，以及移民家庭副业发展未留余地，以致在分配安置中，移民意见很大，抱怨政府。据此，为了解决移民住房的实际需要，切实解决移民的具体困

① 《关于当前移民工作存在问题和今后意见的报告》（1967 年 5 月 8 日），全宗号 J071，目录号 2，案卷号 50，长期，潼关县档案馆藏档。

② 《关于当前移民安置工作谈几点意见》（1967 年 5 月 20 日），全宗号 J071，目录号 2，案卷号 50，长期，潼关县档案馆藏档。

③ 《关于潼关移民建房工作情况的汇报》（1962 年 6 月 23 日），全宗号 J071，目录号 2，案卷号 22，长期，潼关县档案馆藏档。

④ 《关于潼关移民建房工作情况的汇报》（1962 年 6 月 23 日），全宗号 J071，目录号 2，案卷号 22，长期，潼关县档案馆藏档。

难，原建房任务5483间，以每人0.7间计算重新调整为5865间①。

上述移民建房中，唯返陕移民建房复杂，潼关县为了规范各公社建房，特做了如下规定：

建房的人口计算，以1962年7月普查登记数字为准，以后生不填，死不减；在普查前生的孩子和移民的在外人口与家庭有经济关系，并分家的，可以按移民看待，给予建房；返陕移民招人、改嫁或与人合家者，原则上不予建房，但因结婚或合家后，房屋破烂，经生产队证明，查对属实，可予补修；如现住房不足可酌情增建急需的房屋，无房者，按移民人口情况，规划建房；如结婚后带有孩子，要求另立门户，可以另拨庄院，给予建房。

建房指标：以公社为单位，平均每人0.7间，根据移民家庭的人数、辈数、支数等需要，由公社统一规划建房数量。对于建立新村集体安置的，按移民人数再建0.025间的公用房屋。

建房庄基：原则上一家一户，条件不足也可两户一院。

建房款指标：每间房包干340元，一般为砖土木结构，超支不解决，节约归移民。

建房面积：每间应在10平方米以内，使用面积为8平方米，按钱修房，防止单纯省钱、影响质量。

建房时间分为两步：第一步，在当地安家的今冬开始备料建房，明春完成任务；第二步，要求回小泉或其他地方的移民，愿在当地生产、生活，有备料条件可以进行备料，麦后或秋后建房安置。

建房方式：移民自行建房、生产大队协助或生产队包修均可。究竟采用哪种办法，由生产队和移民协商决定。

移民建房的门窗料，由移民局负责供应。移民局承包加工门窗，各生产队报来移民需要的数字，以便统一加工。其他木料、砖、瓦，生产队帮助移民购买。愿烧砖瓦者，移民局帮助解决一部分燃料②。

港口、代字营、太要、安乐公社因不明白返陕移民建房人口与建房间数等问题，请示移民局。移民局对报告中所提出的几个问题，特作如下批复：

建房间数：港口公社295人（包括在外人口31人），建房181间，代字营

① 《关于潼关移民建房工作情况的汇报》（1962年6月23日），全宗号J071，目录号2，案卷号22，长期，潼关县档案馆藏档。

② 《潼关县移民安置局关于返陕移民代表会提出的有关具体问题的处理意见的报告》（1963年1月3日），全宗号J020，目录号1，案卷号243，永久，潼关县档案馆藏档。

公社223人，建房155间，均未超过0.7间的指标。太要、安乐公社仅就安心生产的移民建房情况报来，应按总人口（不分安心与不安心）一次落实工作。

建房方法：生产队组织劳力协助，或生产队包建，两种方法均可，但为了使移民个人满意，一般可采取前一种办法。对个别无劳力的移民，可由生产队包建，无论用哪种办法，都应与移民充分协商决定。

建房指标：每人0.7间，由公社统一掌握，根据各户具体情况（人数、辈数以及参考宁夏的房间数），逐级评议，由公社审批决定（必要时召开移民代表会讨论通过），并通知本人每间房款为340元，指标到户，节约归移民自己，超支国家不负责①。

县移民局为了督促各公社抓紧建房，解决移民长期借房居住问题，要求各公社对下拨的移民建房款，要定期检查，不能积压、挪用。倘若资金不足，可由公社来移民局领取。

移民建房存在着不少问题，个别地区给移民包建的房屋质量不好，移民意见很大。南头公社东里大队给移民康满良包建的四间房，移民反映“将桁钉上三个月，至今停工不动”“大队副支书郑福桥借移民名义在移民局买木料给自己盖了三间房，将移民粗料换成细料”。代字营公社东埝队给移民屈守中包建的五间房，向前倾斜，决定返工，一直未动。南头公社东马六小队给移民杨云斋建房，为了赚钱一个普工算2元②。有些队干部不叫移民个人自建，硬要包建，不然自建队里不管，他们在包建中偷工减料、磨洋工③。

城镇迁建的房屋公房多，民房少。据26个机关单位统计，原在库区有房1480间，在安置区修建了2112间，其中药品公司等4个单位在库区没有一间房，修建97间。有些单位除自己修建的公房外，还占用了民房65间。由于公房建得多，特别是有些公房造价过高，致建房经费不够用。如省原拨给县移民房屋迁建补助费2610987.43元，截至1962年11月底，支出2929150.93元，超支318163.50元，其中公房支出1937863.50元，民房支出991287.43元。有些民房建得质量较差、倾斜漏雨。港口为移民修建的房屋过小，群众叫“狗窝”，

---

① 《潼关县移民安置局关于返陕移民建房间数落实有关问题报告的综合批复》（1963年2月19日），全宗号J071，目录号2，案卷号26，长期，潼关县档案馆藏档。

② 《县人民委员会关于一九六三年移民工作总结报告》（1964年2月28日），全宗号J020，目录号1，案卷号238，永久，潼关县档案馆藏档。

③ 《潼关县移民安置局关于第一季度移民安置工作情况报告》（1963年4月18日），全宗号J071，目录号1，案卷号40，永久，潼关县档案馆藏档。

不愿住①。

个别公社不给移民划定建房庄基，如城关公社税南大队给移民杨建中划庄基，一直定不下来②。毛沟大队有几户移民的庄基还未解决。南头公社坡头大队有1户移民多次要求解决庄基问题，得不到解决③。大部分返陕移民房屋已建成，但没有院墙和大门，需拨款解决④。

到1967年，30户88间房还未建，院墙大门还有很多未建。有些移民借口房未建，要离开安置区，跑到库区单干。返库的移民也动员不回安置区，个别移民随时准备返库。个别户整天到县要求到其他安置点，不愿在安置区安家落户⑤。

另外，各公社乱用移民建房款，如港口公社凹里大队干部挪用建房款500余元，代字营公社北洞大队三小队把300元的建房款给社员分红，四小队用1400元去贩牲口。西埝队用300元还贷款、300元买了水磨。太要公社许家城队用1000元给社员分红。西太渡会计用移民建房款300元做生意。类似情况，其他地方也有⑥。

除上述问题外，有些移民因天灾人祸，生活困难，私下动用建房款，导致房子不能修建，严重影响移民安置，形成"安而未安"，对已安置的移民产生不良影响⑦。

第三节 救助返陕移民生活生产

1961年10月以来，潼关县对群众衣着困难先后解决了三次。但部分群众衣

① 《关于潼关县城镇迁建情况和今后房屋清洁工作意见的报告》(1962年12月25日)，全宗号J071，目录号2，案卷号33，长期，潼关县档案馆藏档。

② 《县人民委员会关于一九六三年移民工作总结报告》(1964年2月28日)，全宗号J020，目录号1，案卷号238，永久，潼关县档案馆藏档。

③ 《关于当前移民安置工作谈几点意见》(1967年5月20日)，全宗号J071，目录号2，案卷号50，长期，潼关县档案馆藏档。

④ 《县人民委员会关于一九六三年移民工作总结报告》(1964年2月28日)，全宗号J020，目录号1，案卷号238，永久，潼关县档案馆藏档。

⑤ 《关于当前移民安置工作谈几点意见》(1967年5月20日)，全宗号J071，目录号2，案卷号50，长期，潼关县档案馆藏档。

⑥ 《潼关县移民安置局关于第一季度移民安置工作情况报告》(1963年4月18日)，全宗号J071，目录号1，案卷号40，永久，潼关县档案馆藏档。

⑦ 《潼关县移民安置局关于第一季度移民安置工作情况报告》(1963年4月18日)，全宗号J071，目录号1，案卷号40，永久，潼关县档案馆藏档。

着还十分困难，尤其是返陕移民较为突出。大部分返陕移民由于历年往返陕宁，旅途费用耗费过大，致使日用物资、衣服被褥等变卖不少，家庭经济受损严重，一部分移民身着棉衣，不能换季①。

为此，潼关县决定临时调剂布票内划出 16000 尺解决衣着困难群众。为了有计划地使用，指标的下达划归三类：第一类以总数 40%即 6400 尺，安排返陕移民，公社间的指标是按照各公社返陕移民的人口进行分配的。第二类，以总数 30%即 4800 尺安排山区农民，是按照山区人口分配的。第三类，以总数 30%即为 4800 尺，安排一般困难户，是按照各公社总人口分配的。为做好这一工作，潼关县给各公社提出以下要求：

一、这项临时调剂布票 1962 年 8 月底到期，上级已明文规定，1962 年不延期，过期坚决作废，各公社立即派专人持介绍信到县百货公司办理提取手续，保证在 8 月 20 日全部发到困难户手里。8 月 25 日前将情况和数字及名册分三类造册汇总上报百货公司，以资结算。

二、第一、二类指标专项专用，不得随意挪用，第三类指标优先照顾军属和下放职工家属，其次照顾一般缺衣农民，如有多余还可以向一二类调剂使用。

三、各公社要加强对此项工作的领导，保证如期完成，并做到应补助者补助，不应补助者坚决不补助，防止平均分配，严禁干部徇情看面，私分挪用。各公社只能在所下达指标内进行审补，不得突破指标，如有结余应全部上交百货公司②。

1962 年 11 月，为了帮助群众解决过冬困难的问题，渭南专署拨给潼关县救济款 8000 元，救济用布 4000 尺，棉花 200 斤；返陕移民救济款 6280 元，救济用布 8427 尺，棉花 1840 斤。潼关县对救济款、布、棉花进行合理分配，解决了困难户的生活困难。

这批救济款、布、棉花的发放对象：布、棉花解决山区和返陕移民确实没有衣、被过冬的贫困户、五保户和受灾群众，酌情照顾城镇和平原地区的个别困难户。救济款结合发放救济布、棉，安排口粮等工作进行发放，解决返陕移民、部分五保户、人多劳少困难户和受灾群众的制作寒衣，购买口粮的困难。

---

① 《潼关县支援三门峡水库修建工程工作委员会关于申请解决当前返陕移民生活困难及棉花布证的补助报告》（1962 年 6 月 6 日），全宗号 J071，目录号 2，案卷号 22，长期，潼关县档案馆藏档。

② 《潼关县民政局、商业局、潼关县支援三门峡水库修建委员会关于分配农民衣着困难补助指标的通知》（1962 年 8 月 11 日），全宗号 J071，目录号 2，案卷号 25，长期，潼关县档案馆藏档。

在救济工作中，对于分散在社会上而生活无着的摘掉右派帽子的人员和右派分子也给予适当救济。

发放救济款和救济物资，贯彻“专款专用、专物专用、重点使用、不得浪费”原则，逐级下拨指标，采取领导掌握（或个人申请）与群众评议相结合的方式，评定到户，由生产队签注意见，大队审查，公社核定，以生产队为单位，张榜公布。

对于拨发的棉布、棉花，公社以生产队为单位，开给凭条，由生产队组织救济户到指定的门市购买。各门市部先以库存大而滞销的品质供应，但不能以霉烂变质的不能穿用的顶替。幅窄的条格布，按规定的折收布票率计算。关于救济款，公社将批准的救济户花名册，交给信用部，由信用部直接发给救济户。

返陕移民的救济款及布，只能用于返陕移民，不能挪用于一般社会贫困户，在领发、报销时与冬令救济分别造册上报①。

移民自1962年返回陕西，正遇上自然灾害，农业歉收，开荒地少，自留地收入不多，跟当地群众相比，他们生产生活困难更大。因此，1963年春耕期间重视和解决移民的生产生活显得特别重要，帮助移民自力更生和互通有无，潼关县根据不同情况在销售指标上优先照顾，在生产上让他们多做一份工，对一些困难大的移民通过集体帮助、国家扶助的办法，解决他们的农具、肥料等不足困难，使他们尽快赶上当地社员的生活水平，或过上原来的生活②。

1964年，返陕移民生活困难较大，渭南专区又拨给潼关县分配12390元生活困难补助款，主要解决移民没有案板、风箱、水缸、铁锅等问题，结余之钱照顾没钱看病、没钱买衣服等有困难的返陕移民③。此款由公社分配到队，款存信用社，指标到户，各大队组织加工、订货，移民户凭大队证明取货。各大队发放完毕，结算上报县移民局。从1964年开始，返陕移民生活困难，由民政部门或生产队负责解决，移民部门不再拨款④。内迁移民生活困难，民政部门根据

---

① 《潼关县民政局、商业局、移民安置局、供销合作社关于拨发冬令救济、返陕移民救济款、救济用布棉的联合通知》（1962年11月23日），全宗号J071，目录号2，案卷号25，长期，潼关县档案馆藏档。

② 《在公社党委书记会议上传达元月中旬专署召开的移民工作会议与2月7日晚专署关于移民工作的电话会议精神的报告》（1963年2月8日），全宗号J071，目录号1，案卷号40，永久，潼关县档案馆藏档。

③ 《潼关县移民安置局关于当前移民安置工作中几个问题的意见》（1964年5月31日），全宗号J071，目录号2，案卷号41，长期，潼关县档案馆藏档。

④ 《潼关县移民安置局关于当前移民安置工作中几个问题的意见》（1964年5月31日），全宗号J071，目录号2，案卷号41，长期，潼关县档案馆藏档。

实际情况救济，或由安民队在公益金项下酌情补助。

1964年7月，潼关县移民安置局抽派干部到各公社安民队摸底，了解了安民队的生产生活水平和缺少耕畜、中型农具等基本情况，并根据“没困难的不补助，困难小的少补助，困难大的多补助，特别困难的集中帮助解决问题”原则，把困难队作了分类排队。全县安民生产队共计245个，急需补助的52个，困难队中，集中安民困难大的重点队有：高桥公社小泉队；港口公社凹里5队、先锋13队，南头公社留果10队，代字营公社姚青6队，西姚12队，太要公社老虎城大队的小寨子、范家寨2个小队，共计8个队。分散安民困难较大的次重点队有：代字营公社代字营8队，东埝4队，太要公社老虎城8、9、10队，西堡寨3队，李家村公社太要5队，沟西大队4队，安乐公社葛条湾、东柳湾4、7队，南头公社东马3队，港口公社上寨队金盆4队，潼川6队，吴村公社亢家寨3、4队，共计17个队。其余27个队为一般困难队①。

县移民安置局提出，拨给上述安民队的生产困难补助费，只能作为安民队集体添购牲畜、大中型农具，不能发给移民个人，根据没困难的不补助，困难小的少补助，困难大的多补助和返陕移民困难大于内迁移民，集体安置困难大于分散安置的实际情况发放，以集体安置和集中安置的生产队为重点发放，专款专用，指标到队，款存银行，先由安民队做出计划，买到牲畜、农具后，凭票领款②。

1964年9月，渭南专署给潼关县增拨了一批安民队生产补助款。潼关县移民局提出，这笔款本着“区别情况，重点使用”的原则，以集体安置单独核算的队和安置过分集中而当前生产、生活困难较大的地区为重点发放，适当照顾其他安民较多并在生产上确有困难的安民队，不发给非安民队、城镇非农业人口、暂居350米高程以下未做正式安置和回水塌岸区的移民，用途上只能给安民队添置牲口和中型农具，不能做其他使用。

根据上述原则划分了全县安民队，安民较多、困难较大的重点补助队8个（即：高桥公社的小泉队，港口公社的凹里五队、先锋13队，南头公社的留果10队，代字营公社的西姚12队、姚青6队，太要公社的老虎城12队、13队）；

---

① 潼关县移民安置局写给渭南专署移民局的信（1964年7月16日），全宗号J071，目录号2，案卷号36，长期，潼关县档案馆藏档。

② 《潼关县移民安置局关于当前移民安置工作中几个问题的意见》（1964年5月31日），全宗号J071，目录号2，案卷号41，长期，潼关县档案馆藏档。

安民较少、困难不太大的次重点补助队 14 个；一般困难的补助队 20 个①。

县移民局指出，安民队的生产补助款指标到队（公社不留机动），款存银行。安民队做出购买牲口、农具计划或凭购买单据，经公社审批后领款。所需物资中的推杈等木器农具，由公社组织加工；牲口、架子车等由县移民局、供销社等单位供应。各公社还可本着从实际出发、实事求是的精神，提出队数增减或指标调整意见，专题报县移民安置局核批②。

各公社在安置移民队困难补助方面，（除港口、代字营、李家村公社）提出了增减和调整意见。县移民安置局就有关问题进行研究，为了贯彻补助款的积极效用、促进生产，本着“区别情况，重点使用”的原则，对安置移民一户的队不予补助和虽在两户以上而困难不大也不补助，更不能因有欠款而补助。经县人委批准如下：

太要公社提出增加的 10 个队中，调整为窑上 4 队、南歇马 5 队、南巡 5 队、欧家城 8 队四个队，连同原计划补助的六个队，共补助十个队。

南头公社提出增加，调整为东马 6 队、下北队 3 队、万家岭 4 队、连同原计划五个队，共补助八个队。

吴村公社提出，原计划中吴村 9 队条件较好，不宜补助，调整为管南 3 队。

高桥公社提出增加补助队，原来高桥四队只安置一户移民不予补助，调整为高桥 2 队、张尧 4 队，共计八个队。

安乐公社提出增加三个队，除西柳湾 4 队一户移民不予补助外，毛沟 3 队、东柳湾 1 队，连同原计划，共四个队。

以上调整补助队，除原指标外，又增加了 5091 元。鉴于靠近山区的安乐、李家村要照顾，其他按原指标比例增拨，所增加补助指标由公社掌握分配，但只在调整后的补助队中增加，不另行决定新的补助对象③。

县移民局拨给吴村公社移民困难生产补助款 3999 元，仅能解决亢家寨大队四个生产队困难的不足，税南、上屯、南寨子等几个大队的移民生产队困难也

① 《县人民委员会关于发放安民队生产困难补助款与返陕移民生活困难、院墙、大门补助款的通知》（1964 年 9 月 5 日），全宗号 J020，目录号 2，案卷号 214，长期，潼关县档案馆藏档。

② 《县人民委员会关于发放安民队生产困难补助款与返陕移民生活困难、院墙、大门补助款的通知》（1964 年 9 月 5 日），全宗号 J020，目录号 2，案卷号 214，长期，潼关县档案馆藏档。

③ 《潼关县移民安置局关于安民队生产困难补助款调整和院墙大门补助款发放办法的通知》（1964 年 11 月 28 日），全宗号 J071，目录号 2，案卷号 36，长期，潼关县档案馆藏档。

是不小的。这几个移民生产队的实际情况是：

段名大队第七生产队有返陕移民1户6人，有耕地410亩，牲口9头（能使役的6头），社员口粮1963年平均163斤，1964年每人平均108斤，欠外债3120元。

税南大队第三生产队有返陕移民1户4人，有耕地614亩，牲口15头（能使役的10头），社员口粮1962年每人平均158斤，1963年每人平均178斤，1964年每人平均115斤，欠外债8402元。

税南大队第二生产队有返陕移民1户3人，有耕地500亩、牲口14头（能使役的9头），社员口粮1962年每人平均137斤，1963年每人平均115斤，1964年每人平均110斤。

南寨子大队第一生产队有返陕移民1户，有耕地491.3亩、牲口18头（能使役的12头），社员口粮1962年每人平均165斤，1963年每人平均230斤，1964年夏粮每人平均84斤，欠外债1050元。

南寨子大队第二生产队有返陕移民1户，有耕地610亩、牲口14头（能使役的12头），社员口粮1962年每人平均172斤，1963年每人平均231斤，1964年夏粮每人平均73斤，欠外债2050元。

南寨子大队第七生产队有返陕移民1户，有耕地525亩、牲口14头（能使役的11头），社员口粮1962年每人平均200斤，1963年每人平均272斤，1964年每人平均110斤，欠外债1100余元。

上屯大队第一生产队有返陕移民2户，有耕地431亩，牲口16头（能使役的11头），社员口粮1962年每人平均250斤，1963年每人平均310斤，1964年夏粮每人平均75斤，欠外债3690余元。

上屯大队第二生产队有返陕移民1户，该队有耕地445亩，牲口12头（能使役的11头），社员口粮1962年每人平均183斤，1963年每人平均240斤，1964年每人平均85斤，欠外债1800余元。

上屯大队第三生产队有返陕移民3户，有耕地644亩，牲口21头（能使役的18头），社员口粮1962年每人平均230斤，1963年每人平均262斤，1964年每人平均82斤，欠外债2800余元。

税南大队第一生产队有返陕移民2户，有耕地465亩，牲口16头（能使役的10头），社员口粮1962年每人平均154斤，1963年每人平均200斤，1964年每人平均102斤，欠外债6572元。

税南大队第四生产队有返陕移民1户，有耕地453亩，牲口15头（能使役的9头），社员口粮1962年每人平均160斤，1963年每人平均130斤，1964年每人平均110斤，欠外债1265元①。

吴村公社指出，上述移民生产队均属于困难大的队，由于牲口、农具的不足，直接影响了生产，加之近年自然灾害的发生，社员口粮不足。1964年国家给这些生产队解决了些生活安排粮，但由于社员经济困难无钱购买，经请示县人委后，解决406元的生活补助款②。

1965年9月，为了迅速改变安民队现有面貌，县移民局发放一批生产困难补助款。全县共发放生产困难补助费13500元，解决全县8个公社19个生产队的生产困难问题。受补助的生产队根据一头牲畜500元的价款购买牲畜，同时牲畜价每头如超过500元者，由生产队自己弥补，低于500元，只要用于牲畜，县上仍按指标发给补助款。各公社按照规定，督促生产队购买牲畜，办理领款手续，领款手续按以往办法执行③。

上级给潼关县安民地区各公社拨款13500元，用于购买牲畜，又增拨42500元，全部投入农田基本建设和人畜用水方面。县移民安置局对增拨的经费作了如下安排：

南头东里队2000元、东马队1500元、留万渠2000元，港口金盆队2000元、西廒队2000元、小寨子3000元，李家村公社安上队3000元、西沟队3000元，高桥公社张尧队6000元、斜惠渠3000元，太要公社老虎城队8000元，安乐公社葛条湾队600元，潼惠渠6400元，合计42500元。

县移民安置局指出，所拨生产补助款，必须专款专用，切实解决安民队急需解决的农田水利和人畜用水问题。安民队按过去领款办法领款④。

1965年，潼关县给移民队发放生产困难补助费58059.15元，购买牲畜109头、架子车10辆、山地犁46把、喷雾器21个、铡刀7个、耙耱等农具21件，修理轧花车2个⑤。

国家为了扶持安民队尽快恢复和发展生产，给移民拨放不少生产困难补助

① 《潼关县吴村人民公社管理委员会呈请再次拨给返陕移民生产困难补助款》（1964年9月23日），全宗号J071，目录号2，案卷号36，长期，潼关县档案馆藏档。

② 《潼关县吴村人民公社管理委员会呈请再次拨给返陕移民生产困难补助款》（1964年9月23日），全宗号J071，目录号2，案卷号36，长期，潼关县档案馆藏档。

③ 《潼关县移民安置局关于发放生产困难补助费的通知》（1965年9月14日），全宗号J071，目录号1，案卷号62，永久，潼关县档案馆藏档。

④ 《潼关县移民安置局关于"下拨安民地区农田基建和饮水设施补助款"的通知》（1965年12月9日），全宗号J071，目录号1，案卷号62，永久，潼关县档案馆藏档。

⑤ 《潼关县移民安置局一九六五年移民安置工作总结报告》（1966年1月12日），全宗号J071，目录号1，案卷号62，永久，潼关县档案馆藏档。

款，帮助移民解决了生产上的困难。潼关县切实做好了上级批拨的生产补助款的发放工作，充分发挥生产补助款的效用，达到巩固移民在安置区的目的。

第四节　补助返陕移民修建大门、院墙

1963 年返陕移民的安置工作主要是集中力量大量进行建房工作，8 月底共发放建房款 410104 元，有 246 户已建房 765 间，有 250 户移民已经住上了新房，339 户划定了庄基。同时帮助移民解决了建房中的材料困难，如及时提供了门窗料等，促进了建房工作。所有的这一切对巩固移民的思想起了很大作用①。

1964 年 5 月，根据五月专区县长会议和大荔移民工作会议精神，对没有安置好的要安置好，已经安置好的要积极巩固，个别生产队有困难的可设法解决。为了扶持安民队尽快恢复和发展生产，帮助移民解决生活上的一些困难，以便把移民从根本上巩固在安置区，国家又给移民拨了一批生产困难补助费，省上也批拨了专款帮助解决院墙、门楼、饮水和缺乏生活用具等问题。

潼关县根据上级指示精神，在教育移民自力更生，发展生产、克服困难的同时，切实做好上级批拨的生产、生活补助款的发放工作，充分发挥这批专款的效用，达到巩固移民的目的。

1964 年 9 月，为了扶持安民队迅速恢复和发展生产，把移民从根本上巩固在安置区，渭南专署给潼关县增拨了一批安民队生产困难补助款及返陕移民生活困难、院墙、大门补助款。关于返陕移民的院墙、大门补助款的发放和使用，县移民局规定如下：

返陕移民的院墙、大门问题，应以生产队包打为主，国家给予补助。院墙以丈为单位计算，每丈②补助四元。计算方法是：所打院墙总数减去房屋后墙（每间按一丈减）和大门占用的墙（按一丈减），即为应补助的丈数。大门以户计算，返陕移民每户补助五十元。内迁移民平均每户补助五元，但要重点补助，不能平均发放。

包建房、包打院墙者，补助款原则上发给包建单位；自建房、自打院墙者，补助款原则上发给移民个人。如果双方有其他协议者，补助款给谁可由双方协

① 《潼关县移民安置局关于移民安置工作的情况报告》（1963 年 9 月 13 日），全宗号 J071，目录号 2，案卷号 28，长期，潼关县档案馆藏档。

② 1 丈约等于 3.33 米。

商解决。

凡有下列情形之一者，均应发给补助款：

房已建、院墙已打，或院墙未打而房已建者（如系旧庄基带有旧墙，应视其新旧程度，付给原墙主一部分或全部）；

房未建、院墙未打，但移民安心且已备料者（款应在其建房时发给）；

移民安心而生产队未给划好庄基者（平均每户按 12 丈计算）；

建房款已领而房未建，但移民安心，而且积极设法建房者；

所买旧房为几户一院，而移民准备拆料另建新房，且已取得生产队同意者；

凡有下列情形之一者，不应发给补助款：

长期不安心，既不备料，也不要生产队给划庄基者（今后视其安心与否和补助款使用情况，决定给或少给、甚至不给补助款）；

打新窑或者别人院中建房不需要院墙、大门者；

如与人合家、上门、出嫁（指一户而言），那家已有院墙、大门者，一般不发补助款；如果没有，可酌情补助一部分。

补助款发放工作由各公社一名社长负责，发放前召开一次移民会议，讲解党和政府对移民的关怀和补助款的发放目的、原则、方法，并向移民进行思想政治教育，号召移民安心扎根，进一步做好建房工作。各安民队召开一次新老社员会议，教育新老社员和睦相处，制订发展集体生产的规划，以达到从根本上把移民巩固在安置区和发展生产的目的①。

院墙、大门补助款在发放时，各公社摸底复查，依据县人委规定办法进行工作，一般能接近指标。但个别生产队的院墙数量有多报，不能由国家负担，如后墙是老城墙、院中的照壁墙、院内的厕所墙、围墙都算作院墙，也有原来的旧墙不宜另打而计算在内等。这样不仅增加了国家负担，而且在全县移民中影响不好，也有移民独立院只算了一面墙和整户遗漏等问题。对于包建房、包打院墙者发给包建单位，如果双方有其他协议者，补助款给谁可由双方协商解决。据移民来访、来信反映，有些原建房每间 340 元指标尚未用完将钱分了，有的求快质量很差，院墙、大门补助款由谁领，还不能达成协议，引起很大意见。

上述问题的处理，县移民安置局指出，由公社审查提出处理意见，报县重

① 《县人民委员会关于发放安民队生产困难补助款与返陕移民生活困难、院墙、大门补助款的通知》（1964 年 9 月 5 日），全宗号 J020，目录号 2，案卷号 214，长期，潼关县档案馆藏档。

新研究批答外，对于有问题的院墙款，按以下规定执行：

一、后墙靠崖的不足五市尺的按全墙付给，五尺至十三尺折半付给，十三尺以上不计算。二、原有旧墙已倾斜快要倒塌者可发给打新墙款，利用庄基原有墙不满五市尺者可计入新墙款内。三、院墙补助款庄基在十二丈以内按实有长度发给，如超过十二丈的院，超过部分不发，由移民自理①。

这些院墙补助款发放时，各公社逐户复查，遵照县人委规定，符合者填制复查数量卡片，由生产队造册，移民户盖章到公社领取。

1964年，潼关县建房7716间，其中给内迁移民建房5605间，返陕移民1258间，塌岸移民853间；住进新房2821户11284人，共打起院墙4184丈，建起大门338个，修建饮水井（窖）16眼②。1965年潼关县拨饮水设施补助款900元，打井2眼，门楼、院墙款61711.60元，打墙816丈，修门楼69个③。

院墙、大门补助款的发放，有助于彻底完成移民建房遗留工作，但不容忽视的是各种补助款发放存在如下问题：第一，发放不及时。有的公社院墙、大门、灶具款均未及时发到移民手中，影响生产工具和生活用具及时发挥作用。第二，发放方法有问题，多数公社发放院墙、灶具款时，都按照移民局当初为上报预算和下拨指标参考用的摸底表发的，结果有的与实际情况有出入，移民有意见。个别大队发放救济棉花、布证，采取平均主义的方法。第三，个别地方未贯彻专款专用原则。吴村公社税南大队将400元饮水设施补助款建水磨。部分公社发放院墙、大门、灶具款时，手续不严密，一些移民将钱领到后乱用了一部分。代字营公社姚青大队（重点补助队），买回6头耕畜，却将原来的2头幼畜卖了，把1头老的杀了吃了④。

---

① 《潼关县移民安置局关于安民队生产困难补助款调整和院墙大门补助款发放办法的通知》（1964年11月28日），全宗号J071，目录号2，案卷号36，长期，潼关县档案馆藏档。

② 《潼关县移民安置局一九六四年工作总结报告》（1965年2月7日），全宗号J071，目录号2，案卷号40，长期，潼关县档案馆藏档。

③ 《潼关县移民安置局一九六五年移民安置工作总结报告》（1966年1月12日），全宗号J071，目录号1，案卷号62，永久，潼关县档案馆藏档。

④ 《潼关县移民安置局一九六四年工作总结报告》（1965年2月7日），全宗号J071，目录号2，案卷号40，长期，潼关县档案馆藏档。

第十二章

清理移民经费

移民经费在国家下拨之后，因各种原因，一直没有清结。移民安置结束后，潼关县才开始清理移民经费。本章考察了港口公社、代字营公社、高桥公社移民经费清理的过程，由此看到这次移民经费清理非常彻底，不仅弄清楚了公社及各大队的账目和经费管理人员的问题，而且在发现移民经费挪用、浪费严重之后，建立严格的经费管理制度，堵塞各种漏洞。

第一节　移民经费使用情况

1959 年内迁移民开始后，移民经费采取逐级包干的办法，即县（笔者注：此处指的是潼关县与渭南县合并后成立的渭南县）境内迁安一个农村居民投资 292 元（不包括行政管理费）划分迁移与安置两部分，分别包给安置社每人 212.7 元，水库区每人 79.3 元，迁往蒲城每人 41.8 元，迁往草滩农场每人 30 元，潼关城镇每人 320 元（农村每人 292 元）。移民经费实行包干后，各公社监督检查执行情况，移民经费用作生产投资，核减非生产开支，妥善安排移民生产生活①。

1960 年 3 月，渭南县对迁安在农村移民的经费提出修订意见：县迁安一个移民投资 292 元（不包括行政管理费）分为迁移与安置两部分，分别包给迁、安公社（本社后靠统一掌握）。经费的主要项目、比例、使用范围划分如下：

一、生产措施投资补助费占 20%，即 58.4 元，其中安置区用于举办中小型水利及其他农田基本建设，购置大型机具、农具、肥料、牲畜、养猪和工企业等，每人 56.9 元，内有补偿移民在库区的浇地水井及小型的水利设施费用，由

① 《关于渭南县境内 335 米居民迁移、安置工作的安排意见》（1959 年 11 月 3 日），全宗号 J071，目录号 1，案卷号 14，永久，潼关县档案馆藏档。

迁出社评价记账，以安置队为单位，分别转给安置公社或生产队。库区用于移民集体所有和个人所有的果树、成片芦苇、黄花、菜园的培育成本补偿等，每人为1.5元。

二、房屋迁建补助费占64%，即186.88元，其中划给库区房屋拆除费每人3元，库区房屋补偿费105.59元（库区评议造册，转安置区抵作修建房屋投资），划给安置区修建补助费78.29元（比原来多划28.38元，系将残料运费计算在房屋造价内）。

三、迁移费占10%，即29.2元，全部用于库区移民私有和集体所有的物资运输、人口迁移、牲畜迁送等所需费用。

四、公共建筑物迁建补助费占1.9%，即5.5元，其中用于库区原有公用房屋的拆除及残料运输费每人1.5元，用于安置区修建必要的公共建筑物费用4元。

五、库区清理费占2.74%，即8元，主要用于库区移民迁出后，房基、窑洞的平整，牲畜圈、厕所、污染场所的消毒，坟墓迁葬和人工挖坑的填塞及其他清理等费用。

六、其他费用占1.38%，即4.02元，其中划给库区2元，安置区2.02元，主要用于设站接待、物资赔偿等其他一些未预算到的必要开支。较大的开支，经县批准后，方可动用。

以上合计迁出社每人45.2元，占迁安费用的15.48%，安置区每人246.8元，占迁安费用的84.52%①。

上述包干的各项费用，多不退，少不补，节余部分必须用在发展移民生产事业方面。结余资金的使用要做出规划，逐级上报。各项经费包干指标除生产投资费外，其余各项若有节余，公社可调剂使用②。

1959年至1961年，渭南县共迁出或安置335米以内的居民74586人，其中本县境内安置38819人，实际安置33293人（渭南24651人，潼关8047人，华阴569人，华县26人），在外人口5526人（华阴50人，潼关332人，官道、固市5144人），迁往蒲城31560人（包括在外人口3614人），迁往草滩农场1370

① 《渭南县支援三门峡水库修建工程工作委员会关于对县境内迁安在农村移民经费包干指标的修订意见》（1960年3月23日），全宗号J071，目录号2，案卷号15，长期，潼关县档案馆藏档。

② 《渭南县支援三门峡水库修建工程工作委员会关于对县境内迁安在农村移民经费包干指标的修订意见》（1960年3月23日），全宗号J071，目录号2，案卷号15，长期，潼关县档案馆藏档。

人，在外人口163人，自由迁移2674人。按照包干指标，县内安置每人迁移安置费300元，清库费8元，公共建筑费2.8元（潼关吴村城镇5811人，公共建筑费按30万元计算），迁往草滩农场移民除不计算公共建筑费外，与县内安置移民相同；迁往蒲城移民每人按36.8元计算。

按照上述人数和指标，省给县包干的经费1472346160元，县按原规定包干指标，农村实安人口，每人迁安费278.5元，公共建筑费2.8元，清库费8元，吴村城镇移民除每人包干320元外，另拨给公共建筑费257427元；自由迁移每人迁移安置278.5元，在外人口、县内农村每人278.5元，城镇每人256.2元，草滩农场每人300元，迁往蒲城移民按原包干指标36.8元，迁往草滩农场1370人，按实支数44706851元计算，总计县下达的包干数为1400448704元。包干以后，县还剩余71897456元，这些机动费建移民站、物资运输等已支出1311592元，尚留机动费70585864元①。

农业人口的经费开支标准已有明确规定，城镇人口迁安却没有。若以农业人口的经费去迁安城镇人口，经费相差太远。为此，潼关县按城镇人口的迁移安置情况定出开支范围和标准。

潼关335米高程城镇移民共迁移10644人，分别安置在新城镇、太要、港口，部分移民征得本人同意自由迁出库区。迁移经费因不在同一地区安置，因而经费指标有所不同。迁移时，按照迁移人数由原渭南县拨付经费3656776.23元，其中5994人安置在新城镇每人指标为320元，共拨经费1906406.43元，2116人安置在港口每人指标为289.3元，共拨付经费610582元，269人安置在太要每人指标为289.3元，共拨付经费77789.3元，自由迁移2265人经费指标为278.5元，共拨付经费630802.5元，除按人数指标拨付经费外，原渭南县拨公房修建补助款257427元，分县时按照移民人数拨给机动费173769元。335米高程城镇移民中已支付2903746.16元，结余资金753030.07元（包括材料款141726.09元）。移民经费具体使用情况如下：

一、生产措施投资补助费：按指标拨付375975.48元，原规划11600元，已使用33078.5元，其中修建农牧场宿舍508间，投资30000元，果幼树赔偿1965株，赔偿费3078.05元

二、迁移费：按指标拨付191104.62元，原规划100125元，已使用31404.92元，其中人口迁移2265人，物资迁运32722吨。

---

① 《渭南县关于分县后移民经费划分和财产处理的意见》（1961年9月11日），全宗号J071，目录号2，案卷号19，长期，潼关县档案馆藏档。

三、其他：按指标拨付54657元，原规划20576元，已使用4602.12元，其中包括移民物资损坏、搭盖临时的工棚等。

四、房屋迁建补助费：按指标拨付220910.64元，后又增加公房补助费257427元，共为2466437.64元，原规划投资1051753元，调整为2541357元，已使用2462440.79元，其中机关建房规划1587339元，已使用1535029.44元，建房2756间，居民房规划900000间，已使用798249.14元，建成房2486间，库外机关单位领取补助费103140元，房屋拆除费规划54018元，已使用26022.21元，拆除房屋5437.5间。

五、公共建筑补助费：按指标拨付330456.49元，原规划2322300元（包括机关房在内），已使用354370.5元，其中大礼堂一座，公厕两幢八间，修滤水池5个、买水管5100米、建水厂房4间。

六、道路及公共场所调整投资51625.46元，修整路面3318米、下水道940米、排水渠3361米、漏水一处。其他公共设施使用69041.26元，赔偿700亩土地及迁坟、青苗赔偿、居民围墙门楼等。

七、库盘清理费：按指标拨付64376元，原规划48290元，已使用14680.33元，药品清毒618处，砍树2424株，拆墙3000丈。

八、机动费：渭南拨付173769元，已使用3169元，实收入170600元①。

335米高程城镇移民迁移迁建基本按照规划进行的，经费使用比较合理，贯彻了“社办移民，包干负责”的精神。但由于移民迁建复杂，技术性强，个别项目经费使用掌握不严，造成超支。如修建礼堂一座，原安排资金140000元，已使用180287元，较原规划超支40287元，造成浪费②。

回水塌岸区移民经费采取单项包干和掌握使用，公社掌握使用的项目：生产措施投资补助费、经济林木补偿费、其他费用和库盘清理费③。各管区包干的经费与使用范围：

---

① 《关于三三五高程城镇移民经费使用情况的汇报》（此档案无日期），全宗号J071，目录号2，案卷号22，长期，潼关县档案馆藏档。

② 《关于三三五高程城镇移民经费使用情况的汇报》（此档案无日期），全宗号J071，目录号2，案卷号22，长期，潼关县档案馆藏档。

③ 生产措施投资补助费，用于兴修农田水利补偿和安置后的农田土壤改良、水利、农具、肥料以及社办工业等支出。经济林木补偿费，主要用于移民集体和个人所有的果树、幼树，黄花菜园以及多年生长经济作物等补偿或移植费。其他费用和库盘清理费，用于清库和一些未能涉及的费用均由此项费用开支。见《渭南县潼关公社移民委员会关于我社335米高程回水塌岸危险区农民迁安的经费指标划拨意见》（1960年9月27日），全宗号J071，目录号2，案卷号14，长期，潼关县档案馆藏档。

一、房屋迁建补助费，包括房屋拆除费、房屋修建补助费和房屋补偿费等，社员个人房屋和生产队集体所有房屋在迁出前组织群众评出时值价，记在个人名下，在拆除时安置到哪个队将残料运到哪个队建房。每个移民为0.8间（社员个人0.6间，生产队0.2间），统筹安排进行修建，移民房屋补偿价和残料到安置区根据所分新房造价相抵，多余价款付给个人，所分新房归社员所有。对于不足新房价款的住户，视其经济情况，由本人一次或分次偿还，确无条件偿还者，组织群众评议，生产队审查，管区批准，给予适当减免，并报公社备查。新房的结构、形式要跟群众协商确定。房屋迁建补助费每一移民187元，由管区包干使用。

二、迁移费。社员个人和生产队在库区的生活用具和农具家具以及其他物资应尽量带走，如迁运不合适就地处理。库区和冲刷地区的坟墓，要迁葬370米以上的埋葬地点，酌情发给迁葬补助费，库区群众不愿迁者可不迁。迁葬费每一移民为8元。

三、公共建筑迁建费。移民在库区的公共建筑如民办学校，按其质量好坏评价补偿，到安置后在补偿指标内根据需要进行修建，公办学校、卫生所等房屋不予补偿，将其残料运到安置区根据需要和移民规定指标进行修建。祠堂凡属生产队占用的，统归生产队，将残料带至安置区用于公共建筑，也不予补偿。公共建筑迁建费每一移民为5元。

上述三项经费，各管理区包干使用，每一移民200元。移民经费专项使用，不能互相拉用，如个别项目需调整，事先提出调整意见，经公社审批后才能调整。管区包干的经费超支不解决，节约不上交。移民经费专人负责，专账管理，不能与其他经费混淆，采取以队为基础作核算单位①。

潼关县安置返陕移民的经费，暂按每个移民210元的经费指标使用，各项开支具体划为房屋迁建补助费140元，生产措施补助45元，生活补助10元，途中运费15元。各安置公社依据这些标准，按照实际安置人口，编造预算，向移民局借支使用。各项费用具体开支，公社向移民局核销。途中运费指标，县移民局直接掌握使用，不再下拨公社②。

国家拨给潼关县的移民经费，由于县、社区规划调整，账项手续交接繁多，

---

① 《渭南县潼关公社移民委员会关于我社335米高程回水塌岸危险区农民迁安的经费指标划拨意见》（1960年9月27日），全宗号J071，目录号2，案卷号14，长期，潼关县档案馆藏档。

② 《县人民委员会关于1962年下半年本县水库区移民安置工作的安排》（1962年9月18日），全宗号J020，目录号1，案卷号219，永久，潼关县档案馆藏档。

一直没有清结。为了弄清楚历年来的移民经费使用情况，潼关县在全县范围内展开移民经费清理和结算工作。

第二节　港口公社清理移民经费

1967年4月15日，港口移民经费结算工作开始在苏家村试办，随后在全公社范围内全面铺开，至5月28日完成结算工作。整个工作分为三个阶段：第一阶段，用5天时间宣传动员，成立领导机构。全公社安民的九个队（小队），其中苏家村、凹里、金盆、南刘村移民户较多，成立了五至七人的清结领导小组，公社成立九人的清结领导小组，每队均有一名队长或支书负责，公社由张明智社长负责。第二阶段，用12天左右审查人口、落实房权、上下查账，结算和处理具体问题等工作。第三阶段，用3天时间总结移交工作。

全公社原安置移民65户257人，审查核实后为60户247人，审核增减人口的原因主要是以返陕时的人口为准，此后生不添死不减。房屋均依照公社原评定的指标不动。公社原定建房指标176间，根据这次核定的人数确定为169.2间（李道杨、郝文虎未算在内）。

建房经费，县上拨款60350元，拨给各大队59518元，由于建房指标到户，移民负责建房，经费使用没有问题。不少户超建了房，房质量很好。结算核对经费为62348.87元，较下拨款多2830.87元①。

各大队安置移民在3户以下的问题不大，手续基本清楚。安置移民较多的如苏家村、凹里、南刘、金盆四个队存在一些问题，这些大队按照公社规定，先后处理存在的问题。

苏家村大队　该大队60户2766人，该大队原登记安置移民28户114人，经核实为23户99人。此次移民经费清理主要处理了以下问题：

一、安大门、打院墙问题

返陕移民原由生产队划庄基安置的，均以返陕时的户数发给院墙、大门补助款；对地、富或家庭主要成员系反、坏和新生资产阶级分子者不发院墙大门补助款。对于返陕移民分给市民房的院墙、大门补助问题，经研究决定，下列六户发给补助款：

① 《港口公社返陕移民经费清理、房屋结算、验收移交工作总结报告》（1967年5月27日），全宗号J071，目录号1，案卷号71，永久，潼关县档案馆藏档。

（一）宋林峰可以安门，由国家补助院墙 3 丈。

（二）王宏印可以安门，由国家补助院墙 7 丈。

（三）王宏印和毕浪川的院子东两间门前由王宏印使用，毕浪川的房前归毕浪川使用，王宏印四间房的院子放于房后安大门的院落。

（四）毕浪川可以安大门，由国家补助院墙 3 丈。

（五）奕国庆可以安大门，由国家补助院墙 3 丈。

（六）邓天才可以安大门，由国家补助院墙 6 丈。

不予补助院墙大门的有四户：乔相龙、范明岗系家庭主要成员，为反革命现管分子。张济是地主。杨福田是返陕后分家的。

二、关于分房问题

（一）张栓牢因与张忠喜是一户，根据返陕时的人口、支数、辈数，评议建房三间，而该户原评定四间指标，收回一间，将原给张忠喜一间指标分的 1.5 间市民房收回。

（二）张淑芹经审核不属返陕移民，原评的建房 2 间指标全部收回，即收回已分的市民房屋 2.5 间。

（三）李牡丹属于在宁嫁出的人口，男方又系临潼县安置的返陕移民，故原评指标 2 间收回，即收回分配的 3 间市民房屋。

（四）乔相龙兄弟三人原为一户，且家庭主要成员是现管分子，核实指标为 6 间，原评定 9.3 间，收回 3.3 间。

三、经费结算问题

公社和大队账务对不上，公社拨款 23600 元，大队账面 24988.9 元，多出 1388.9 元。经查核，有宋林峰房价 409 元、公社拨后靠移民经费 979.9 元为返陕移民经费。

账上其他收入 35.61 元，查出八队收回的木料多收款，具体情况：原分给茹更祥木料款 231.1 元，茹更祥把木料交回后分给六户（刘文清 60.30 元，张济 48.71 元，刘百娃 38.1 元，李金升 14 元，乔相宁 53.6 元，茹更祥 52 元），收回款 266.71 元，多收 35.61 元。处理意见：按木料全额比例 13.35%退回，退给刘文清 8.14 元，张济 6.5 元（交生产队扣超支），刘百娃 5.09 元，李金升 1.87 元，乔相宁 7.11 元（超房价上交），茹更祥 6.91 元。

原给返陕移民拨居民款房 20 间，除李牡丹、毕兴逢、张忠喜收回原分配房 7 间外，剩下 13 间收回原造价 1931 元（宋林峰 409 元，毕浪川 600 元，王宏印 922 元）。

结算结果：毕浪川超款 286 元，收回分的居民房屋 2 间（折价 303 元）后，退给现金 17 元[1]。

凹里大队　该队安置返陕移民 10 户 33 人，经过审查核定为 10 户 34 人。全大队建房 24 间（刘文清从苏家村大队带来两间在内），经领导小组会和移民群众会讨论全部不动。

该队院墙和大门自建公助，每丈墙补助 4 元。远望沟 3 户和一队王进伍院墙未打，移民群众会议讨论每户平均按 10 丈补助，大门每户各补助 50 元。用款的要求是，指标到户，钱存银行，工程做好后，凭大队证明领取。

四队裴随随的庄基宽 2. 2 丈、长 3. 6 丈，是个半截院，但后边还有 5 丈 3 尺 4 寸长的地基，被张俊才占用。经移民经费清结领导小组研究，同意划通。

该队经费存在以下问题：一、建房费和生产投资合并发放，账面有 19. 85 元余额，待四清运动或韩福成转业后处理。二、五队生产投资的集体部分，私人全部领取，应予以收回，交队扩大再生产。三、冯满盈 1 户 2 人生产投资没有查出，但在大队领据的相抵下还有余额，同时发现王进伍给冯满盈的拨款内，范志亮在 1963 年 4 月 14 日借款 54 元 7 角，本人未知这事，未做处理。四、账面混乱，挪用和贪污移民经费，私人借款有的认账、有的不认账[2]。

南刘村大队　该大队 250 户 1204 人，安置返陕移民 10 户 49 人，有耕地 2850 亩（水地 383 亩，旱地 2467 亩），耕畜 94 头（役畜 64 头）。该大队原来安置返陕移民 10 户 51 人，经审查后核定为 10 户 49 人。

该大队的大门、院墙自建公助，每个大门补助 50 元，每丈院墙补助 4 元。地富家庭、反坏和新生资产阶级分子者，一律不予补助。经实地丈量，核定各户院墙丈数如下：

陈金魁 7 丈、李同茂 5 丈、王方 7. 1 丈、田凤芹 7 丈、蒲永康 8. 9 丈、郭彦亭 6. 4 丈、翁兔娃 7. 3 丈、柴有余 15. 8 丈、屈亚建 4. 2 丈、屈亚文 14. 1 丈，共 82. 8 丈。大门各户 1 副，各补助 50 元。

从宁夏带回的物资处理：陈金魁带回一副大门，退款 6 元；屈亚建带回一副门框退款 4 元、窗扇 2 副退款 4 元；屈亚文带回一副门框，退款 4 元。1963 年领回驮料粮 850 斤而未用，经公社返陕移民经费清结领导小组讨论决定

① 《港口公社苏家村大队返陕移民经费清结工作纪要》（1967 年 5 月 31 日），全宗号 J071，目录号 1，案卷号 71，永久，潼关县档案馆藏档。

② 《凹里大队返陕移民经费清结工作记录》（1967 年 5 月 28 日），全宗号 J071，目录号 1，案卷号 71，永久，潼关县档案馆藏档。

上交①。

金盆大队 该大队5月17日开始结算移民经费，领导小组逐户登记核对，漏登移民4人，其费用按照原领发数多不退、少不补。房屋按照辈数、支数而落实房屋间数，其中：屈居德（坏分子）从低安排，建房三间，内有超建，经研究，退房半间。

各户的移民款全部领走，仅屈玉城、杨玉琴、苏当娃反映三户合家户生产投资款没领。此款经检查，由屈前生经手发给，移民户可到公社查看。苏当娃院墙（旧墙）共10堵，经研究补助墙款7丈（28元），存计大队，墙打好后领款②。

港口公社非常重视这次结算经费工作，积极抽调社干参加，认真安排工作，顺利完成经费结算工作。1971年，港口公社处理返陕移民结算遗留问题，其处理情况如下：

一、返陕移民郝文虎（已迁蒲城县）在潼关移民部门领取建房费850元（房2.5间）1964年四清运动中曾因多报返陕人口一人，给国家退出半间房价。经查明，郝文虎退建房费已由原单位航运队暂收账内，待还款数字落实后，全部上交县移民部门。

二、金盆大队原存返陕移民郝文虎的灶具补助款20元，全部收归县移民部门。

三、先锋大队返陕移民李宽友应退回在宁所领房价长余款263.68元，张春发应退回在宁所领房价长余款131.2元，均打有欠据，由大队按县革委会生产组生字（71）29号通知精神处理。

四、关于金盆大队返陕移民屈乔生、许来生、刁林仁因庄基垫土工程过大，补助100元，此款已全部付清。凹里大队返陕移民韩福成欠生产队16.86元，按县革委会生产组生字（71）29号通知精神处理，国家不再补助。

五、1967年结算中决定付给凹里大队误工补助8.27元，此次予以付给③。

① 《港口公社南刘村大队返陕移民经费清结工作纪要》（1967年5月24日），全宗号J071，目录号1，案卷号71，永久，潼关县档案馆藏档。

② 《港口公社金盆大队移民安置结算会议纪要》（1967年5月25日），全宗号J071，目录号1，案卷号71，永久，潼关县档案馆藏档。

③ 《港口公社返陕移民结算复查中几个问题的处理情况》（1971年5月8日），全宗号J071，目录号1，案卷号71，永久，潼关县档案馆藏档。

第三节　代字营公社清理移民经费

代字营公社安置返陕移民48户219人，移民局拨给移民经费63760.12元，其中建房费53040元，院墙补助款2792元，大门补助款2450元，灶具补助款1060.2元，短途运费1856元，生活补助款2155元，专干工资及费用406.92元。经核对，除灶具款少发0.2元，短途运费少发270元，专干工资结余9.6元，生活补助款多发陈永发一户32元（移民局未下拨，经查后是应该发的），剩余收付相符。

经费结余279.8元，亢兴华贪污退款40.4元，共计320.2元，扣除72元（陈永发生活补助款32元、亢兴华借款40元），剩余经费248.2元，由原移民局出据收回。陈永发生活补助款32元可在移民经费结余中报销。亢兴华欠款40元与贪污未退清款，要另写材料转县银行处理①。

北洞大队　该大队安置返陕移民4户21人，经核实移民为20人，针对移民经费存在的问题，逐项清理结算移民经费：

一、庄基问题：二小队王效弟的庄基长8.5丈，而当地社员院长11丈，为了贯彻执行移民与当地社员一视同仁的原则，按当地社员院落对待，划给11丈。

二、安置尾工：一小队移民孙维善的房屋，由二小队包建，经检查，房墙未上二层泥，未做台阶，少安一副门。这次确定由包建小队给房墙上二层泥，补安一副房门，农历七月前完工。

三、经费问题：（一）院墙大门补助款：三小队移民屈兴汗返陕后与其侄屈景华分家，该户补助款98元，应全部收回。一队移民王安稳的院墙应打13丈，原按19丈领款，多领款24元，应全部退回。（二）宁夏领长余款问题：王效弟在宁领款148.5元，在潼关建房比宁夏多0.5间，原领余款应退回。根据该户是贫农，历年未分过现金等情况，同意本人提出三年内归还50元。剩余98.5元，给予减免。屈兴汗和屈景华是一户，在潼关评定建房指标7间，在宁夏建房5间，领余款225.57元，应全部退款。本人提出，由于历年不分红，劳动力缺乏，三年内归还200元（内有大门院墙款98元）。经研究同意，屈兴汗归还200

① 《代字营公社移民经费清理工作纪要》（1970年9月22日），全宗号J071，目录号1，案卷号76，永久，潼关县档案馆藏档。

元，剩余房款 25. 57 元减免①。

西埝大队　该大队安置返陕移民 4 户 15 人，核定移民 15 人，二队移民王兴顺在宁夏领待建房一间，房价 242. 26 元。经会议座谈确定，全部交回国家，分期偿还。本人写出计划，以决分为期每年至少还 50 元，如年终决分超过 50 元者，分多少还多少。此款由二小队代国家收回，交大队转给移民局②。

东埝大队　全大队安置返陕移民 6 户 41 人，经核定移民 31 人。这次移民经费清理，主要处理了如下问题：

一、庄基问题：四小队刘子厚的庄基线通过丈量，确定以圈定的院落为准，不再伸展，西墙外的墙根不准许栽树，东墙外至埝边 1. 4 丈作为街道，归移民使用。街前的道路以南埝边为准至北墙寺头，宽为 10. 5 丈，为移民专路，不能栽树。如果日后街前坑填平，移民可以自由行走。

二、大门院墙问题：四小队移民屈守忠家系半地主式富农成分，根据政策规定，不能享受大门院墙补助，已领的大门补助款 50 元，全部退回。至于建房时由小队给打的院墙，原建房指标内包括，但队不承认，无证据可查。为此，大队研究确定，该户院墙 14 丈，质量不高，按三分之二给队补助 38 元，本人不予补助。四队移民刘子厚由队包打的院墙，质量不高，尺度也不够，这次处理院墙补助款（院墙共 22. 5 丈，补助 90 元），分给小队 60 元，分给移民 30 元。

三、经费结算问题：四队移民屈守忠在宁夏结算房屋 3 间，领余款 1054. 2 元，在潼关建房指标 5 间，应收回领余款 680 元，连同应收的大门款 50 元，总计应退款 730 元。屈守忠提出逐年退款，已做出还款计划。大队还有经费 916 元，其中 670 元作为生产投资拨给王四彦、王崇西、刘子厚、屈守忠所在生产队，98 元属于王崇西未领的建房款，148 元院墙款应付给刘子厚的院墙 90 元，生产队院墙款 38 元，结算误工补贴 7. 2 元，剩余 12. 8 元退回公社③。

姚青大队　该大队安置返陕移民 8 户 27 人，其问题有如下几项及其处理情况：

一、单辅民与单太平原是一户，李学岗和屈存良原是一户，返陕后分开，都不给辅助大门、院墙款，收回单辅民大门款 50 元、院墙款 48 元，收回李学

---

① 《北洞大队返陕移民经费清结工作纪要》（1968 年 5 月 3 日），全宗号 J071，目录号 1，案卷号 76，永久，潼关县档案馆藏档。

② 《关于处理返陕移民经费问题纪要》（1968 年 5 月 12 日），全宗号 J071，目录号 1，案卷号 76，永久，潼关县档案馆藏档。

③ 《东埝大队返陕移民经费清结工作纪要》（1968 年 5 月 18 日），全宗号 J071，目录号 1，案卷号 76，永久，潼关县档案馆藏档。

岗大门款50元，院墙款70元。

二、李学岗在银川未建房，住屈存良的房，领走库区房款632.20元（其中待建房款2间484.52元，长余款147.68元），返陕后领取建房款2间680元，根据国家政策精神应收回在宁领取的632.20元。另外，李学岗领走的大门院墙款120元，除在结算中应补给屈存良院墙3.5丈（折金额14元）外，剩余106元应交还国家①。

川城子大队　该大队安置返陕移民5户29人，核实移民人口为26人，通过移民经费清结工作，处理了以下几个问题：

一、树木问题：五小队移民王稳劳庄院内有齐春光的树木9棵、郭月桂的楸树1棵。经与树主协商确定，全部砍伐和移走。

二、收长余款问题：六小队移民屈福田在宁夏结算房屋6间，领余款1321.10元，结账后与大儿子屈建通分家，分给房屋3间，返陕后屈与大儿子分别安置于二、六小队，这次结算时潼关给屈福田评定房间5.5间，给屈建通评定房间3.5间，共计9间，比宁夏多建房3间，应收回余款1020元。还款方案：（一）屈建通负责还款170元（本人比宁夏多建0.5间），根据该户人多劳少和历年不分或少分红、生活困难等情况，除由本人负责迁葬院内两个坟墓外，向国家三年内归还房款50元，剩余120元予以减免。（二）屈福田之孙屈治国（本人已死）负责还款850元（该户比宁夏多建2.5间），按照家中有两人全劳和其父是现役军人等情况，归还余款为680元，剩余170元给予减免。屈治国提出："我们家虽有劳力，但每年没有什么收入，自己愿意向国家交回两间房屋，可是我的意见不做决定，待去信和我父亲商量后，来信叫退房或退钱再作定案。"对此，移民部门同意，以其父的意见做决定②。

1970年9月21日，屈治国所欠的680元，因本人房多人少，本人同意退还两间房抵还680元③。

北歇马大队　该大队安置返陕移民4户19人，经核实移民为17人。这次清结移民经费，处理了以下问题：

一、庄基问题：六小队移民王西珍原划庄基不明确，1967年曾发生砍墙问

① 《代字营公社姚青大队返陕移民经费清理工作纪要》（1968年6月1日），全宗号J071，目录号1，案卷号76，永久，潼关县档案馆藏档。

② 《川城子大队返陕移民有关问题处理纪要》（1968年6月5日），全宗号J071，目录号1，案卷号76，永久，潼关县档案馆藏档。

③ 《关于清理代字营公社川城子大队返陕移民经费的补充纪要》（1970年9月22日），全宗号J071，目录号1，案卷号76，永久，潼关县档案馆藏档。

题。处理结果：院的长度以社员杨树全的院落为准宽3丈，门前街道从西墙寺头起至街心为7.5米，划归移民使用。庄院东边的渠道，在王西珍打东院墙时平掉。

二、树木问题：关于移民后院和门前遗留的树木，处理意见：王西珍院前有队的榆树1株，收麦后小队修建保管室，立即伐掉。关于王进保和苏俊芳院内和门前的6棵树木，由于该两户属于受铁路影响的迁移户，大队将另划新庄，不久要迁移，故原庄基有老社员的5棵树木，均不处理。

三、自留地问题：移民王西珍提出，公路等岔渠占了自己一部分自留地，要求补足。经研究，原分的自留地是按6人分的，他家中实有5人，且分给公路边的自留地是本人原来同意的，这次不予变更。至于本人提出连5人的数量（1亩）都不够的问题，可由本人将差数上报，由大队、公社研究处理①。

西姚大队　该大队安置返陕移民11户47人，房屋评定：王志玉2间、张井轩3间、连坤生3.5间、张里洞4间、张振贤2间、屈正祥2间、屈兴发3间、杨玉厚3间、王长劳5间、孙双运4间、陈永发3间，共计34.5间。

西姚大队第十二生产队移民杨玉厚，原评定房屋3间，由九队负责建成（料已备齐），当时十二队有一院旧庄基（四间旧厦房一间草房），杨玉厚要，九队给他购买，付钱630元并退给本人现金170元，共计800元。剩余的220元，因九队买料、打墙等项损失，入生产队的账户使用。在经费清理中，杨玉厚提出房屋质量差，让九队退款。1970年9月19日，经杨玉厚妻子侯淑贤、九队原队长赵三成、大队主任赵会喜、九队现队长赵文喜及移民学习班工宣传队李庚臣、侯克哲协商如下：

一、房屋中间两个大枚过细，九队给增添两个大枚（粗细相当于草棚中檩）。大队调木工，将枚换上，并补给8个小工，工分由九队承担。

二、房屋有十根椒过细，并有坑凹，给换新椒。

三、四间厦房内，有两副门帘，九队同意给增补一副门扇。

上述工程确定在阴历年前全部修完。十二小队返陕移民屈正祥庄基内有赵振武桐树、楸树等9株。1970年9月18日，移民学习班工宣队李庚臣、侯克哲与赵振武商议，同意1970年冬全部挖掉②。

代字营大队　该大队安置返陕移民7户36人，建房24.5间，其建房款、生

---

① 《北歇马大队返陕移民有关安置问题的处理纪要》（1968年6月4日），全宗号J071，目录号1，案卷号76，永久，潼关县档案馆藏档。

② 《代字营公社西姚大队返陕移民经费清结有关纪要》（1970年9月19日），全宗号J071，目录号1，案卷号76，永久，潼关县档案馆藏档。

产投资、大门院墙、生活困难补助等项经费，未发现贪污、挪用等问题。各移民户结算后，一队移民李世儒在宁与其兄为一户，分配房屋6间，领取房价长余款112.18元，返陕后分为两户，建房9间，超过宁夏3间，应退回所领长余款112.18元。李世儒已打欠条，由代字营大队收回上交国家①。

第四节　高桥公社清理移民经费

1970年7月23日至8月底，高桥公社对移民经费展开清理，采取上下结合，由上而下地核对账目，由下而上地发动群众检举、揭发，调查研究，落实问题。根据返陕、后靠的不同情况，分别按户和后靠单位进行结算和处理。

高桥公社有返陕移民108户447人，后靠移民44户206人，自迁1户4人。从1962年起，县上拨给高桥公社移民经费315346元（其中塌岸后靠移民经费89810元，返陕移民建房款101268元，生产投资17100元，院墙门楼款9882元，生活灶具款4322元，各种救济款1272元，水利投资9000元，穷队补助费11070元，短途运费3388元，公房投资2000元，其他架子车修理费2633.27元），建房补助粮8000斤，救济布证1026尺。经过一个多月的清理，公社及各大队的账目和经费管理人员的问题基本查清。全公社有4人贪污移民经费1295.82元，重领移民经费540元（生产投资），挪用移民经费5986元②。

经过清理结算，全公社应收回多领国家移民经费25455.76元，应继续付给移民个人和集体院墙、门楼、建房、迁坟等补助费812.89元。由公社负责代发和督促交回国家财政。

1962年公社领导批准挪用移民经费5400元，在手管局购买架子车一批，由于架子车质量较差，公社只买了4辆，每辆161.4元，拨给高桥大队张百娃、张起孝、井孔成、张义瑞等的钱，没有立账，也没有收据，长期拖欠。经县生产组8月13日办公会议研究，4辆架子车按每辆55元全部收回，多卖者、高出部分由贫下中农讨论，适当收回。手管局剩余欠款，公社和有关部门随后清理。

1960年原公社、南营、吊桥、税村、布施河、南营小学等单位拆除库区移民公房44小间，折价2559.1元，属漏账，查出后上报请示，县生产组8月13

---

① 《代字营公社代字营大队返陕移民经费清理工作纪要》（1970年9月21日），全宗号J071，目录号1，案卷号76，永久，潼关县档案馆藏档。

② 《高桥公社移民经费清结情况和有关问题纪要》（1970年9月3日），全宗号J071，目录号1，案卷号82，永久，潼关县档案馆藏档。

日办公会议研究处理：属公社、公办小学用的作为国家投资，属于大小队集体用的，折价交回现款，无力归还者，暂记账，以后归还国家财政。

吊桥二层塬因属回水塌岸区需要后靠，在1962年打围墙317余丈（每丈按6元工资计），合计工资1905.11元，后因政策变动，能不迁的尽量不迁，故停止后靠，围墙报废，经请示上级，8月24日县生产组办公会议同意报销，与大队所欠账相抵，其余欠款速归国家。

高桥二队1965年3月9日经井高义手，重领屈票生、井开运等3户12人返陕移民生产投资540元，全部追回（已经交回）。

1962年移民局给高桥公社拨700元移民生活救济款，仅388元有原始凭证，其余查无下落，1960年拨给高桥公社3510元水利款（兴修磨沟河水渠），除800余元有账面外，其他全无凭据，要继续深挖。

五里铺、张尧五队两个后靠移民点的结算，仍维持1964年原结算不变，应促其积极交回国家欠款。

上级拨给高桥公社磨沟河水利经费一笔，除开支外，1965年底账面余款864.45元，经高桥公社将此款购买了拖拉机。高桥公社意见，将余款864.45元可给高桥公社作为投资①。

南营大队　该队安置返陕移民2户8人，其中三队安置屈宽民1户4人，四队安置张振亭1户4人。张振亭建房3间，屈宽民建房2.8间。大门院墙都给两户移民补助，大门各得50元，院墙款屈宽民44元、张振亭40元。

公社拨来的粮食610斤，大队实领600斤，尚差10斤，价值54元。大队在1963年12月30日收到粮食，粮食储存于大队仓库，由大队统一安排使用。

公社拨建房款2022元，2户移民建房5.8间，应得1972元，多领50元。50元作为工资，已给张进彪同志②。

樊家大队　该队安置返陕移民6户32人，建房21.5间，其中郝国金3间，屈振民5间，孙维康6间，刁法本4间，冯玉兰1间，屈福民2.5间（该户原领建房款2间，尚差0.5间，按1964年房屋降价后指标每间280元付给；未付屈振民建房款10元，如数退给本人）。

大门院墙款除5户按应得数字付给外，给冯玉兰补助院墙款32元。生产投资除在外人口不付给外，其他按照标准付给。孙维康到安置区后病故，未付生

① 《高桥公社移民经费清结情况和有关问题纪要》（1970年9月3日），全宗号J071，目录号1，案卷号82，永久，潼关县档案馆藏档。

② 《南营大队移民经费清结纪要》（1970年7月27日），全宗号J071，目录号1，案卷号82，永久，潼关县档案馆藏档。

产投资。一队用牲畜补助款522.6元，买了一头驴。四队领款484.6元，买了一头牛。四队樊振志领款97.4元，买了架子车。修车费40.73元，已向移民局报销①。

布施河大队　该大队安置2户11人，其中二队安置移民屈宏远5人，四队安置移民唐文喜6人，建房屋7间（屈宏远3间，唐文喜4间）。唐文喜在宁夏结算房屋3间，领长余款368.80元，陕西比宁夏多建1间房，应退回在宁夏领取的长余款340元（已打欠条），由队、社督促，收回交县。

两户移民大门补助款各50元，院墙补助款唐文喜39.2元，屈宏远40元。屈宏远从县移民局借回的90元，这次结算本人写领条交回，冲销原借款。公社多领取的44.3元，由社队催回。账上的140.56元修理费，由孙福民、茹跟省等12人领取，不再核对②。

西税村大队　全大队安置移民10户36人，核实为37人，其中在外人口3人。公社原核定移民建房25.8间，建房款为8772元从1963年2月22日至1964年1月14日全部拨款，生产投资1963年5月27日拨款1530元。王贤成等七户补助大门款350元，李成法等四户补助灶具款160.8元，移民照顾款567元，布证246尺，棉花13斤。1962年冬给移民张福义等五户照顾粮食331斤，1965年5月给第五生产队补助582元，购买牲口等582元。

结算结果：移民屈天运在宁夏领建房款2间482.52元，董自强领长余款148.3元，共630.82元，应全部退回。段运良、张军生、刁井太三户领灰墙款35元，董自强带回一副窗扇4元，张福见领大门院墙款98元，共137元，根据县革委会核心小组决定免于退回。李立章、刁井太、刁保三户未领大门款100元、院墙补助95.6元，共195.6元，全部给予补助。

通过这次结算，西税村大队查出下列几个问题：

一、主管移民经费人员董继廉的问题：

（一）1962年9月3日，董继廉给李立章等人的救济款56元，通过检查发款单发现，本人领过32元。屈忠孝的24元当时未发，但已入大队账，此款如何交结说不清楚。

（二）发放生产投资个人部分时，董继廉扣张军生10元、张福义40元，查不出下落。

① 《樊家大队返陕移民经费清结工作纪要》（1970年7月29日），全宗号J071，目录号1，案卷号82，永久，潼关县档案馆藏档。

② 《布施河大队返陕移民经费清结工作纪要》（1970年8月7日），全宗号J071，目录号1，案卷号82，永久，潼关县档案馆藏档。

（三）1965年5月发照顾款，段运良的15元没给发，段运良说：“这年我在修房，董继廉叫我女人在册子上盖章去公社领款，事后一直没有给我发款。”董继廉也承认没有直接发给本人，不知托谁捎去，记不起人了。

关于上述问题，董继廉总说自己没有问题，对此，大队举办了“毛泽东思想学习班”帮助董继廉交代问题。通过批评教育，本人承认错误，交代了他扣张军生的款没给抵交房价，自己贪污了。段运良的款是他经办，他负责赔款。屈忠孝的24元，从1965年单据找到本人已领。张福义的40元，经过有关人座谈和查账，抵交房价。

二、董自强领的长余款148.30元，本人提出没有见款。在1959年5月抵交欠款时“本人谈他家在宁夏就不欠队内款，况且他家在1959年三、四月都回来了，父亲屈杜光给大队赶大车，也不知大队的粮。”通过查账，本人领过此款。因此，该户未打欠据，要求上级查处。

三、关于宁夏房屋、移民领灰墙款问题。1964年给宁夏交房时，刁井太领过灰墙款10元，本人提出自己房墙未抹灰也未领过款。刁保说他的房墙也未抹灰，款也没领，抹灰墙款谁领走了？

四、移民牛玉珍揭发，在宁夏大队把羊皮缝了24套皮袄，分给大小队干部。李学仁、屈存柱、张秀云等都有，大队的财产也乱拿不少，请县上追查。

五、牛玉珍要求查证，在宁夏时大队收了他家一辆架子车价值180元，未算账。如查实，愿抵交房屋欠款。

六、上级拨给西税村大队建房粮500斤，经查账，没有这批粮食，要追查①。

张尧大队 该大队安置返陕移民6户19人，全队建房12.8间，建房经费4352元，屈志信建房3.3间，李百忍建房3.5间，孙纪康建房3间，李凤莲建房2间，张绪童建房1间。18人每人生产投资45元，共计810元。

大门院墙共支出235元，除3户每户各按50元外，其他3户即田玉侠补助大门款30元，李凤莲补助大门款25元，张绪童补助大门款30元。补助院墙款李百忍80元、孙纪康89.2元，共计169.2元。屈志信院墙丈量15.3丈，折款61.2元未领。孙纪康领宁夏长余款746.6元，有欠条一张②。

公庄大队 该大队安置返陕移民3户12人，建房7.5间，领房款2550元，

---

① 《西税村大队返陕移民经费清结工作报告》（1970年8月11日），全宗号J071，目录号1，案卷号82，永久，潼关县档案馆藏档。

② 《张尧大队返陕移民经费清结纪要》（1970年8月14日），全宗号J071，目录号1，案卷号82，永久，潼关县档案馆藏档。

领生产投资 560 元，领大门款 150 元、院墙款 164 元、灶具款 122.4 元。各项经费查对后清楚无误，无贪污、骗领等问题。

一、后靠移民经费已领 1890 元，应补助 1126.20 元，相抵后应收回 763.8 元，其中陈宗堂欠款 422.2 元由小泉大队收回，应收回 341.6 元。

二、公庄大队五队是追认的后靠移民，经省上批准每人经费指标为 70 元，已发至大队①。

高桥大队　1962 年分散安置返陕移民 9 户 38 人，建房 25.8 间，建房费 8772 元，生产投资 1395 元，大门院墙款 779.20 元，生活补助款 396.25 元。经过内查外调，上下核对，该队的经费有以下几个问题：

一、虚报冒领、贪污。高桥大队一生产队会计党强民在县移民局 1964 年 11 月 11 日拨给移民屈玉成生产投资 45 元后，时隔六年整未收账，移民屈玉成也未领取。高桥大队会计张福庆于 1965 年 3 月 11 日领取移民屈玉成生产投资 45 元，移民局发现重领，督催高桥大队追回，张福庆未退回。张福庆次年 9 月 30 日以自制传票将这笔款在账务上付出，退还移民局。后经查证，既无收款单收执，也没有退还原领收据，确系个人贪污。本人未认识到贪污，愿在大队落实 3、5、6 号文件时，将问题交代清楚。

二、挪用移民经费，给非移民购买架子车。高桥大队支书徐世杰 1962 年挪用公社移民经费，以每辆架子车 16.4 元，给高桥队四户社员买回架子车 4 辆，时隔 8 年分文未还。

三、移民屈展财的生产投资 30 元未领。

四、二队党秀山 1965 年 3 月 9 日冒领移民生产投资 540 元。

鉴于上述问题的存在，高桥大队对移民经费进行全面查核处理：

一、移民屈玉成的生产投资协同大队生产队的负责同志已做处理，个人应得部分领取，关于张福庆冒领的多余部分，大队追回归交生产队。

二、屈展财的生产投资，照数付给本人。

三、挪用移民经费购买的四辆架子车，根据县生产组的意见，凡属原购买的架子车未倒卖者，按处理价 55 元收回。凡属购买者，时隔不久又变卖者，多卖部分由贫下中农研究，适当收回，进行处理。目前除 1 户确系困难者外，其余 3 户均保证在五天以内还清。

四、二队按移民户领生产投资 585 元，该队实领 1125 元，多领 540 元，要

① 《公庄大队返陕移民和分散插队后靠移民经费清结工作纪要》（1970 年 8 月 15 日），全宗号 J071，目录号 1，案卷号 82，永久，潼关县档案馆藏档。

核实处理①。

北营大队 1962 年安置返陕移民 13 户 64 人，这次核实为 12 户 64 人，原评定建房 45.2 间，建房经费 15368 元，生产投资 2385 元，其中个人部分 795 元（每人 15 元）。灶具补助款 315.80 元，补助张尖牛等 9 户移民。大门 12 副，补助款 600 元，院墙 177.1 丈，补助款为 708.40 元，生活补助 1174 元，补助布证 1108 尺，补助棉花 85 斤。1963 年给北营大队移民照顾粮食 472 斤（每人 8 斤），县上给四小队拨耕牛照顾款 500 元，该队买回青驴 1 头、牛 2 头。生产投资集体部分，各小队全部收到，如第四队在 1964 年 4 月 13 日收入返陕移民三户 18 人生产补助费 540 元，总账分类账均进账。移民自报宁夏带回的财产，还揭发别人，如移民王淑兰提出，康银娃在宁拿走房门一副。

移民经费结算结果：移民屈印民、屈从义、屈里仁三户应退宁夏领的长余款 1513.40 元，屈田娃应退领的自建房款两间 484.52 元，共计应退款 1997.92 元。屈思堂、刘玉生、屈启文、屈田娃四户从宁夏带回门窗等折款 36 元，屈里仁、屈田娃、屈思堂三户领灰墙款 40 元，共 76 元全部兑收。

北营大队在移民经费清结中查出如下问题：

一、张红喜冒充返陕移民领取照顾款 16 元、布证 37 尺、棉花 2 斤、粮食 8 斤，1963 年评定建房指标时，被公社查出张红喜是华阴迁往白水移民，停止按移民对待。其父在华阴康西营招人，张红喜随后迁往。

二、返陕移民的各项经费，大队指定出纳刘福囝主管，发款时发生了问题：（一）移民杜立业的建房费还差 12 元，没有付给。（二）发放的建房款，领款人不打领据以支票领取，有五户七张支票存根，本人没有盖章、签字或按指印，故有屈启文、屈从义两户各 200 元，本人记不起自己领款。

三、移民屈从义安置在六小队（刘家），一直没有建房，没有领取院墙补助和生产投资，到处奔波，想把自己的户口上到小泉大队，由于吃喝懒散，群众有意见，不让安插，小泉大队未安户口。六小队也不欢迎，本人没脸回来。

四、移民屈巧棉是安乐公社移民屈玉祥之女，返陕后嫁于六小队（刘家）。西柳湾大队 1963 年 4 月 2 日来函："将屈巧棉列入北营大队移民人口，我们给屈玉祥原按五口人改为四口人安置。"因此，不了解屈玉祥是按几口人结算移民经费的。王秀文之女刁爱芹嫁于太要公社西太渡，评议建房时北营大队提出将人口列入西太渡队，不知是否列入该队移民人口？

---

① 《关于高桥大队清理移民经费的纪要》（1970 年 8 月 16 日），全宗号 J071，目录号 1，案卷号 82，永久，潼关县档案馆藏档。

上述问题，北营大队都一一处理，其处理结果如下：

一、张红喜冒充返陕移民骗取照顾款 16 元等问题，因钱数不多，本人早已离开北营，不予追究。

二、对于欠杜立业建房款 12 元的问题，已查历年现金账没给本人放款，并查信用社取款支票，建房款也差 12 元，由大队付款。取款支票存根没有领取人签章的问题，有两户各 200 元，没有签章也回忆不起来，大队要落实，跟未盖章移民交谈，到底领钱没有，同时经办人要回忆自己发款过程和当时有无见证人，也要在移民中座谈，以便弄清问题。

三、屈从义的安置地点原则上教育本人仍回安置区（六小队）。宣传队同志去小泉找他谈话，本人思想没通，如坚决不去六小队，按社会迁移处理。

四、关于移民屈巧棉的人口问题，核查安乐公社西柳湾大队是否给屈玉祥少算了移民人口。对于王秀文之女刁爱芹按公社原规定，未算移民人数，太要公社结算时要计算在移民人数之内①。

吊桥大队　该大队安置返陕移民 13 户 45 人，经核实为 13 户 46 人。返陕移民李均后 1 户，在宁夏建房 3 间，领取房价长余款 347. 5 元，返陕后评定建房 4 间，较宁夏多建 1 间，应退款 340 元。本人已打欠据，由所在生产队督促交县财政。返陕移民屈富强 1 户，在宁夏建房 2 间，领长余款 263. 08 元，返陕后评定建房 2. 5 间，较宁多建半间，应退款 170 元。本人已打欠据，由所在生产队督促上交县财政。

五里铺后靠移民 11 户 70 人，原按上级规定内迁经费指标每人 270 元，领取经费 18690 元，后上级决定耕种原大队土地的后靠移民经费指标每人为 85 元。1964 年县移民局按新指标进行结算，11 户社员超用经费 4320. 43 元，集体公房超用经费 2648. 68 元，应收回生产投资 3846 元和库存旧木料折款 130 元，四项合计 10945. 11 元。此次复核，仍维持原结算方案，超领经费 10945. 11 元上交县财政。上述统计无误，但群众反映，后靠经费由公社专人掌握使用，群众未领现款，盖房处于高价时期，社员欠款均没盖章。对此，请上级考虑。

五里铺后靠移民经费账务初步检查发现，冯光远在经管过程中，重领生产队建房费用 141 元，属于贪污，现金已全部退回。公社决定，冯光远的账据即日起全部移交公社保管，由大队审查。移交表中结余款 533. 63 元和存款 825. 47 元已由冯光远直接交具，由县出据付移交表中。

---

① 《关于北营大队返陕移民经费清结工作报告》（1970 年 8 月 17 日），全宗号 J071，目录号 1，案卷号 82，永久，潼关县档案馆藏档。

五里铺后靠移民吃水困难，1962 年 5 月，公社从县移民局购买 1 辆架子车拉水，车价 116.32 元，未付款。此款由公社结算，在余款 533.63 元内解决。

公社把存款 825.43 元给了五里铺，用于打井，但因存款不能满足打井使用，此款未动，1964 年移民经费结算时冻结。本次清理移民经费，县决定此款 825.43 元全部收回。吃水问题长期不能解决，群众有意见，要求解决打井吃水问题。

吊桥大队零星后靠移民 6 户 18 人，1964 年领取后靠经费 1530 元（每人 85 元），吊桥大队从公庄借用移民经费 1000 元，共计 2530 元。此次结算，核定经费支出 2006 元，收支相抵，大队应退回经费 524 元（交县财政局）。

1962 年，县移民局给吊桥大队拨库区公房木料折价 3623.25 元，吊桥大队给五里铺、张尧、吊桥小学修建用木料折款 2721.23 元，其余木料被吊桥大队和几个生产队拉用折款 902.02 元（由大队收回上交）。

1960 年 8 月，大队拆库区某户 3 间大房、2 间小房折款 1070 元，拆乡政府 3 间大房折款 1218 元，七步庙 2 间小房折款 230 元，合计 2518 元，按残料 40% 折款 1007.2 元（应上交县财政局）。

吊桥大队曾用移民苇箔 6 串 42.6 元（应上交）。塌岸区第十一队迁于二层塬上，在新庄点打围墙 214 堵、院墙 164 堵，共 378 堵，每堵 8.4 尺，折 3175.2 丈，每丈用工以 6 元计算，共 1905.12 元，县移民局报销①。

小泉大队　该大队安置返陕移民 42 户 181 人，经核实后实有移民 177 人。返陕移民建房指标每人按 0.7 间，由公社掌握使用。各户指标以原公社大队评议为基础，一般不再翻腾，虚领、冒领或骗取建房指标的一律追回。由于时间的变化，4 户核增 4 人，6 户核减 8 人，原评定指标不再变动。

屈印劳原计移民 4 人指标 3 间，核减 2 人，其支数不变，原评 3 间不变。杨青山原计算移民 9 人，评定建房指标 5 间，按每人 0.7 间，评房时公社压缩去 1.3 间，核减 2 人，数字差距不大，不属虚报冒领或骗取的，5 间指标不再变动。

大队垫付过的 86 元迁坟费，由县补报。房租支出两笔共 40.5 元，县已作支出，经核实无误。生活救济款有一次每人 2 元，有一次每人 8 元，此款发放到户，情况属实。名单报县，大队无存根。

县抄来的对账单上有杨伯勋在小泉队发放生活补助款 720 元，大队无存根。

---

① 《高桥公社吊桥大队移民经费清结工作纪要》（1970 年 8 月 25 日），全宗号 J071，目录号 1，案卷号 82，永久，潼关县档案馆藏档。

各户建房款的领取，有1户超领0.5元，有10户尚余54.18元，由大队与各户清理。

小泉大队领回150人的生产投资款，在外人口19人不发生产投资，应领158人的生产投资款，尚差8人的生产投资款，决定不再补发。个别户多领的、少领的也不再找补。

外公社转来的杨根来、张治英、杨学理三户在小泉队发给生产投资。北营队转来的屈佑民二人生产投资集体部分70元，小泉转公庄二队生产投资60元，作为小泉队与外队经费处理。

屈德华一户因发放大门院墙款时庄基未确定，未发给大门院墙款，补发大门款50元、院墙款44元，共计94元。康福成一户因与屈立久两户当一户看待，少发一户大门院墙款，补发大门院墙款94元。发放院墙补助时，三个庄点各少统计一行院墙，共计33丈132元，应补发。此款由大队掌握，谁打墙款归谁。

王思敏（坏分子）领大门院墙补助款94元，按政策规定，此款收回。大队垫付的迁坟费86元，应予补报。收回4户6间建房款1402.16元。宁夏结算后，6户领过长余款，在陕建房超了6.6间，收回长余款869.36元[①]。

第五节　解决移民经费使用问题

中央发给陕西省三门峡库区移民经费65873000元。陕西省拨给专、县56967433.83元。专、县实际支出48967443.83元，尚存800万元[②]。这些经费的正确使用，在经济上保证了移民工作的顺利进行。由于移民经费由县包干使用，缺乏统一管理制度，省、专业务部门检查督查较少，移民经费的使用存在以下问题：

一、账项不清，开支混乱。县、社财务制度不健全，会计人员调动频繁，手续交接不清，加之县制和社、队范围的调整，致使迁安社、队的移民经费严重混乱。潼关县新城镇迁建委员会的库存材料与账面不符，仅木料一项相差120

① 《高桥公社小泉大队返陕移民经费清理、房屋结算具体问题处理纪要》（1970年8月31日），全宗号J071，目录号1，案卷号82，永久，潼关县档案馆藏档。

② 《陕西省支援三门峡水库修建工程工作委员会关于库区移民经费管理使用情况和今后意见的报告》（1962年7月19日），全宗号J020，目录号2，案卷号148，长期，潼关县档案馆藏档。

多立方①。据潼关马会计反映，前任会计收到从东北发来的4火车皮木料（大约140立方）通知，货发到渭南火车站丢了，就在账面上注销了这笔账②。

另外，县、社、队由大划小，造成县与社、社与队的账对不上。潼关县移民局提出，1960年3月接到渭南三办报给潼关公社139400元的公文，说是抵作新潼关6个单位已经开支的基建款。当时，潼关既没有见到拨款凭证，也没有这6个单位的领据，就在账面上做了收支空账。经查对，这6个单位早已核销的基建投资款73650元，不能抵作移民部门拨款，就是能抵，账面上还差65750元，没有下落。潼关县虽然知道有问题，但没有向渭南追要此款，也没有向上级专案报告③。

二、贪污、挪用移民经费。据重点抽查和不完全的了解，全县有12名社、队干部先后贪污、挪用移民经费12367元，其中用于集体事业11295元，用于个人生活1072元（已归还4000元）④。干部个人利用职权贪污、挪用移民经费也不少。代字营公社社长亢兴华利用自己主管移民工作的职权，贪污102元；主管移民专干候鹏星贪污建房经费170元。南头公社东星大队移民建房专干郑保田，挪用移民经费1370元（已撤职处理）⑤。此外，还有用移民经费还债、交水费、抵贷款等现象。

三、浪费现象严重。潼关县1960年修建剧院时，开支移民费225014元，超过原计划12万元的87%，超过移民部门应付剧院房屋补偿费和残料价的38倍；县人委修建机关房屋，实支移民费241812元（中央停止基建指示下达后开支48090元），超过原计划的130%，超过移民应付补偿费和残料价的38%⑥。城关、太要、港口拨款3424478.09元，经过初步核对，有比较严重的挥霍浪费。

① 《陕西省支援三门峡水库修建工程工作委员会关于库区移民经费管理使用情况和今后意见的报告》（1962年7月19日），全宗号J020，目录号2，案卷号148，长期，潼关县档案馆藏档。

② 《关于召开各县移民局会计会议的情况报告》（1963年3月16日），全宗号J071，目录号2，案卷号33，长期，潼关县档案馆藏档。

③ 《关于召开各县移民局会计会议的情况报告》（1963年3月16日），全宗号J071，目录号2，案卷号33，长期，潼关县档案馆藏档。

④ 《县人民委员会关于一九六三年移民工作总结报告》（1964年2月28日），全宗号J020，目录号1，案卷号238，永久，潼关县档案馆藏档。

⑤ 《县人民委员会关于一九六三年移民工作总结报告》（1964年2月28日），全宗号J020，目录号1，案卷号238，永久，潼关县档案馆藏档。

⑥ 《陕西省支援三门峡水库修建工程工作委员会关于库区移民经费管理使用情况和今后意见的报告》（1962年7月19日），全宗号J020，目录号2，案卷号148，长期，潼关县档案馆藏档。

1959 年到 1962 年用在请客、送礼、会餐、烟茶招待等方面 2205.36 元①。

四、移民个人方面，由于生产队缺乏监督，乱支乱用，专款不能专用。代字营公社西埝队移民王五臣领了建房款 450 元购买了一辆架子车，未建房子。北洞队屈兴汗将领的建房款 1000 元，全部作了其他开支。太要公社移民张新福因家庭生活困难把建房款花了，新建六间房已经立木起来差 320 元不能竣工②。凹里大队的五小队 10 户 48 人，住窑洞 14 孔，其中返陕移民 5 户 24 人，住窑洞 7 孔。移民局给这些移民发放了建房款，但没有修起一间房子，仅有 2 户建起 2 间灶房，已领的房价基本花完，购买的砖瓦木料大部分卖掉③。

上述仅是潼关县移民经费使用中存在的问题，类似问题其他移民县也存在。由于移民经费浪费、损失和贪污挪用情况严重，加之市场物价的变动，致使没有完成移民房屋修建任务的社、队，按原指标已不足使用，要求增加预算指标。为了做好移民经费的管理使用工作，充分发挥移民经费的作用，陕西省支援三门峡水库修建工程工作委员会提出如下意见：

一、加强财务工作的领导，渭南专署及各迁安县人民委员会应切实加强对移民财务工作的领导，并应充实、加强移民财务人员，使之相对稳定下来，以便搞好此项工作。移民部门应经常向党政领导和上级业务部门汇报移民经费管理使用情况，以便领导了解情况，及时解决问题。

二、认真做好移民经费的清理工作，并及时公布使用情况。渭南专署和各迁安县的移民部门，应立即组织力量，深入基层，对几年来各县、社、队使用移民经费情况做一次全面彻底的清理。清理时对所用经费，在原包干指标以内的，实报实销；超过包干指标部分，先在其他项目结余款内调剂解决，确实无力解决的，详细声明理由，报省解决。对发现的贪污、浪费、挪用等问题，应会同有关部门严肃处理。清理工作务必于 1962 年 12 月底前结束，并写出书面材料，一面向移民公布，一面上报。各项专用款，还应做出决算。

三、健全财务制度。各级移民部门必须本着“既能简便手续，又能防止漏洞”“既要便于监督，又要便于发挥基层管好经费的积极性和主动性”的精神，建立切实可行的管理制度，按期编报计划和预决算，并注意以下几点：第一，

---

① 《关于潼关县城镇移民经费清结和复查工作进度情况的汇报》（1967 年 2 月 1 日），全宗号 J071，目录号 1，案卷号 66，永久，潼关县档案馆藏档。

② 《县人民委员会关于一九六三年移民工作总结报告》（1964 年 2 月 28 日），全宗号 J020，目录号 1，案卷号 238，永久，潼关县档案馆藏档。

③ 《关于凹里大队第五队搬家的初步方案》（1967 年 5 月 18 日），全宗号 J071，目录号 1，案卷号 71，永久，潼关县档案馆藏档。

必须坚持专款专用的原则，年度预算核定后，不得随便更动乱用，如在项目之间（不包括子、节）需要调整使用时，必须报省批准。各地不得挪用移民经费办理移民事业以外的事情。第二，严格控制预算拨款。专、县移民部门，应根据移民工作需要和物资运输情况，逐季、逐月向省编送用款计划，以便审核拨款。第三，必须加强财务监督，经常检查移民经费管理使用情况，切实杜绝贪污、浪费、胡支乱用等不良现象的发生。

四、为了做好清理工作，1962 年年终应做出决算，县、社、队所余移民经费，由省统一掌握。从 1963 年开始，各县重新按移民工作实际需要分别预算，报省核拨使用。

陕西省人民委员会同意上述意见，并批转渭南专署和有关县执行①。1963 年 2 月 19 日，渭南专署移民局召开有潼关、华阴、大荔、蒲城等十一县移民局会计参加的会计会议，检查了移民经费的管理情况和各县对移民经费清结工作的进展情况。3 月 16 日，渭南专署移民局给渭南专署呈报《关于召开各县移民局会计会议的情况报告》。3 月 23 日，渭南专署同意报告中所提的意见，并指出，报告中反映移民经费管理使用方面的混乱情况，是很严重的，不能容忍的。如果不及时有效地加以制止，就很难把移民安置好，很难把移民巩固下来。因此，各县应进一步加强移民工作的领导，充实移民财务管理人员，健全财务管理制度，并全面检查移民经费使用情况，对那些贪污、盗窃、借用、挪用、乱支乱用的，根据情节，严肃处理，款项限期收回②。

---

① 《陕西省支援三门峡水库修建工程工作委员会关于库区移民经费管理使用情况和今后意见的报告》（1962 年 7 月 19 日），全宗号 J020，目录号 2，案卷号 148，长期，潼关县档案馆藏档。

② 《专署批转移民安置局“关于召开各县移民局会计会议的情况报告”》（1963 年 3 月 23 日），全宗号 J071，目录号 2，案卷号 33，长期，潼关县档案馆藏档。

第十三章

利用库区土地

移民迁移后，库区遗留的土地分配给库边生产队耕种。移民安置后因生活贫困，国家允许移民在库区拉吊庄，但不准在库区安家落户。“文化大革命”期间，库区土地被国有企事业单位占用。20 世纪 80 年代，国家利用库区土地安置移民，扶持移民发展生产。

第一节　库边生产队耕种库区土地

潼关县三门峡水库区 335 米高程以内迁移了 2 个生产大队，公联社生产大队于 1958 年前迁至宁夏回族自治区中卫县，先进生产大队于 1959 年全部迁至白水县分散插队安置。跨越 333 米高程的先锋生产队只迁移了一个生产小队，在潼关县后靠安置。七里村回水塌岸区在 1959 年迁移安置。这些迁移安置的生产队有耕地面积 7584.06 亩，其中外迁的公联社土地 1972 亩，迁往白水安置的七里村 1506 亩，迁往白水安置的先进大队 3320.85 亩，本县境内后靠的先锋生产大队 785.21 亩。

另外居民点及塌岸区不在水库淹没高程范围，但耕地确在淹没线 333 米蓄水高程以内，属这类情况的共两个生产大队，即公庄生产大队与吊桥生产大队，共计淹没土地 883.66 亩。

以上水库迁移生产队与塌岸生产队共计土地面积 8467.72 亩，其中 333 米蓄水线以内淹没的土地 4551.66 亩，333 米至 335 米高程之间蓄水线暂不淹没的土地 1547 亩，335 米高程以上不受水库蓄水影响的有 2369.06 亩。

在移民迁出后，潼关县将能利用的土地进行安排规划，按照三门峡水库逐年提高的情况妥善地对 333 米高程以下、333 米至 335 米高程之间及 335 米高程以上的移民土地进行分配。333 米高程以下土地 4551.66 亩全部分给县级单位耕作，333 米至 335 米高程之间的 1547 亩土地全部分给库区附近的生产队耕种，

335米高程以上的2369.06亩土地除建房占地与居民点不受塌岸影响而土地在333米高程以下已经淹没兑换抵拨外，其余土地按照库边各生产队原有人口、土地占有多少，永久分配给耕种，以补足生产队社员的收入。

333米高程以内的土地，种植了投资少、生长期短、收获量高的蔬菜作物，333米至335米高程内的土地因蓄水后暂不淹没，种植了粮食作物。由于三门峡水库水位不断上升，333米高程内的土地绝大部分被淹没，除将原有的蔬菜秋粮收回外，为了不影响蓄水及浪费劳力、籽种，没有继续耕种。333米至335米高程所有耕地不在蓄水线内，各生产队、机关单位继续耕种①。

1959年为了贯彻“多种多收与少种高产”的精神，保证库区土地在蓄水前最大限度地利用，334.6米内的土地，1959年预留的麦田和棉田，移民全部播种成麦子。1960年由移民组织远征队进行收割，以后能否利用，视其蓄水情况，由迁出公社本着“能抢种尽量抢种”原则，全面安排。334.6米至338.5米内的土地，采取“一次对口，逐步迁安”的办法，根据具体情况，在迁移时暂留20%~30%的人（整户）进行种地，但必须是县内安置的移民。至于70%~80%移民迁出后的土地利用问题，除公社统一组织附近非库区生产队耕种和县劳改队耕种一部分外，县农业机械部门应用拖拉机给这些地区以大力支援，解决劳力不足的问题②。

1962年3月，省内移民由于种种原因，返回库区的已有2500余人（60多个生产队），带回各种车72辆，牲畜172头，开荒播种11000多亩地，盖简易房120多间。特别是大荔库边一带，移民与省、县有关单位和库边社、队争种土地问题不断发生，移民与移民之间也相互争地，秩序混乱，很难管理。这样下去库区的夏收不仅很难顺利进行，而且移民还会大量返回。

为了迅速妥善处理上述发生的事情，渭南专署提出：“已迁移民一律不能在库区重新安置，但鉴于移民在安置区收入减少，困难较大，又坚决要求回库区种地等情况。因之，对库区荒芜的土地和机关多余土地，可以由移民耕种。还可以考虑从机关现经营的土地中适当拨出部分给移民耕种。移民在库区种地，必须统一规划，合理分配，由安置队派劳力扎吊庄，两地生产，一头分红，有组织有计划地进行。不能允许移民个人耕种，不能与机关和库边社、队争种争

① 《潼关水库区暨回水塌岸区土地淹没和利用情况的报告》（1961年10月23日），全宗号J071，目录号1，案卷号26，永久，潼关县档案馆藏档。

② 《渭南县支援三门峡水库修建工程工作委员会第二次扩大会议关于当前移民工作几个问题的讨论报告》（1959年7月28日），全宗号J071，目录号2，案卷号15，长期，潼关县档案馆藏档。

收，不能全家迁回库区种地，或重新在库区盖房。”①

同年5月，渭南地区后靠安置的164788人，有部分借口原村庄未淹没或半淹，自行回到库区种地。渭南专署认为，这关系到巩固内迁移民成果的重大问题，并提出：“经县允许在库区，有组织地派出劳力，已下种的庄稼，按谁种谁收原则处理，不再扩大，逐步离开库区。对酝酿和正在返回库区的移民要说服劝阻，对已返回库区的应分情况，有计划地说服动员他们重返安置区。”②

为了劝阻移民不返回库区种地，使移民在安置区安心扎根，建家立业，三门峡库区移民工作会议指出：“凡移民已经回库区占用了机关、学校、部队等单位的耕地，均应一律退回。在处理这一问题时，为照顾移民的生活，由接收单位付给合理报酬（包括种子和工本费，种子最好退给粮食）通过双方协商解决。如意见分歧，达不成协议时，由库区生产管理委员会或当地政府予以调处（计算种子和工本费不得偏高或偏低，应按一般计算为宜）如移民已在库区开种的荒地，这一料作物可允许收获，收后立即返回原安置队，将粮食交给所安置生产队统一分配。”

三门峡库区移民工作会议着重指出：“今后移民均在安置队参加生产分配。在水库水位尚未蓄到335米以前，未淹没土地的使用，由中央和省统一规划，任何单位部门和个人不得擅自处理。当前各有关县的领导同志应率领足够数量的干部深入库区，坚持说服教育的方法，把移民动员回安置区。”③

“文化大革命”开始后，机关、学校、部队、厂矿企业、社会团体……在库区纷纷办起了大大小小的农场。据调查，库区有50多万亩土地隶属于209个单位。这209个单位绝大多数是国有性质的企事业单位。后来，一些小农场撤销、合并，形成三大农场：沙苑农场、朝邑农场、华阴农场。三大农场均为国有性质，占地30多万亩。此外，还有机关、社队的78个小农场④。这些单位占有库区土地的方式五花八门，据《关于库区土地的划拨手续问题》写道：“当时很多单位划拨使用库区土地时，有的是原省革委会个别领导圈定的；有的是部队首长召集军队有关单位和在地方‘支左’的军队领导开会确定的；有的是用地单

① 《陕西省渭南专员公署关于当前移民安置工作中几个问题的报告》（1962年3月29日），全宗号J020，目录号2，案卷号162，长期，潼关县档案馆藏档。

② 《陕西省渭南专员公署关于1962年上半年移民工作安排意见》（1962年5月2日），全宗号J071，目录号2，案卷号24，长期，潼关县档案馆藏档。

③ 《三门峡库区移民工作会议纪要》（1962年5月18日），全宗号J071，目录号2，案卷号24，长期，潼关县档案馆藏档。

④ 冷梦．黄河大移民［M］．西安：太白文艺出版社，2013：37.

位和没有批准土地权的基层单位（如农场潼关滩管会等）互相协商转让的；还有的是单方面划定的地界（如第三十一基地华阴靶场）；有的是借用的，而且少借多占（如兰空农场等）……”①

三门峡水库区的土地，在未进行任何经济补偿的情况下发生了如此大的转移。移民看到自己祖祖辈辈耕种的土地没有被淹没，加之安置区的生活不如意，陆续返回库区讨生活。返库移民屡次被劝回安置区，但返库已成为一种挡不住的趋势②。

第二节 拉吊庄

1962 年 7 月，渭南专署对库区土地进行调整清理，交给各安置县安民社、队拉吊庄③耕种。各地及时安插劳力，扎下了吊庄，抓了一料粮食。但是也出现了一些问题：库区秩序比较混乱，返陕移民一万多人，坚持不走，迁走了的一部分又搬回来；淹没地区一部分移民借机拉吊庄，煽动移民返回库区，恢复迁出前的生产队，划庄基、分自留地、搭棚建房、抢种土地、抢收庄稼，不接受安置县领导，也不接受所在县领导，返回原庄，先要地，后建房，再搬家；自迁户、盲流人口、山西沿河社队不断潜入，开荒种地。他们彼此之间，争种争收打架斗殴不断发生。土地播种的情况很不好，除返陕移民库边社队适时播种一部分外，大都荒芜，群众思想相当混乱，怨政府把他们“迁错了”“水库不修建了”，平民滩一带少数人组织“平民大队”和政府对抗，提出条件要“谈判”，要求承认“平民大队”合法化。

为了处理上述问题，渭南专署分别在大荔、华阴召开了有关县、社负责同志会议，传达了省委、省人委指示，并抽调干部 209 人组建了库区工作团，还在华阴设立分团，大荔设立三个工作队，深入各个生点，从抓秋播入手，召开干部会、群众会，反复宣传移民政策、拉吊庄生产政策。

在上述基础上，渭南专署本着“有多少力量种多少土地”的原则，调整了

① 冷梦．黄河大移民［M］．西安：太白文艺出版社，2013：39.

② 冷梦．黄河大移民［M］．西安：太白文艺出版社，2013：54-55.

③ “拉吊庄”古已有之，它是一种移民形式，甲地的人暂时移居乙地生活，但户籍仍在甲地，在一个阶段内，这种移民实际是脚踏两地的生活，这种人称为“吊庄移民”。潼关的白水移民返库后，在迁移前曾经是自己的土地上耕种、生活，所以叫拉吊庄。见政协潼关县委员会．潼关移民档案［M］．北京：中国文史出版社，2016：98.

各吊庄土地面积。原有的68万多亩土地，实际可利用的有44.9万亩（大荔境内24.5万亩，华阴境内15.4万亩，潼关境内5万亩），其中各县、社、队及住库区返陕移民耕种的35万亩（蒲城7.2万亩，澄城5.2万亩，大荔8.6万亩，渭南、华阴各4.7万亩，合阳1.2万亩，白水5千多亩，潼关3万亩），省、县机关及部队农场耕种7.9万亩，山西永济、芮城沿河社、队以大荔打坝影响主流为名，仍耕种约2万亩。

各县社、队及返陕移民所种的土地35万亩，除约有11.5万亩留作花生早秋外，宜种夏田的有23.5万多亩。在落实使用权的同时，渭南专署动员2.5万多名劳力、3964头牲畜、24台拖拉机，播种了23.05万亩，基本完成了播种任务①。

围绕着秋播，渭南专署整顿了库区秩序，一方面解决秋播籽种、劳畜力不足的困难，动员安置区支援播种，另一方面大讲水库修建计划不变，不能安家落户以及库区政策，争取群众，提高群众认识。经过教育，群众明确了是非。不少人主动找工作团反映情况，要求处理“平民大队”的“组织者”。

在群众觉悟提高的基础上，渭南专署对存在的问题迅速作了处理：一、把单独核算的吊庄和安置区挂钩，安置区派干部领导，所产的秋粮送安置区统一分配。二、私自开荒种地的单干户纳入集体，给予计工分，还籽种。三、自迁户、盲流人口所种的庄稼，由附近吊庄收回，付给工本费。四、返陕移民在未迁出前，组织起来，集体生产，单独核算。五、土地纠纷，争种争收、打架斗殴案件，根据情节逐个处理。六、返回库区的移民家属老弱，秋播结束后，送回安置区。七、“平民大队”由吊庄代替，少数分子的违法乱纪、破坏行为，交大荔、澄城县政法部门处理。库区秩序基本正常起来。

库区土地该种的种上了，混乱情况扭转了，生产、治安管理工作由区委、区公所初步承担起来。但还有一些问题没有彻底解决，1万多名返陕移民仍住在库区；库区管理机构，区公所以下的组织没有建立起来；吊庄经营管理没有经验，劳力流动大，投资也大；人畜住房、物资供应也很困难②。为了做好库区工作，解决上述存在的问题，渭南专署提出：

一、对暂居库区的群众，在中央没有新的规定以前，凡338.5米以下迁出的，不论是返陕移民或后靠移民，一律不准在库区安家落户，必须迁到国家指

① 《专署关于整顿三门峡库区工作和今后意见的报告》（1963年1月18日），全宗号J020，目录号2，案卷号178，长期，潼关县档案馆藏档。

② 《专署关于整顿三门峡库区工作和今后意见的报告》（1963年1月18日），全宗号J020，目录号2，案卷号178，长期，潼关县档案馆藏档。

定的地点。

凡是335米以上到338.5米高程全村未迁的银川建房先遣队及家属，尽量说服到350米以上的地区投亲靠友，无亲友投靠或坚持不走的，可以允许暂住原村，插入原队，借房居住，若无多余房屋，自行盖些简易草房不加干涉，用费自理，待必要迁时随原村迁出。

333米高程以上的返回移民，属于后靠的，只能由安置队安排拉吊庄；属于返陕移民，动员迁出，仍不接受的必须和安置区对口，留出“退路”，必要迁时迁出，暂时允许在库区集体耕地，单独核算，人畜住房，自力更生。

333米以下的地方，一律不准住人，也不许拉吊庄，在确保安全的原则下，可以刁一料夏田作物。凡私自潜入的移民或盲流人口，由公安、民政、移民等有关部门，查明情况，遣送离开，所种庄稼归附近种地单位管理，退给合理的工本费。

二、各个吊庄必须在主要生产资料归集体所有、生产统一计划安排、集体劳动、生产收入统一分配的原则下，按照安置区生产队规定实行的经营管理办法，进行经营管理。有些办了几年的老吊庄经营管理办法，有三种形式：第一，以产定工，超产奖励；第二，生产任务包干，超额提成奖励；第三，平衡农活定额、平工记分。群众侧重第一、二种办法，究竟用哪种办法好，可以由拉吊庄生产队和社员协商决定。

拉吊庄生产队，在领导、劳力、土地、牲畜、农具等方面好多还没有落实，应当采取既有常年固定，又能在农忙季节统一调配，内外支援，不能采取轮流的办法。

333米以下抢种一料麦子的生产队，可以实行小段包干的办法。

参加吊庄生产的社员，一律不得自己开种荒地，也不准划给自留地。凡是自行开种的荒地和吊庄已经划给的自留地，没有纳入集体的，一律收归集体。单干户或分散安置的移民，未经县同意，所种的地也一律收归附近吊庄，所种的麦苗退给工本费。未对口安置，单独核算的返陕移民，可划给与“六十条”规定相当的庄基地，抵作自留地。凡是超过规定数量的自留地，应当在做好思想工作的基础上收回，今后不得扩大。

库区生产的群众，生活要妥善安排，有条件集体办食堂的，最好办集体食堂，办集体食堂有困难的，可允许社员自做自吃。

人、畜生产住房，要适当解决。凡在333米以上拉吊庄生产的劳力、牲畜的住房和仓库用房，由拉吊庄生产队搭盖些最需要的简易茅草房舍，私人一律不许在库区备料建房。333米以下不能修建房舍，确因生产不便，可在较高地区搭盖一些草庵，以便临时住宿，进入汛期就撤离，以保安全。

群众生产、生活资料的供应，本着谁拉吊庄谁供应的原则，拉吊庄县可根据群众居住情况，由供销社适当摆布一些供应点或小卖部，以解决群众生产、生活资料的供应①。

1962年10月，白水移民在潼关拉吊庄，成立了一个生产管理区、两个生产作业站（西关和七里村）②。西关作业站移民宋狮子、贾全德为首组织全站移民抢种港口公社先锋生产队的棉花地70多亩。抢种事件发生后，公社、派出所随即向县政府反映，吊庄生产管理区干部也向白水县和渭南专署打电报反映，要求派人处理。先锋队干部与拉吊庄移民干部开会协商要求立即停止抢种。因移民干部态度强硬，坚持抢种，没有达成协议。

西关作业站移民继续抢种，引起先锋队社员不满，先锋队社员阻挡。公社、派出所向公安局报告并抽调干部去现场解决。据汇报，白水移民约有200多人，先锋队约有500多人，争夺农具、牲畜，互相纠缠。打斗中3人受伤，先锋队1人被送医院，白水2人被送医院。这两个队准备继续闹事，由于发现及时，阻止了事态的恶化。

打斗事件发生后，潼关县移民局抽调3名干部去现场劝散了打斗人群，将受伤人员送医院医治。被打伤的白水移民关新志、高凤琴送到医院，经检查只是轻微创伤。先锋队的石彦怀仅头部受伤，没什么大问题。

为了解决抢种土地纠纷，潼关县召开了拉吊庄移民代表、先锋队干部以及生产管理区等有关干部25人的联席会议。会议上，移民干部宋狮子、张旭堂等人做了检查："我们抢种土地的做法是不对的，也是要不回来土地，这个不对我们是知道的，不过以此做法惊动上级领导为我们解决问题，并不包含其他用意。"先锋队队长张志杰、治保主任杨彦杰作了检查："我们集体阻挡也是不对的，虽然不想打架，但是这种做法的后果是很危险的。"

移民抢种土地的真实目的，移民干部张旭堂说："我们和先锋队同志，无冤无仇，这次抢种，也不是和兄弟队闹事，更不是与当地政府对立，而是祈求给

① 《专署关于整顿三门峡库区工作和今后意见的报告》（1963年1月18日），全宗号J020，目录号2，案卷号178，长期，潼关县档案馆藏档。

② 管理区的规模相当于一个小乡，由几个公社的吊庄组成；作业站由一个公社的拉吊庄的若干个生产大队组成。见《专署关于整顿三门峡库区工作和今后意见的报告》（1963年1月18日），全宗号J020，目录号2，案卷号178，长期，潼关县档案馆藏档。

我们解决问题，进一步关心我们的困难。”①

这次会议对抢种土地事件作了处理：一、抢种土地是非法行为，组织群众闹事，必须立即停止。二、土地属于国家所有，应按照政策办事，国家拨给哪个队，就归哪个队所有，绝不能随意乱要。至于拉吊庄土地不足应向有关上级领导请求处理。三、移民生产生活困难问题，应正确对待。白水生产管理区应给予调查安排，生活问题如农具、畜力的缺乏，也由生产管理区登记跟白水县联系解决。四、先锋队提出要回拨付移民拉吊庄的800亩土地问题，原经上级决定前案不能改变。五、先锋队夺走的牲畜、农具全部交回。六、教育移民和社员，按国家政策办事，坚决不能胡作非为，应以团结互助的精神，搞好兄弟队的关系。

这次会议指出，在潼关拉吊庄生产的移民存在以下问题：

一、移民生活问题。移民反映，生活无法维持。小卓生产队每月每人只给10斤粮，在潼关拉吊庄的移民，白水不给安排生活。很多人找亲寻友生活。13户52人在潼关各地要饭讨生活。温守先一家七口人除他一人进行生产外，母亲、妻子和孩子都出去要饭，一连几天不能回来。

二、拉吊庄生产问题。白水给拉吊庄生产的劳力，没有规划，人员没有固定下来，牲畜等没有按确定数字供给，农具也差得很远。春季生产投资未给一分钱，加之移民来来往往，生产很难安排。同时拉吊庄采取两头生产、两头分配的大包干办法不符合原来规定。

三、要土地问题。西关作业站移民从1962年冬就开始写报告要他们的土地2700多亩，认为他们家属在白水无法生存，要靠潼关土地养活。宋狮子等人原抱着非要土地不可的态度，虽然有所缓和，但根本问题没有解决。

四、库区拉吊庄机构不健全，领导核心没有形成。生产管理区三名干部还未配齐，同时生产管理区干部宋金山不仅对拉吊庄移民情况掌握不清，而且对生产、生活不管不问。

针对上述存在的问题，潼关县提出，白水县应尽快配齐生产管理区干部，定出生产计划，并组织工作组来库区解决拉吊庄移民的生产生活问题；制止移民返回库区，对移民进行思想教育，解决移民的住房、吃水问题；库区土地已

---

① 《潼关县移民安置局关于白水拉吊庄移民抢种闹事初步平息的报告》（1963年4月3日），全宗号J071，目录号2，案卷号32，长期，潼关县档案馆藏档。

划给附近生产队，按照国家移民政策不允许给迁出移民，迁出移民交还原地①。

第三节　秦晋抢种库区土地

三门峡水库蓄水后，吊桥沿河一带四千多人迁往外地，一万多人内迁潼关县各地，黄河滩地未种。1960年，山西芮城、永济等县违反中央指示和两省协议，组织机关、群众越河种地。大荔、潼关县多次派人到山西芮城县，要求劝阻干部群众越河种地，但未能引起山西有关县、社的重视，群众继续越河种地②。

1962年春，外迁移民全部返回，内迁移民也要耕种他们的原有耕地。移民下滩种地时，发现山西人已经耕种3万余亩滩地。移民要地，跟山西方面发生争执。事后，风陵渡公社动员500余人，带长短枪30余支，在公社武装部干部的带领下，打算在河滩闹事。

潼关县高桥公社及时反映给县政府，县政府派高桥公社社长范福祥、吊桥大队支书冯丙义前往风陵渡公社解决此事。风陵渡公社党委书记态度强硬，双方交谈没有结果。吊桥大队支书冯丙义回去向各队说明情况后，群众表示第二天就派200人下滩种地，打算闹事。在这种情况下，潼关县政府一面派出工作组前去阻拦，随文请示专区和陕西省政府，一面派农牧局局长吕正谊、大队支书冯丙义前往芮城交涉。芮城副县长关怀信态度很好，说必须和风陵渡公社交谈。风陵渡公社副书记闫胜林提出：一、教育群众，不发生纠纷；二、双方保持现状，不再互相进攻；三、将来问题应请示省、中央关于滩地做出明文规定，如指示按原规定办事也行。

吊桥群众看到谈不下结果，一面层层上诉，一面给12个生产队在河滩规划他们的滩地，如不及时解决，势必发生纠纷。潼关县请示专区、陕西省政府，同山西方面召开会议。晋南专区专员王沁声提出五条原则：

一、今年秋田谁种谁收，双方维持秩序，保证不发生任何问题。

二、所种的老滩地一律退出，已种了的，秋收后退出。

---

① 《潼关县移民安置局关于白水拉吊庄移民抢种闹事初步平息的报告》（1963年4月3日），全宗号J071，目录号2，案卷号32，长期，潼关县档案馆藏档。

② 《渭南专署关于陕、山西省黄河滩地纠纷问题的报告》（1963年3月17日），全宗号J020，目录号1，案卷号213，永久，潼关县档案馆藏档。

三、当时能解决的解决，不能解决的，维持现状，开始下种不能耽误生产。原来新种滩地只能缩小不能扩大，将来约定后，是谁给谁，由一方付给籽种工本费。

四、风陵渡现种的滩地只能缩小，不能扩大。

五、有历史习惯耕种地区，生产队可以继续耕种，没有耕种过的，不能再去耕种，双方都应该考虑。

这五条原则①，立即得到芮城方面的响应。潼关县提出，秋田谁种谁收应该完全同意，只有维持现状一条不能接受。渭南专区李宗智局长要求请示专区、县领导后，再做决定。晋南专区专员王沁声提出，由渭南专区决定，随时通知随时到，进行现场勘查，尽快求得解决。

1962 年 10 月 21 日，山西晋南专署副专员王沁声、芮城副县长关怀信、民政局局长贾明武、风陵渡公社主任李秀明，同陕西渭南副专员刘治平、潼关县副县长蔡树森、移民局副局长李宗智、高桥公社社长范福祥开会解决争种黄河滩地问题。会议上，双方达成三项协议：

一、根据政务院 1952 年 9 月 23 日“以黄河主流为界”的指示及 1953 年 3 月 3 日“陕西、山西两省解决黄河滩地问题的协议”精神，芮城县风陵渡公社在 1962 年越河耕种潼关县高桥公社的河滩地，全部退还。

二、对已种的秋季农作物，应本着“谁种谁收”的原则，从 10 月 22 日起三至五天内收获完毕（风陵渡公社不要禾秆），将全部土地退还给对方耕种。

三、对已下种的小麦及其他青苗，应随地退还给对方，由潼关县付给工本费，其具体办法：（一）籽种每亩以九斤计，投工每亩以一个工计，每个工折人民币六角。双方组织勘察组田间勘察，按实播面积以 10 月 26 日实际见苗的亩数为准，计算籽种、工本费，不见苗的不计算。

（二）青苗面积由双方县、社、大队工作组共同丈量，10 月 24 日开始，26 日结束。

（三）工本费由潼关付给芮城县，工资分两次交付，11 月付一部分，12 月底付清；籽种 10 月底付清。籽种由芮城县派人到潼关港口公社提取，潼关县负责送至船上②。

座谈后，山西将所种河西滩地全部退还。为了执行政务院指示及两省协议，

---

① 《关于山西风陵渡公社耕种我潼关黄河滩地问题——与晋南专区交谈情况的汇报》（1962 年 10 月 13 日），全宗号 J020，目录号 1，案卷号 213，永久，潼关县档案馆藏档。

② 《关于解决芮城风陵渡公社越河耕种潼关高桥公社黄河滩地问题的座谈纪要》（1962 年 10 月 21 日），全宗号 J020，目录号 1，案卷号 213，永久，潼关县档案馆藏档。

陕西省渭南专署翻印两省协议，转发沿河所属社、队，对协议精神有违背的地方，加以纠正①。

上述纪要签订半年后，山西方面寻找各种借口，拒不执行协议，继续组织群众越河抢种，搭设庵棚，风陵渡公社西阳大队支部书记带领15名群众铲除了潼关社队的耕种界畔，划分地块。此后，风陵渡公社西阳、蛟鹿、匼河等五个生产大队组织群众抢种蓖麻、豇豆等早熟作物，抢种的大队增至9个，群众由15人增至200多人。

1963年3月20日，潼关县副县长蔡树森带领工作组到争执地区调查了解，并教育潼关县的干部群众，严禁打架斗殴，同时21日电告芮城县人委，该县县长答复立即制止。此后不但没有停止抢种，而且抢种人数越来越多。这种越河抢种发展到住滩耕种。3月24日，风陵渡公社越河抢种人员搭设永久性庵棚5处，抢种蓖麻、豇豆等作物600余亩。更严重的是，匼河大队社员张百锁等3人放羊吃小麦青苗，损毁潼关吊桥大队青苗百余亩，再三劝阻无效。

山西方面不执行座谈纪要，反而继续越河抢种滩地。这种不合情理的做法，不仅影响潼关县的春耕生产，而且有可能引起群众性的冲突，发生流血事件。潼关县群众说："如果他们继续不听劝阻，无理取闹，我们就动手拆除我们土地上影响生产的庵棚，清除损毁青苗、破坏生产的羊群。""政府若不采取措施，我们只有两条出路：第一，到北京打官司；第二，他抢我夺当一个事闹。"② 因此，潼关县请求渭南专署、陕西省人委联系山西方面，共同检查协议的执行情况，追究违犯协议的责任，立即做出适当处理。

4月24日，风陵渡匼河大队又组织50余人抢种潼关滩地，该队的贾林成、刘岁豪遇见了潼关县吊桥大队社员王玉山正在拾柴，贾林成以污蔑的口吻说："你们为啥种了我们的地，还拆我们的庵子？"王玉山说："我拾一点柴做饭"，并把拾得的柴给贾林成看。不料，贾林成破口大骂，拿铁锨在王玉山的身上打。这时该队又来了20多人给贾林成助阵，其中张有成拿镰刀在王玉山的背上打。潼关吊桥大队两个拾柴的社员王存万和孙春元在远处看见王玉山被打，跑来劝架。贾林成不问青红皂白，用镰刀和绳子把王存万打了一顿。王存万和孙元春

① 《陕西省渭南专员公署关于组织社、队干部和社员学习检查"陕西、山西两省解决黄河滩地问题"执行情况的通知》（1962年10月24日），全宗号J020，目录号1，案卷号213，永久，潼关县档案馆藏档。

② 《潼关县人民委员会关于风陵渡等公社违犯协议组织群众继续越界抢种滩地问题的报告》（1963年3月26日），全宗号J020，目录号1，案卷号213，永久，潼关县档案馆藏档。

看到对方人多又蛮横，拼命逃脱。贾林成、张有成等人继续对王玉山进行殴打，并把王玉山绑起来，拉到庵棚。贾林成扬言要打死王玉山，王玉山跪地求饶，才被放走。后来医生检查：王玉山的两腿和脊背的伤痕有10余处，不能行走。王存万的脊背和胳膊也有伤痕。

事情发生后，吊桥大队的社员和基层干部非常气愤，好多在河滩做活的群众，纷纷赶往出事地点，要打匼河大队的社员。潼关县人委派人前往当地协同高桥公社副社长和滩地指挥所负责同志以及吊桥大队干部组成工作组，调查了解情况，对群众进行说服解释工作。经过多方的思想工作，事态没有进一步扩大。但高桥社员对此事意见很大，如不及时处理，还有可能进行报复。

潼关县人委无法直接跟匼河大队的干部和群众接触，问题得不到彻底解决，呈请陕西省人委和渭南专署与晋南专署联系，进行联合查处，并提出，“全部退还抢种的河滩地”“还应撤走所有越河种地的人员”“对聚众殴打为首的分子贾林成、张有成等给予严肃的处理”“王玉山等人的医药费用和由此带来的一切损失应由匼河大队负责赔偿”①。

4月24日至4月29日，为了彻底解决山西、陕西群众争抢黄河滩地问题，山西省、陕西省邀请水利电力部黄河水利委员会规划设计处处长王锐夫，在渭南专署进行商谈，规定“山西永济、芮城县群众越过黄河主流抢种陕西大荔、潼关县约11470亩滩地，应全部退还。其中秋田作物约2200亩，应即随地退还。小麦和小夏天约9270亩（大荔约3070亩，潼关约6200亩），收割后退还给大荔、潼关县生产队耕种。”此次会议结束后，形成了《山西、陕西两省关于解决黄河滩地等问题会议的决定》（以下简称《决定》）②。

山西、陕西两省关于解决黄河滩地等问题的座谈会结束之后，4月30日，潼关县副县长蔡树森向县委作了具体汇报，县委会议随即讨论了两省会议做出的决定，并向全体干部、职工进行传达；分别在县委、人委召开的公社书记、社长会议上学习讨论《决定》，并发出通知，将《决定》发至在滩地生产的生产队和沿河公社、大队，采取先党内、后党外，先干部、后社员的办法进行讨论，使干部、社员了解滩地问题的真相和《决定》的实质内容，以便统一思想和行动，坚决贯彻执行《决定》。

---

① 《潼关县人民委员会关于芮城县风陵渡公社匼河大队贾林成聚众殴打我县吊桥大队社员王玉山、王存万的情况报告》（1963年4月26日），全宗号J020，目录号1，案卷号213，永久，潼关县档案馆藏档。

② 《山西、陕西两省关于解决黄河滩地等问题会议的决定》（1963年4月29日），全宗号J020，目录号1，案卷号213，永久，潼关县档案馆藏档。

潼关县很快将《决定》精神传达到县级所有单位的干部职工、滩地生产的干部、社员和沿河3个公社、32个大队、183个生产队的干部和绝大部分社员中，其余5个公社已传达到大队一级干部，预计5月15日前传达结束。

5月6日，潼关县与芮城县人委取得联系，在港口公社召开有双方县社负责干部参加的贯彻《决定》座谈会。会议交流了双方贯彻《决定》的情况后，就贯彻《决定》规定的有关具体问题，交换了意见，取得了一致认识，确定成立“联合夏收指挥部”。指挥部的成员由潼关农牧局长吕正谊、高桥公社社长范福祥、滩地指挥所负责人张明哲、芮城县农牧局长、风陵渡公社社长等五位同志组成，吕正谊任指挥，芮城农牧局长任副指挥，指挥部受潼关县人委领导。潼关县抽调三名干部、芮城县抽调两名干部协做具体工作。

这次会议“确定芮城县群众越河争种的一千八百亩春播作物，立即全部交还潼关县，由潼关县分配给有关生产队经营管理。”会议还议定夏收的办法：“‘插花’田，一般能连上的大片，尽量照顾，由芮城群众集体连片耕种的夏田作物，由指挥部负责，勘查清楚，划清界畔，插定标牌。”“‘飞田’除插在潼关地内三大块（每块二百亩以上）应允许芮城群众收割外，其余双方群众播种的‘飞田’首先在指挥部勘查的基础上，进行互相兑换；无法兑换的‘飞田’，各自收割。收割后，由指挥部派员监督，分成或捆成同样大的堆、捆，双方各得一半。”“双方群众在对方地里‘套种’的大块，近哪方就由哪方收割，收后采取分堆、捆的办法，分给双方一半；至于互相套种在大田中的零星小块，由双方群众收割，互不付出任何代价。”①

此次会议议定，除有组织、有领导的生产劳力外，双方严禁群众过河、下滩拾麦。为避免群众接触，作物成熟收割前，由指挥部统一指挥脱产干部事先踏出双方收割界畔，分段分片包干负责，监督双方群众按畔收割。

5月13日，潼关、芮城两县滩地夏收联合指挥部成立，组织全体工作人员和在滩生产的双方社、队干部学习讨论两省《决定》等有关文件，研究夏收生产、制定工作制度。指挥部的干部分片包干，分驻两个点进行工作。西点在潼关滩地生产指挥所，以潼关干部为主，由吕正谊负责；东点在芮城西杨队庵棚，以芮城干部为主，由姬局长负责。

5月15日，联合指挥部组织双方社、队干部进行勘界、立标，后因下雨干

① 《潼关县人民委员会关于贯彻“山西、陕西两省关于解决黄河滩地等问题会议的决定”的情况报告》（1963年5月11日），全宗号J020，目录号1，案卷号213，永久，潼关县档案馆藏档。

扰，立标工作无法进行。为了统一双方思想认识，指挥部召开有双方社队干部参加的工作会议，经过讨论一致认为，下雨历时十多天，加之河水上涨，不能下滩立标，雨后天晴已到6月3日，农作物普遍开始收割，如继续进行立标工作，不仅时间来不及，而且会影响双方收割，遭受风雨损失。双方干部讨论到关于飞田、插花田由潼关收割以及双方各半的处理办法，分歧较大：潼关方面认为山西种得迟，长得不好，产量低，收打费时间，不合算；山西群众认为自己种下的，叫人家收，觉得吃了亏。

根据上述情况，联合指挥部决定采取三项措施：一、互相连畔、套种、插花、飞田，以统一播种界畔为准，贯彻“谁种谁收”的原则，自行收打，互不干涉。如果界畔不清误收者，一经发现原麦退还；如属有意抢收者，除立即追麦、赔产外，并向对方道歉。二、接壤连畔地区，由指挥部派出脱产干部，划片包干，收割前组织双方社、队干部和原播种时的社员，踏出界畔，互相遵守。三、双方收割中，有争执的地区，一律先停止收割，双方到指挥部进行登记，由指挥部派员现场处理。

由于《决定》精神深入宣传，加之采取了有效措施，从而有力地促进了生产，维护了生产秩序。双方干部、群众满意，主要表现：

一、双方发生问题少。潼关县与山西连畔收割的有5个公社20个大队104个生产队，仅有城关公社2个大队中的3个生产队，因界畔不清，发生三次误收。永丰二队因种麦时借用芮城田村队的耧播种了一块麦，两方麦的行距好坏一样，畔子不清。永丰二队收割后，田村队提出把他们队的三亩麦收了。经现场检查，很难分辨是非，后来说服永丰二队，永丰二队的三亩麦子由田村队收割。永丰九队误收了芮城赵村九队插花麦六分，永丰九队主动赔偿（永丰九队借给赵村九队碾打工具，赵村九队主动提出不要赔偿）。管南二队误收了芮城西杨队套种在大田里的3.7亩麦，管南二队如数赔偿。

二、互相帮助，促进生产，密切了双方干群关系。自从两省《决定》宣传贯彻以后，双方干部、社员处事和睦，互相帮助。夏收中，潼关县有7个大队25个生产队主动给芮城社员腾出庵棚7座，场面14处，借给碾打工具100余件，主动节约用水，尽量满足芮城社员、牲畜用水需求，帮助芮城社员解决生产、生活中的困难。

三、双方领导处理问题及时，执行制度坚决统一，维护了正常的生产秩序。芮城越河播种的秋田2200亩，交给潼关县，潼关县分配给有关社队经营管理。剩下的6200亩夏田还未收割，待芮城收割后，正式移交，潼关县征得芮城司意，已将土地作了分配①。

第四节 返库移民耕种库区土地

20 世纪 60 年代，潼关与大荔因河滩地发生过纠纷，两县多次就地界问题进行交涉，并通过上级部门协调解决，但长时间没有结果。为了正确地划分地界，潼关县给渭南地区革委会写了请示报告："大荔县新里庄以南，东起黄河岸，西至渭河边的大片滩地约 5 万，均由我县社员耕种……我县与大荔县的地界，不论从历史上讲，还是从现在行使权力上讲，都应以大荔县新里庄以南 1000 米至 1500 米处，东起黄河沿岸，西至渭河边划一线，作为我县与大荔县的县界，而不应以渭河流向作为县界。"

1972 年 1 月 14 日，渭南地区革委会批复："关于大荔县新里庄以南，东至黄河岸，西至渭河边的大片滩地，均在 335 米高程以下，属国家库区所有，在国家暂不使用的情况下，允许潼关耕种 4 至 5 万亩。"

1985 年 11 月 22 日，潼关县委、县政府写给地委、行署《关于安置迁返移民与土地使用意见的报告》中称："我县原有滩地约五万亩，经 1971 年丈量，实有面积 44000 亩。十四年来，因黄、渭、洛三河塌岸冲毁 17180 亩（平均每年塌毁 1228 亩），现有土地 26820 亩，除去公庄、吊桥、小泉三个村委会群众自有地 8300 亩，还有可耕地 18520 亩。"

1986 年 7 月 9 日，按照上级要求，潼关滩委会向大荔交地 1.84 万亩。潼关滩地农民对此不服，跟大荔农民双方发生械斗，造成流血事件。潼关县政府闻讯，派工作组赴出事地点劝阻，当地滩民不服，掀翻工作组馍笼，围堵县领导吉普车。经地委、行署领导出面，协商座谈，研究解决问题，形成《纪要》，此事平息。4 月 19 日，渭南地委召开常委会议，专题研究解决大荔、潼关移民土地纠纷问题，丈量土地后，要求潼关月底前移交所占用土地②。

20 世纪 70 年代末，潼关县曾多次对库区土地被部队耕种提出意见，人代会、党代会就此提出过议案，但各级阻力很大。据不完全统计，当有 120 多个单位在库区耕种土地，有些签有耕种合同，有的没有签。

---

① 《潼关县人民委员会关于黄河滩地夏收情况及"两省关于解决黄河滩地等问题会议的决定"的执行情况报告》（1963 年 6 月 29 日），全宗号 J020，目录号 1，案卷号 213，永久，潼关县档案馆藏档。

② 政协潼关县委员会．潼关移民档案［M］．北京：中国文史出版社，2016：240-242.

1985年8月，为了贯彻中央办公厅、国务院办公厅《关于陕西省三门峡库区移民安置问题的会议纪要》精神，调整土地、安置移民，潼关县研究决定：将11个部队耕种的潼关县滩地7580亩全部收回，承包合同全部终止。后经逐块丈量，部队交回滩地8603亩，农场厂址占地108.7亩，道路占地198.22亩，总计面积8909.92亩。土地收回后，由潼关县政府代移民进行过渡性的经营管理。为了使收回的土地达到移民随返随用，不致荒芜，县上将所代管的土地以承包和代耕的形式承包给各乡镇和有关单位以及库边队。当时县上明确规定：移民一旦返库，合同即当终止。

1988年、1989年，华阴县西河村群众抢占潼关县移民土地500余亩，致使两县移民多次闹事。在地区行署领导下，两县经过反复协商，潼关收回了这部分土地。事后，潼关县移民办立即对土地开展了清丈工作，并绘图登记造册。

1987年，渭南地区分配给潼关县库区土地15000亩，其中7000亩（实有6100亩）土地安置移民，其余8000亩分配给库边吊桥村5200亩（给张尧五组200亩）、公庄村2500亩、小泉村300亩。滩地6100亩，减去路、梁、水岸、砂地、塌岸等不可耕面积582亩，减去县良种场占地438亩（为移民兑换村台），再减去吊桥13组（原张尧五组）后靠移民用地136亩，属库区移民土地实际有4944亩，分给移民每人2亩责任田和1亩承包田，共计3308亩，其余1636亩作为待分地预留，在移民未返库前由高桥乡政府代县上管理，优先承包给移民。

1991年4月，县移民办会同高桥乡政府制定了《滩地分配方案》，开展了滩地承包工作。滩地所余的1636亩计划承包给三个渡口、治安联防队共计250亩，其余1386亩主要承包给已入库的移民，适当照顾库边队的困难户，但每户不得超过10亩。《滩地分配方案》规定：为了维护社会秩序，确保库区土地不受损失，这部分土地由高桥乡移民办代县上管理，任何单位或个人无权私自将土地对外承包。国家干部、职工不得参与承包土地，包到土地的农户，也不得将土地转包他人。移民办领导和几名干部吃住在滩地，妥善解决了土地承包中的一些具体问题，稳定了移民情绪。

1992年，渭南专署颁布的《渭南地区三门峡库区移民安置预留土地管理使用试行办法》指出：

一、库区移民安置预留土地属国家所有，使用权归渭南地区行政公署。不经批准，任何单位和个人不得以任何借口侵占、买卖或者以其他形式非法转让移民安置预留土地，不得划给库边村（组）或其他单位。

二、渭南地区行政公署委托大荔、华阴、潼关三县（市）政府代为管理。

具体管理工作由地区行政公署和三县（市）政府分别委托地区和大荔、华阴、潼关三县（市）移民部门承办。

三、库区各县要贯彻执行十分珍惜和合理使用土地的方针，对预留土地全面规划，加强管理，合理开发和利用，制止乱占滥用行为。

四、移民预留土地实行有偿使用，在地区移民办公室的指导下，由库区县（市）移民工作办公室实施管理，各库区乡（镇）政府代为发包。

该办法第三条规定：为扶持移民发展生产，帮助返库移民尽快脱贫致富，预留土地应优惠承包给返库移民，承包价格可低于社会价格的20%。乡、村（组）不得加价承包，个人不得转包牟利，非移民和国家干部职工不得承包①。

① 政协潼关县委员会．潼关移民档案［M］．北京：中国文史出版社，2016：240-242.

第十四章

移民返库安置

移民在安置后生活生产困难，潼关县政府帮助移民解决生产生活问题，结果并不理想。移民为寻求生活，不断返回库区生产。到20世纪80年代，移民大规模地返库，引起陕西省、中央的关注，最终允许移民返回库区。潼关县在库区安置移民后，大力扶持移民，帮助移民赶上了当地群众的生活水平。

第一节　移民私返库区

在1959年至1960年的大迁建中，由于三门峡水库蓄水降低到335米高程，加之当时迁建任务大、时间短，所以只迁安了335米高程以下的居民。335米至350米高程的居民迁了一部分，还有一部分未做安置和迁移。库区留有94户468人，318间房在迁建中未动。这些人的思想不统一，有的要求迁移吴村，有的要求归还自己的旧房，有的想返回库区，有的想两头插手。为阻止移民返回库区，潼关县移民安置局提出：

一、这些房屋虽已评价列入迁移对象，但由于三门峡蓄水水位暂定335米高程，因此这些房屋可以缓迁，民可缓移，房屋归原房主，但不再做赔偿。对坚决要求迁移的可以按移民对象继续迁安不同地区。

二、库区原则上只准迁不准安，已迁移的不能再返库。340米以上高程允许盖简易房，但蓄水水位升高后需要迁移时，国家不再负责赔偿。

三、库区空公房和不能住人的房子有计划地按原安原卸的办法拆除一批于新潼关重建，以弥补民房不足①。

潼关县极力阻止移民返库，老潼关南街仍有不少单位和个人在水库区已拆

① 《潼关县移民安置局对老潼关库区未拆除房屋处理意见的请示》（1964年4月21日），全宗号J020，目录号2，案卷号220，长期，潼关县档案馆藏档。

除房屋的地方重新盖起新房，对已迁走的移民和库区群众影响很大。4月10日普查登记，老潼关南街重新建起新房135间，其中大房76间，半成品未计算在内。这些房屋在1962年只有30间，到1963年发展到105间。这种情况还在继续发展，不少人争地基、圈院落，准备建新房。这里的市场特别繁荣，有运输队、百货店、副食店、食堂、茶馆、菜摊等，对已安置和未安置的移民影响很大。已安置在吴村、苏家村、柳家村的移民要求返回库区。库区还有不少已安置在苏家村和柳家村等地的移民坚决要求留在库区①。

1967年3月24日至3月27日，潼关县移民安置局分别在高桥公社小泉大队、港口公社十里铺大队、港口城镇等地，对返库的移民进行摸底。这三个地区已有24户48人返回库区，其中七里村8户13人，港口城镇14户22人，小泉大队2户13人。这些返库的移民属于白水的22户35人，属于返陕移民的2户13人。

这24户移民返库的原因：一、留恋本土，认为迁到别地没有自己旧地址好（这三个地区靠河近城副业收入大、荒地多）。二、后靠移民认为，自己原来的耕地没有淹没，黄河又修建大桥。三、有些干部在工作中没有贯彻移民政策，西关和七里村迁走了老户，又安置了新户。四、有些安民队的个别干部和社员在某些问题上排斥移民，公社大队未及时解决问题。五、白水移民曾在1963年返回库区，后来返回白水，但未解决思想问题。特别是有些移民借"文化大革命"，以造反为名，大量收集返库材料。六、移民的政治思想教育工作做得不够，一些问题没有得到彻底解决。

由于以上原因，一些移民在安置区不安心，找各种借口返库。有1户以承嗣为名，把孩子迁入库区。有2户把孩子放在西北大队、十里铺大队的亲属家。有1户身居丈底，而在七里村开荒。有2户以探亲为名，久住亲戚家。有2户返陕移民不愿在安置区，如屈武生不愿在安乐公社，其母亲和妻子到政府跟干部吵架，扬言要在库区种自己的地，并以自杀来威胁干部②。

这些返库的移民有的拉零车，有的在河滩割芦苇，有的打鱼，有的到山西贩卖各种物资，有的开荒，有的做投机倒把生意。移民返库生产、生活，若继续发展下去，将会引起白水移民返库。为了尽快、妥善地将24户移民劝回安置区，潼关县移民安置局建议军分区、专署移民局，并抽调白水、潼关移民干部

① 《关于老潼关南街三门峡水库区内发生大量修造房屋的报告》（1964年4月17日），全宗号J020，目录号2，案卷号220，长期，潼关县档案馆藏档。

② 《潼关县移民安置局关于对已返回库区移民情况的初步调查报告》（1967年3月31日），全宗号J071，目录号2，案卷号49，长期，潼关县档案馆藏档。

和其他有关干部组成工作组，动员其返回安置区①。

1968 年 1 月中旬，潼关县移民安置局对港口和七里村库区居民和建房情况逐户做了调查，发现库区已修建起大量房屋。港口 340 米以下居民户已增至 136 户 607 人（其中市民 86 户 366 人，农民 50 户 241 人），国营、合作和生产队单位共 20 个。这些居民户和单位，新建大房 133.5 间，小房 185 间。七里村居民增加 24 户 112 人，新建大房 2 间，小房 52 间，生产队集体新建大房 2 间、小房 3 间。

库区大量建房违背了库区管理工作的有关政策规定，影响库区管理工作，也为移民返库提供了借口，致使动员返库移民工作十分被动。潼关县移民安置局采取措施，对返库移民做出如下处理②：

一、深入细致地做好政治思想工作，切实加强组织领导，做好库区管理工作。

二、已迁库区一律不能安置居民和新建房屋。

港口城镇暂以铁路新线为准，以北地区不能新安居民和建房，已安和已建者，谁安谁建由谁负责，须要拆除时国家概不补偿，未迁居民和未拆老房，待蓄水线决定后再行处理。

七里村所居群众，原经潼、白两县协议后靠的四户迅速后靠，其他由哪里来到哪里去，谁安谁负责动员。房屋拆迁全部由个人负责，整个庄点应迅速拔除。

铁路五局三处在铁路以北所安之居民，由原安单位负责动员其迁出库区。

白水返库移民和应迁未走的垫库户，由移民安置部门动员其返回安区和迁出库区。

迁白移民的在外人口下放后，应安置于白水县，不能安置在迁出县，更不能安置在库区；已安者，谁安由谁负责动员其返回白水。

三、鉴于铁路新线在西城内外设站，通车后，商业、服务部门及部分居民势必西迁，而该地铁路以南的库外平地甚少，大有在铁路以北库区建房的可能，因此，有关部门早做规划，避免出现在库区建房的混乱局面。

四、省第一线指挥部就库区管理问题发一公告，由移民部门和港口公社负

① 《潼关县移民安置局关于对已返回库区移民情况的初步调查报告》（1967 年 3 月 31 日），全宗号 J071，目录号 2，案卷号 49，长期，潼关县档案馆藏档。

② 《关于港口库区建房情况的调查报告》（1968 年 1 月 20 日），全宗号 J071，目录号 1，案卷号 65，永久，潼关县档案馆藏档。

责向群众广泛宣传。同时，省上批准设立在县的直接领导下的库区专管机构，进行经常的库区管理工作。

同年，白水移民把家搬到库区，抢种、抢收。返陕移民也借机闹返库，段名大队屈武学等20余人到县安置局要求返库（小泉）。三门峡库内修建火车站（高程342.7米）后，引起库内建房。如车站附近有8户拉运砖石，抢占庄基，虽经劝阻，但收效不大①。

20世纪80年代中期，移民返库浪潮又一次掀起。1984年冬至1985年春，近万名移民进入三门峡库区，在原村旧址上规划村庄、院落，抢种农场土地，严重地威胁着库区的安定。潼关县张尧大队五小队27户151人，成立了两个代表组，轮流上县纠缠返迁，其主要理由是②：

一、移民住在沟底，种的是沟边陡坡地300余亩，可浇地只有40亩，天旱无水，年年收成不好。

二、张尧大队把4个小队的沟坡地全给了他们，生产极为不便，县上虽年年扶持，但改变不了穷队面貌。

三、他们原迁区的土地240亩还在（未塌岸），县上在1981年又给他们划拨滩地140亩，所以返回吊桥生活有保障。

四、原迁时，吊桥大队和移民小队未划拨财产，他们一分钱未带走。为了能返回吊桥库区，张尧移民队表示只要政府批准他们回去，不向国家要经费。

移民在安置区闹返库不仅难以平息，而且引起中央关注。为了彻底解决三门峡库区移民问题，1984年11月18日至12月27日，国务院秘书长助理孙岳率领的中央联合调查组到达陕西，调查了陕西省三门峡库区移民生产、生活情况以及库区靶场、农村的情况，向中央反映了移民生活现状：相当多的移民所在生产队平均每个劳动日值仅几角钱乃至几分钱，口粮严重不足。部分移民生产、生活仍然相当困难……不少移民住房破陋不堪，缺衣少被……该调查组还指出："移民要求返库的根本原因就在于安置区比库区生产条件太差，生活有困难，安区的现状和当初政府许诺'移民迁移后，每年的生产收入不低于其在库区的水平'相距甚远。""问题已经到了非解决不可的时候了"③。

---

① 《移民工作中几个问题的请示汇报》（1968年2月25日），全宗号J071，目录号2，案卷号49，长期，潼关县档案馆藏档。

② 政协潼关县委员会．潼关移民档案［M］．北京：中国文史出版社，2016：228.

③ 《国务院、中央军委联合调查组关于陕西省三门峡水库区移民安置问题以及库区农场情况的调查报告》，陕西省三门峡库区管理局．陕西省三门峡库区志［M］．北京：中国水利水电出版社，2007：519-521.

第二节 库区安置移民

1985年7月中旬，潼关县对全县后靠安置在农村的移民生产、生活条件做了调查。后靠安置于农村的涉及6个乡2个镇73个村民委员会248个村民小组，移民共有1582户7471人。这些移民分布在两类地区：一是沿山旱区，233个村民小组1205户5499人；二是半水半旱区，15个村民小组377户1972人。移民人均土地在2亩以下的有159个村民小组1332户6202人，人均土地2亩以上的88个村民小组250户1269人。沿山旱区人均土地最低的只有0.8亩，半水半旱区人均土地最低的仅有0.9亩。

移民吃粮情况：人均粮食在400斤以下（最低人均粮食100斤）的有246个村民小组1499户7077人。人均粮食在400斤以上的只有两个村民小组83户394人，这两个组属于半水半旱区。移民收入情况：人均收入120元以下的有245个村民小组1479户6987人；人均120元以上的有3个小组属于高桥乡的吊桥村和小泉村（半水半旱区）。为了改善移民生产、生活条件，潼关县政府提出：

一、沿山旱区移民1205户5499人，人均土地2亩以下（最少的人均仅八分），经济收入和人均口粮都较贫困，为了使他们的生产、生活达到长久安定，按照全家同意的原则，准予返库安置。

二、半水半旱区移民377户1972人，可以就地不动，由国家投资增加一些水利设施，提高灌溉效益。

三、移民返库安置地点：在考虑汛期安全、又照顾方便生产的前提下，在高桥乡的公庄、小泉的村北即原84857部队农场场部、高桥乡知青点和县良种场一带，拟设五个村委会。

四、移民安置用地：（一）沿山旱区的后靠移民返迁1205户5499人，每人按2亩耕地，需10998亩。（二）白水移民预计返迁500户2500人，需耕地5000亩。（三）老潼关城镇居民2135户12400余人，以及机关单位、学校、医院、工厂等迁至吴村、太要、港口共占地3000余亩。（四）新安置移民村庄七个点（白水移民预计两个点），村庄、巷道、生产道路、公共建筑、水利设施、防洪堤坝等需占地3150亩，以上共需占地22148亩①。

① 《关于移民村、组生产、生活情况的调查报告》（1985年8月30日），全宗号J020，目录号1，案卷号975，永久，潼关县档案馆藏档。

根据这次调查的结果，潼关县根据“以生产条件为基础，以经济收入为依据。渭北沿山旱原沟壑区的移民大多数可以返迁，半水半旱区移民少数返迁；平原灌区移民，除少数安置过于集中，盐碱化特别严重，致人均土地大量减少，严重影响移民生产、生活者外，其余大多数基本不动”的原则，① 将返库移民分期分批安置在新城堡和桃林寨。

一、新城堡移民新村

1987年10月以前，潼关县举办了白水返库移民村、组干部培训班，部署了10月上旬移民返库的安置工作。白水应返库安置213户1015人，蒲城移民返库1户3人。截至10月底，蒲城返库1户4人，白水返库5户23人。县上把返库户安置在高桥乡的新城堡移民村，并划分了责任田与承包田。1990年，潼关县逐户逐人落实移民返迁人口，截至4月，新城堡（新城堡村以返库通知书和县、乡、村、组反复核实的人口为准）有91户414人。

原迁安白水的移民大部分没有返回潼关库区，而是留在了白水：“根据走留自愿的原则，在白水移民办的协助下，现在已转户于我县库区的白水移民有42户156人，其余移民也可以安居于安区。”1991年潼关县滩地分配方案显示：一、给白水转户移民每人分责任田2亩（含每户庄基地0.3亩），应分土地312亩，扣除每户宅基地0.3亩，实分责任田299.4亩；二、每人再分到承包地1亩，计156亩；三、分给新城堡村委会承包地250亩；四、按每户分场面0.3亩，共用地12.6亩。以上四项共分土地718亩（其中承包地406亩）。当年冬季，白水移民已有十几户搬进了新建的避水楼，且投入了农田基建的行列。

1993年3月25日，潼关县在高桥乡召开了“关于新城堡村行政移交事宜的县长办公会议”。会议决定：从1993年3月25日起，新城堡村行政隶属关系由县移民办代管正式交由高桥乡政府管理，作为高桥乡人民政府管辖范围内的一个行政村（该行政村原是从白水县返迁回潼关的移民规划村，原计划返迁移民250户1100人，但该村实有34户126人，且居住分散），有关该村公共设施和固定资产亦同时列入移交内容。从移交之日起，高桥乡政府负责管理该村的村委会建设、生产经营、人口迁移、土地调整、宅基地划分及计划生育等；县移民办继续协助高桥乡政府扶持发展该村的生产和建设，在政策和资金上给予适当优惠政策和倾斜；县民政局、教育局、信访局、土地局、水保局、农牧局、粮食局、卫生局等，要充分发挥各自职能，协助乡政府做好移民的扶贫帮困、

① 政协潼关县委员会．潼关移民档案［M］．北京：中国文史出版社，2016：231.

文化教育、来访来信、生产建设、医疗卫生等工作；高桥乡党委抓好该村以党支部为核心的基层组织建设，搞好党团活动①。

二、桃林寨移民新村

桃林寨村是为返陕移民和部分后靠移民返迁而设立的一个移民行政村。1988 年潼关县政府决定，允许原公联社返陕移民返回桃林寨。1988 年潼关县南头、安乐、吴村、港口、太要等乡镇 20 户 97 人，安置在高桥桃林。1989 年经反复摸底调查落实，有 297 户 1342 人领取了返库证，其中 50 户 302 人已迁转安置到高桥乡桃林寨移民村。

1990 年，潼关逐户逐人落实移民返迁人口，4 月高桥乡桃林（桃林寨村返迁移民以返库通知书和户口迁移证为准）实有人口 170 户 684 人，到年底，返库移民共 168 户 678 人。1991 年，返库移民达 190 户 758 人（其中有白水县城郊乡、西固镇、井头乡 42 户 156 人，属原潼关港口移民返迁库区）。

1991 年潼关县滩地分配方案：一、按每人 2 亩责任田计算，应分土地 1516 亩，扣除每户宅基地 0.3 亩，实分责任田 1459 亩；二、每人再分承包田 1 亩，计 758 亩；三、分给村委会承包地 250 亩，修路地 66 亩（其中 36 亩收承包费），共计 316 亩；四、按每户分场面 0.3 亩，共用地 57 亩。以上四项共分土地 2590 亩（其中承包地 1044 亩）。

新建的桃林寨村由于移民来自四面八方，加之当时干部是临时指定，因此新老干部之间出现一些矛盾，村委会一度秩序混乱。1991 年 3 月移民办会同县民政局与高桥乡召开了“桃林寨村行政隶属关系移交会议”，形成了会议纪要。桃林寨村移交后，召开了党员和村民代表会，选出了党政领导班子，使村里的生产生活走向正轨。

三、张尧村移民

张尧五组村民原为吊桥八队，属塌岸区集体离开本地迁安于张尧大队杨村沟，编为张尧五队。人住沟底，耕地在沟坡两边。迁移时 23 户 111 人，后增至 27 户 151 人，共种沟坡地 352 亩，人均土地 2.33 亩，沟内有少量的水浇地，每逢旱期就没水，移民生活较困难。移民部门曾投资修过水库，但一遇严重干旱就没水。1981 年从河滩划拨了 140 亩滩地，种地要跑 20 多里，很不方便。移民

① 政协潼关县委员会．潼关移民档案［M］．北京：中国文史出版社，2016：234-235.

成立了两个代表组经常来县反映要求回吊桥大队，其理由：原迁区的200多亩土地绝大部分尚在（未塌岸），由原迁区各小队分种，而他们的生活长期困难，因此坚决要求回吊桥大队，并声称如果不让回，以后很可能走到移民交农具的地步。对此，潼关县曾做了大量的思想工作，但未解决问题①。

张尧五组不断上访，强烈要求返回吊桥安置，经县委常委会研究同意张尧五队搬迁回原籍吊桥。1988年9月16日，潼关县在滩管会召开了高桥乡政府、吊桥村、张尧村、张尧五组四方会议，形成以下决议：一、成立领导小组；二、研究商定集体搬迁，集中安置，以现有的门楼户数划庄基；三、搬迁地址定在吊桥村科研站，面积拨够15亩；自此以后，吊桥村不再拨给该组土地；四、张尧五组现种的张尧村的土地可种至1990年9月底，1990年10月1日将原张尧的土地全部交回张尧村安排使用；……六、张尧五组到吊桥后的耕地划拨，按内迁移民对待，在渭河北划地，每人2亩，按现有人口168人，总应划地336亩（包括原已划过的200亩和生产道路占地在内）；七、搬迁时间从1988年11月起至1989年5月底全部搬完，不能拖至1989年汛期，拖期搬不完的户出了不安全的问题自行负责；八、张尧五组群众在本次搬迁中所需的一切费用自行解决；九、张尧五组的隶属关系及户口从1989年1月1日起，从张尧村转至吊桥村，定名为吊桥十三组。

四、返回华阴库区的移民

1989年7月，潼关县把19户95人介绍给华阴移民办进行安置。移民安置于华阴库区，办理了返库手续。

自1987年、1988年库区接收返迁移民至1993年以来，潼关县共向移民发放建房木材160余方、钢材84吨、柴油20吨，补发建房款、救济款、危房处理款10余万元，发放低息贷款38.8万元，完成了两个村村台及村庄的规划设计等。各项工作的完成，基本上稳定了移民的情绪，使移民的生产生活得到了有力的保障②。

---

① 《移民安置方案（意见）》（1983年11月25日），全宗号J020，目录号1，案卷号946，永久，潼关县档案馆藏档。

② 政协潼关县委员会．潼关移民档案［M］．北京：中国文史出版社，2016：237-238.

第三节 政府扶持移民

移民返迁安置后，生活水平一直徘徊在贫困线以下，与当地非移民人均水平相比差距很大。据1992年对移民生活水平的调查：人均口粮仅150斤，纯收入不足300元。其中人均纯收入在200元以下的122户484人，占移民总人数的45%；人均200元至300元的112户443人，占移民总人数的41.2%；人均300元以上的39户148人，占移民总人数的13.8%。1995年全县农村人均纯收入1303.98元，而库区移民人均纯收入只有485元。

1997年的《潼关县移民办公室扶持工作情况汇报提纲》也指出，三门峡水库区潼关境内经后靠、返陕、返库三次在农村安置移民2679户12648人，分布在全县5乡3镇，74个自然村，254个村民小组。其中库区安置324户1537人，安区安置2355户11111人。按区域分，沿山旱原区安置移民1982户9359人，占移民总数的74%，半水半旱区安置697户3289人，占移民总数的26%。这种地理条件使得移民相对生产落后，生活基础薄弱，贫困程度高。全县移民人均土地在2亩以下的占移民总数的83%，全年人均粮食在300斤以下的占移民总数的57%，现金收入在300元以下的高达11826人，占移民总数的93.5%。

该《汇报提纲》还指出，自1991年以来，已重点扶持移民325户1495人，还有2189户10331人需要扶持，而经扶持的脱贫率仅是40%，即126户435人，下余199户598人仍需二次扶持①。

潼关县针对移民安置后贫困的情况，从基础设施、产业扶持、资金直补、培训移民方面开展了移民扶持工作，从而改善了移民生产、生活环境，并引导移民走上致富之路。

一、基础设施建设

从1989年1月开始，潼关县修建移民返库安置工程，其工程包括防洪、交通主干道、防汛撤退道路、供电、人饮、通讯广播、乡政文卫等。由于移民安置和工程设计、施工同时进行，时间紧、项目多、任务重，因此到1992年这些工程全面完工。

从2007年开始，每年基础设施投入年均达400万元~500万元，2014年投

① 政协潼关县委员会．潼关移民档案［M］．北京：中国文史出版社，2016：243.

资达到 1416 万元，极大地改善了库区和安置区移民的生产生活条件①。在这些基础设施中，改善最着力的是农田水利灌溉工程和人饮工程。

（一）农田水利灌溉工程

1994 年，潼关县投资 5.16 万元完成了渭河南 6 眼机井配套工程，灌溉农田 377 亩；投资 10.35 万元完成洛河抽水站主干渠培厚加高 2572 米，完成土方 4.5 万立方米；投资 10.41 万元完成衬砌 U 型渠 2300 米；投资 2.8 万元完成洛河抽水站管理房及围墙工程。1997 年完成了洛河抽水站 54 个渠道出水口改造工程，对整个渠道进行了全面检查维修，并为抽水站配备一台泥浆泵；完成了渭河南 6 眼机井的暗管节水灌溉工程，灌溉面积达 300 余亩。1999 年，潼关县投资 13.43 万元，完成了 12 眼机井和 5000 米渠道工程，灌溉面积 3100 亩，受益移民 780 余人②。

2007 年，潼关县新打机井 17 眼，修复机井 2 眼，建抽水站 2 座，修复水站 1 座，蓄水池 1 座，修建蓄水窖 60 眼，埋暗管 21.9 千米，新修 U 型渠 4.8 千米，增加灌溉面积 4500 亩，改善灌溉面积 1500 亩，受益群众 18000 人，其中受益移民 3820 人③。

（二）人饮工程

潼关县移民大多数居住在安区旱塬地带，要改善移民生产生活条件，须先解决饮水问题。1995 年潼关县投资 13.57 万元完成旱塬人饮工程 5 处，解决了西街子村、吴村等 5 个村 970 户移民吃水难的问题。1996 年完成南头乡机井 1 眼，太要镇南歇马村蓄水池 1 座，并完成了管道铺设工程。1997 年完成了安乐乡马吉村自来水工程 1 处，复修安乐乡毛沟村机井 1 眼，复修吴村乡管南村机井 1 眼，解决了 4 个村的旱塬人畜饮水难的问题。1999 年完成自来水工程 1 处，修建抽水站 1 处，新打机井 1 眼，解决了 2 个村 445 户移民和牲畜的饮水难问题④。

2007 年，潼关县完成人畜饮水工程 22 个，农田水利工程 26 个，总投资 1106.86 万元，其中库区基金 517.86 万元，地方配套 589 万元，为全县库区和安置区新打机井 13 眼，修复机井 3 眼，修建水塔 2 座、水池 12 座，自来水饮水到户 6 个村，铺设管道 34 千米，解决了 22 个村 11300 人（其中移民 3777 人）

① 政协潼关县委员会. 潼关移民档案［M］. 北京：中国文史出版社，2016：264.
② 政协潼关县委员会. 潼关移民档案［M］. 北京：中国文史出版社，2016：253.
③ 政协潼关县委员会. 潼关移民档案［M］. 北京：中国文史出版社，2016：264.
④ 政协潼关县委员会. 潼关移民档案［M］. 北京：中国文史出版社，2016：253.

的吃水困难问题①。

二、产业扶持

产业扶持是移民扶持工作的重点。1992年潼关县制定了《潼关县扶持移民发展生产（1991—1995）五年规划》，提出了分两个阶段帮助移民脱贫致富，“八五”末赶上和超过当地农民生活水平的基本目标。特别是根据移民经济基础薄弱的特点，从种植业、养殖业、小型工副业、企业、农田水利五个基本产业中，构成了分年实施的17个方面若干个具体生产项目②。

到1997年底，移民承包荒沟荒坡种植大枣780亩、花椒50亩，栽植苹果1515亩，种植芦笋约600余亩，养殖牛187头、羊680只、家禽8万余只。经营运输业的20余人，从事供销营销业的50余人，从事加工业的40余人。移民群众已由单一的农业生产转化为以农业为主、多种经营的产业结构形式，形成了经济网络新格局③。

2007年，潼关县移民局投入种植业、养殖业、二、三产业开发资金486.54万元，扶持移民2890户9150人，对已建成的14个种植基地进行了补植和发展，共涉及7个乡镇20个行政村，扶持移民1520户6310人，引导移民种植丹参50亩；扶持桃林寨、小泉、新城堡三个移民村种植芦笋，共扶持427户1708人；投资29.07万元，以大户带小户发展养殖业，以扶持到户式无偿发放仔猪502头，发展养猪户106户435人，带动下汾井、东柳、马吉、欧家城、荒移等村发展养牛大户7户35人，带动小户10余户46人；投资64.34万元，扶持发展二、三产业，为秦东镇南街村新建饲料厂1个，城关镇新建榨油厂1座，南头乡留果村新建服务部1个，高桥乡小泉村新建面粉厂1个。产业扶持项目的实施，在很大程度上带动了库区移民的致富增收④。

三、资金直补

为了帮助移民脱贫致富，促进移民安置区经济社会发展。2006年5月，国务院颁布《关于完善大中型水库移民后期扶持政策的意见》，指出2006年6月30日前搬迁的纳入扶持范围的三门峡水库农村移民人口一次核定，不再调整，

① 政协潼关县委员会．潼关移民档案［M］．北京：中国文史出版社，2016：264.
② 政协潼关县委员会．潼关移民档案［M］．北京：中国文史出版社，2016：256.
③ 政协潼关县委员会．潼关移民档案［M］．北京：中国文史出版社，2016：260.
④ 政协潼关县委员会．潼关移民档案［M］．北京：中国文史出版社，2016：264.

自2006年7月1日起再扶持20年；对2006年7月1日以后搬迁的纳入扶持范围的移民，从其完成搬迁之日起扶持20年。扶持标准为对纳入扶持范围的移民每人每年补助600元，原则上尽量发放到移民个人，用于移民生产生活补助；也可以实行项目扶持，用于解决移民村群众生产生活中存在的突出问题。

潼关县移民局经过一年多的时间核定了移民人数，在2007年6月30日前对核实清楚的3003户13831人进行了直补（2006年7月至12月的移民直补资金每人300元）。上级拨付潼关县后期扶持移民直补资金414.93万元，于2007年6月30日前发放到移民手中，无法核实到人的村组进行项目扶持①。

2007年12月底，渭南市移民局与潼关县移民局再次核实移民人数，初定潼关县共有移民4773户21777人，分别安置在全县8个乡镇80个行政村。其中直补14494人，由于人员流动，无法核实到人，进行项目扶持的7283人。

随后的几年里，潼关县移民局按照《陕西省大中型水库移民后期扶持人口年度核定管理暂行办法》，根据“核定移民人数在规定期限内不增加，减少人口据实核减”的原则，每年都开展移民人数年度检查工作，以当年的6月30日为界限核减移民人数。截至2014年6月30日，经过核减，潼关县移民人数为14253人。同时，潼关县不断完善直补资金发放制度，实行“专人管理，转账核算，封闭运行”和“移民部门核定人口并造表，财政部门拨付资金，信用社及时转款到移民户卡上”的工作机制，按季度及时、足额、准确发放②。

四、移民培训

2006年至2014年，潼关县先后举办移民培训班139期，培训了库区和安置区移民15296人，还举办移民干部培训班，对移民村干部在村级民主管理、移民后期直补政策、“双核”业务、年度人口核减业务、村级产业结构调整、带领移民群众致富方面的知识、能力进行了培训。另外，从杨凌等地聘请农技人员、芦笋专家、土织布能手现场为移民传授苗木嫁接、药材栽植、果树管理、芦笋种植、土织布等实用技术，受益群众13600人。通过各种形式的培训，移民掌握了果树管理、药材种植以及养猪、养牛、大棚管理等专业技术，拓宽了致富门路。不少库区移民在参加实用技术培训后，掌握了一技之长，走上致富之路③。

---

① 政协潼关县委员会．潼关移民档案［M］．北京：中国文史出版社，2016：263.
② 政协潼关县委员会．潼关移民档案［M］．北京：中国文史出版社，2016：263.
③ 政协潼关县委员会．潼关移民档案［M］．北京：中国文史出版社，2016：265.

结　语

三门峡水库作为一个大型水利枢纽工程，从规划设计到建造运行的近半个世纪中，关于三门峡的争论，一直没有停息过。小浪底水库投入运行后，掀起关于三门峡水库新一轮的争论。2003 年渭河下游发生的洪灾，把这场争论推向了新的高潮。客观地看待有关三门峡水库争论以及三门峡水库移民，可以从中吸取经验教训。

一、客观看待有关三门峡水库存废之争

修建三门峡水库是我国第一个五年建设计划中的一项重大工程，是苏联帮助我国建设的一百五十六项工程之一。修建三门峡水库，是根治黄河水害和开发黄河水利的第一步。修好它，不但可以消灭或减少黄河下游的水灾，防止和减轻黄河上游的旱灾，而且还可以大量发展水电、灌溉、航运及工农业生产，为黄河流域一亿八千多万人民造福，为我国社会主义建设服务，为将来的共产主义建设效力①。这是修建三门峡水库的美好愿景，也道出了修建三门峡的效能。

三门峡水坝从规划设计到建设、改建至今，对三门峡的争论始终没有停止过。20 世纪 50 年代争论的问题是能不能在三门峡修建水库？修个多高多大的水坝？最终在苏联专家组的建议下选址三门峡。1955 年技术经济报告初步确定三门峡水库正常高水位为 350 米，1967 年以前库水位不超过 340. 5 米。后来考虑到三门峡水库的淤积速度，中上游水土保持效果和三门峡以下伊、洛、沁河支流水库的防洪效果均尚未判明，为了延长水库寿命，确保下游防洪安全，在初步设计过程中又将正常高水位抬高到 360 米，1967 年前库水位应不超过 350 米。

① 《关于在三门峡水库区进行全面技术经济综合调查工作的指示》（1956 年 3 月 2 日），全宗号 J020，目录号 2，案卷号 4，长期，潼关县档案馆藏档。

正常高水位的抬高，对关中地区影响最大①。1959年确定汛期前移民高程335米，最高拦洪水位不超过333米②。

1957年2月国家建委已邀请有关方面的专家对苏方提交的初步设计进行了审查，正准备送国务院审批。工地已进行了大量的准备工作，工程即将正式开工。三门峡水库的运用方式发生争议，“高坝大库蓄水拦沙”方案确定后，黄万里和温善章持反对意见。黄万里认为，修筑大坝不是解决黄河问题的万能钥匙；建坝后“必须让河槽内泥沙向下运行”“坝底留有容量相当大的泄水洞”，以便泄水排沙。温善章主张用低水位、少淹没、多排沙的思路设计三门峡水库。这些运用方式的区别在于“大库”与“小库”，“拦沙”与“排沙”，“多淹”与“少淹”。

尽管有反对意见，最终三门峡修建仍按原来规划进行，因此问题很快就出现，由于对泥沙问题认识不足和对大量淹没良田、大批迁移人口的困难和问题估计不足，结果水库运用后，库区泥沙淤积十分严重；随着潼关高程的淤高，淤积沿渭河向上迅速发展，不但水库有很快被泥沙填满、失掉调洪能力的危险，而且严重影响关中平原的安全，原定的灌溉、发电、库区航运等效益都没实现③。

三门峡水库从1960年秋季开始蓄水，到1962年年初水位达到332.58米，移民遇到了很多困难，运用水位难以再抬高。在1962年全国人民代表大会上，陕西省全体代表联名提出降低运用水位排沙的提案，由此引发了一场如何降低水位排沙和改变三门峡水库运用方式的大讨论。这场讨论的结果促成了三门峡水库的两次大改建：1965年至1966年打通了两条泄洪隧道，改造了4条发电钢管；1969年打开了当初用于导流的8个施工底孔，降低了发电钢管的进水口高程。此外，又将水库运用方式由“蓄洪拦沙”改为“滞洪排沙”和“蓄清排浑”。经过这两次改造，极大地加强了水库的泄洪排沙能力，潼关高程明显下降④。

三门峡水库经过两次改建，改变其运用方式，解决了水库泥沙淤积问题，充分发挥了防洪、防凌、灌溉、供水、发电等综合效益，但对渭河造成的危害仍在继续。2003年秋，陕西渭河下游5年一遇的小洪水，导致50年一遇的大洪

---

① 王化云．我的治河实践［M］．郑州：河南科学技术出版社，1989：179.

② 王化云．我的治河实践［M］．郑州：河南科学技术出版社，1989：183.

③ 靳怀堾．悲壮三门峡［M］．北京：作家出版社，2013：166.

④ 周文斌，张蕾，王保纯．生死判决 依据科学——关于三门峡水库的争论［N］．光明日报，2004-01-06.

灾。这次洪水给渭河下游咸阳、西安、渭南3市12个县（市、区）造成严重损失，受灾人口56.25万人，淹没土地102万亩，倒塌房屋18.72万间……直接经济损失29亿元。受灾最为严重的是“二华”（华县和华阴县）地区，淹没面积30余万亩，受灾人口35.19万人，直接经济损失23.21亿元①。

三门峡立项之初就遭到陕西方面的坚决反对，当时陕西不少政府官员通过多种渠道力陈此项目对陕西的影响，但三门峡工程并没有因此停止。2003年秋渭河流域发生特大洪涝灾害，陕西一些干部和水利专家认为，渭河小水大灾，祸起三门峡水库。中国科学院和中国工程院双院士张光斗与水利部原部长、全国政协原副主席钱正英对此认为，修建三门峡水电站是个错误，理当废弃。

2004年，陕西省15位省人大代表向陕西省人民代表大会提交了《关于停止三门峡水库蓄水发电，尽快降低陕西潼关高程，彻底消除渭河下游水灾隐患的议案》。同年3月全国“两会”期间，陕西省的多名政协委员、人大代表提出议案，要求停止三门峡水库蓄水发电，尽快降低潼关高程，废掉三门峡水库。

2004年全国的“两会”上，河南的32名全国人大代表联合提交了一分要求“合理利用三门峡水库”的议案，《议案》说：三门峡水利枢纽是治黄工程体系最重要的组成部分，担负下游防洪、防凌的重任，保护着冀、豫、鲁、皖、苏5省25万平方千米范围内1.7亿人口的生命财产安全。随后，2004年9月17日，三门峡市政府打破公文运行常规，直接向水利部上报了长达5000多字的紧急请示，中心内容是：三门峡市离不开三门峡！三门峡人民离不开三门峡水库！

2006年3月，十届全国人大四次会议上，河南32名全国人大代表又联名提交了《关于全国人大常委会对三门峡水库有关问题做出决议或决定的议案》，称：三门峡水库降低水位和汛期敞泄运行试验的3年中，河南、山西部分地区深受影响，仅三门峡市的地方财政收入就损失6亿多元，6万亩灌溉农田遭受旱灾，63万农村人口和30万市区人口饮水困难。如果水库继续降低水位和汛期敞泄，“不仅会严重制约河南、山西两省部分地区经济发展，而且大批库区移民返迁难以解决，将产生新的矛盾……”②

① 靳怀堾．悲壮三门峡［M］．北京：作家出版社，2013：207.

② 张华勇，穆兴民．三门峡水库存废之争：陕西与河南的权益博弈［N］．中国贸易报，2006-04-20（X03）.

三门峡水库的争议从泥沙、潼关高程①之争上升到水库的存废之争，特别是小浪底水库建成后，三门峡水坝还有没有存在的必要？一些水利专家如薛松贵（黄委总工程师）、姜乃迁（黄委水科院副院长）、温善章（黄委设计院教授级高工）认为，如遇特大洪水，仍需要三门峡。另外，库区周边已形成依托水库的工农生产格局和生态环境系统，三门峡库区已是天鹅喜欢光顾的河南最大的湿地自然保护区。如果没有了三门峡水库，生态平衡还要重构，那将面临许多新的矛盾和问题。

这些水利专家还指出，在三门峡建库初期，水库的高水位运用对潼关高程和渭河淤积有着直接的影响。近年来潼关高程的抬升和渭河下游的淤积主要是由于水沙条件的变化造成的。三门峡水库有一定影响，但不是主要因素。三门峡水库的运用方式应做进一步调整，但潼关高程的抬升和渭河下游的淤积不能只依靠三门峡水库来解决，而应采取综合措施。即使三门峡水库全年敞泄，也不能完全解决问题，而且会带来其他负面效应②。

潼关高程的抬升不仅给渭河下游的防洪带来不利影响，也给三门峡库区的管理带来诸多困难。自2000年以来，水利部、黄委和三门峡水利枢纽管理局等单位都在千方百计地探寻着降低潼关高程的有效途径。2005年，各方意见已基本达成一致，三门峡水库已不存在废弃的问题，将继续发挥其蓄水发电及其他综合效益。黄委会主任李国英在黄河防汛会议上表示："黄河防总办公室将采取一切措施降低潼关高程，严格按照四省（晋、陕、豫、鲁）会议精神对三门峡水库进行调度运用，汛限水位305米，必要时降至300米。汛期，当潼关站出现1500立方米每秒的洪水时，敞泄运用。"这一水位能维持三门峡水库正常发电。同时，它满足黄河中下游汛期防洪需要和调水调沙等都具有积极意义，有助于降低潼关高程，并从根本上减轻陕西防汛压力，减少三门峡库区的泥沙淤积③。

近年来，陕西人对三门峡水库的态度已有了明显的转变。时任陕西水利厅厅长王锋在多个场合表示：对于三门峡水库的问题，我们陕西要往前看，要站得高些，看得远些，不要老是纠缠过去的"陈芝麻、烂谷子"不放。要面对现

---

① "潼关高程"，表示黄河在陕西潼关位置的水位。具体而言，是指黄河在流经潼关时，断面（六）流量在1000立方米/秒时的相应水位。其升降变化揭示渭河下游河道淤积的状况，潼关高程数值越高即代表渭河下游泥沙淤积程度越高，渭河发生洪灾的风险越大。见靳怀堾．悲壮三门峡［M］．北京：作家出版社，2013：213.

② 周文斌，张蕾，王保纯．生死判决　依据科学——关于三门峡水库的争论［N］．光明日报，2004-01-06.

③ 田宜龙，朱殿勇．三门峡水库存废之争有定论［N］．河南日报，2005-04-29.

实，从实际出发，寻求解决的出路①。

三门峡水库的存废之争，多年来没有定论。从目前来看三门峡工程成败得失，潘家铮先生的评价较为中肯："按照最初的规划要求来衡量，三门峡工程无疑是失败的，而经过反复探索多次改造后，仍发挥了一定的效益，更重要的是它留给我们极其可贵的经验。"②

二、国家没有遗忘移民

三门峡库区陕西移民大致分为外迁移民、内迁移民、自迁移民、后靠移民。移民原先居住的地方是渭南地区乃至陕西省粮食高产的地方。三门峡水库区潼关境内所涉及的地区吊桥乡、十里铺乡、城关镇，地势平坦，水利条件较好，为潼关高产地区，群众生活水平较高③。

1956 年为了修建三门峡水库，移民拆掉自己的房屋，按照国家要求到达指定的安置地区。国家承诺移民到安置区后生活水平不低于库区，并给分配 3 亩以上的土地，修建房屋。外迁移民刚安置，还需解决遗留问题。全国掀起"大跃进"，刮起浮夸风。移民原本不富裕的生活遭此重击，生活更加艰辛。生活的不如意，促使移民偷偷返回库区谋生。

外迁移民起初返陕的人不多，后来返陕的移民越来越多，但库区只准迁出，不准安置移民，由此陕西省各级政府开始用各种办法阻止移民返陕。此后上演着：移民返陕，政府劝返，移民再返陕，政府再劝返，如此循环。移民为了不被政府送回安置区东躲西藏，想方设法留在库区。最终在 1962 年 3 月，陕西省决定移民返回多少安置多少，从此外迁移民在陕安置。

返陕移民安置后，发现库区自己原有的土地没有淹没，建立了很多农场。安置后的返陕移民生活条件也没有达到"每年的生产收入不低于其在库区的水平"④，更加刺激移民返库的情绪。移民认为，库区土地既然可以利用，就应该让他们重返家园。移民返库，政府阻止的情形再次上演。

安置后的移民生产生活虽有政府的扶持，但杯水车薪、长期得不到改善。

① 靳怀堾．悲壮三门峡［M］．北京：作家出版社，2013：220.

② 靳怀堾．悲壮三门峡［M］．北京：作家出版社，2013：235.

③ 《三门峡水库区潼关境内农业人口迁移安置初步规划方案》（1958 年 6 月 16 日），全宗号 J071，目录号 2，案卷号 9，长期，潼关县档案馆藏档。

④ 《国务院、中央军委联合调查组关于陕西省三门峡水库区移民安置问题以及库区农场情况的调查报告》，陕西省三门峡库区管理局编．陕西省三门峡库区志［M］．北京：中国水利水电出版社，2007：520.

移民依然违背国家政策，偷偷返回库区讨生活。到 20 世纪 80 年代，移民返库人数越来越多，态度也越来越坚决。移民返回库区，争种农场土地，抢收庄稼，强占农场住房，跟农场职工发生冲突，以致发生械斗事件，给库区带来不安定的隐患。

对于移民大规模的返库活动，陕西省委和省人民政府一方面向中央、国务院、中央军委请示处理办法，一方面向移民明确宣布："库不能返，地不能种，种了无效"，每次出现移民返库的大规模活动，陕西省从省直机关到基层生产队都要组织大批干部、车辆下库，说服和运送移民撤离库区；初期，经过说服，移民还能撤离库区；后来，说服无效，不得不采取强制手段（拘留返库移民头头，几个干部架着一个移民上汽车），促使移民撤离库区，致使基层干部与移民关系紧张。干部畏难情绪很大，不愿再去做返库移民返回安置区的说服动员工作。返库移民也采取"自卫"措施。这种态度如果任其继续发展下去，可能失控。因此，问题已经到了非解决不可的时候了①。

1985 年国家允许移民"自拆、自建、自迁"返库，移民多年的返库愿望终于实现。此时许多当初誓死要回库区的移民却望而止步，其原因：有的人经过几十年奋斗，家业已初具规模，返库就要重新开始；有的人家底太薄，不愿意折腾；大多数移民的儿女在安置区成家立业，不愿返库，当年作为移民的长辈一般会遵从儿女们的主张，留在安置区。

返回库区的移民，发现原先的土地在洪、旱、涝、碱和泥沙、塌岸互相作用下，变成了贫瘠的土地，原本以为返库后生活会变得好起来，却事与愿违。移民返库是为摆脱贫困，却没有摆脱贫困。此后，国家投入大量资金，帮助移民发展生产，改善生活条件。在国家的支持下，移民逐渐走上致富之路。

陕西省三门峡库区移民 1956 年从库区迁出，1991 年再回到库区，历时 35 年，这期间移民经历的苦难难以诉说。移民为了修建水库牺牲了很多，也因此变成特殊的贫困社会群体，这也是如今我们看到陕西省三门峡库区是关中地区贫穷的地方的原因之一。幸运的是国家没有遗忘移民，2006 年 1 月 19 日，在陕西省政协九届四次会议召开期间，安启元宣布《渭河流域近期重点治理规划》已经通过国务院审查及批复，将正式开始实施，由此中央财政投入 229 亿治理

---

① 《国务院、中央军委联合调查组关于陕西省三门峡水库区移民安置问题以及库区农场情况的调查报告》，陕西省三门峡库区管理局编．陕西省三门峡库区志［M］．北京：中国水利水电出版社，2007：520.

渭河①。这是陕西省治理渭河获得的一笔拨款，也可以看作是党和国家对陕西移民的补偿。

三、经验教训

三门峡水库是一座以防洪、防凌、供水、灌溉、发电为目标的综合大型水利枢纽，由于三门峡水利枢纽建设初期对泥沙危害性的认识不足，致使运用初期，泥沙淤积十分严重，库容急剧减小，淤积末端迅速上延，危及上游防洪安全，有深刻的教训。

（一）对黄河中游水土保持效益估计过于乐观

20 世纪 50 年代初期提出的“除害兴利、蓄水拦沙”的治黄方略，给泥沙集中的黄河中游的三门峡工程，带来了很多问题。原设想依靠水土保持和“五大五小”拦沙库，以减轻三门峡水库的淤积，这两项措施虽然不错，但对其治理速度和减沙作用的估计过于乐观。原预计 1967 年能减少三门峡入库泥沙量 50%，实际情况未能达到预定的目标，三门峡水库淤积严重。同时为了延长水库淤积寿命，采取提高正常高水位，增大库容多拦沙的措施，忽视了利用黄河下游河道排沙的问题，造成对库区及黄河下游的不利影响。

（二）对泥沙问题认识不足，采取重拦轻排是决策失误的重要因素

三门峡水库 1960 年 9 月蓄水运用后，由于规划和设计的先天不足，黄河上中游水土保持和拦泥水库没有达到预期效果，水库淤积严重，迫使水库在投入运用不久就不得不进行两次改建，三次改变运用方式。到 1964 年 11 月已累计淤积泥沙 50 亿吨。尤其严重的是，泥沙大量淤积在库尾，渭河、北洛河等支流河口形成拦门沙，抬高水位，威胁河流两岸的安全，并且影响到西安市北郊草滩，引起了社会强烈反映；其影响已发展到咸阳市陇海铁路桥位置②。

（三）对我国人多地少的国情认识不够

三门峡工程在规划中由于受到“用大淹没换取大库容”的影响，带来了大量淹没良田、大批迁移人口。1959 年底经中央批准确定 1960 年汛前移民高程为 335 米，按该高程以下库区淹没搬迁调查结果应迁人口 373408 人，截至 1964

---

① 张华勇，穆兴民．三门峡水库存废之争：陕西与河南的权益博弈［N］．中国贸易报，2006-04-20（X03）．

② 焦居仁．对渭河“03·9”洪水与泥沙的几点浅识［J］．中国水利，2004（01）：46-49.

年，实际迁移318900人，至1982年统计数据，全库实际迁安403786人①。移民返库安置后，各级政府重视三门峡库区移民问题，探索出“高处定居、低处生产，还田于民”的路子，使库区移民问题逐步得到改善。

（四）对下游河道产生影响

为防止在三门峡工程建成后，下泄清水使下游出现强烈冲刷，以免危及堤防，并使两岸引黄灌溉造成困难，在“大跃进”中，仓促修建花园口、位山、洛口、王旺庄四座拦河枢纽（后两座只建泄洪闸，尚未截流），并在下游滩区大力提倡修筑生产堤。后来由于三门峡水库改变运用方式，1963年破除了花园口、位山两座枢纽的拦河土坝，泄洪闸等枢纽建筑物被废除，浪费国家投资1亿元以上。由于生产堤的约束，使洪水漫滩的机遇大为减少，主槽淤积更为严重。1974年国务院决定废除生产堤②。

三门峡工程在确定其规模的决策中出现失误，导致工程进行两次改建，三次改变其运用方式。虽然三门峡工程的综合利用效益受到了很大影响，但改建是成功的，基本解决了水库泥沙淤积问题，充分发挥了防洪、防凌、灌溉、供水、发电等综合效益，为多沙河修建综合利用水库提供了宝贵的实践经验。

1. 移民要选择生活水平高于库区的地方

三门峡水库修建时，后靠移民安置在旱塬地区，因生产生活困难，强烈要求返库。那些迁到甘肃、宁夏安置的移民，也因生活条件差全部返回陕西省。移民返库后，国家采取高处定居、低处种地的方式安置移民，积极解决返库移民生产生活问题。三门峡移民实践表明，移民只有迁移到生产生活水平高于或等于迁移前的水平，才能长居久安。

2. 为治理多沙河流提供经验

三门峡水库位于黄河、渭河、北洛河交汇处，是新中国建立后治理开发黄河的一次重大实践。三门峡工程的主要失误是，由于对黄河泥沙的严重性、复杂性认识不足，对黄土高原的治理速度和减沙效益过于乐观等原因，造成在库容选择上选用了“小口颈大肚子”的地形；工程泄洪排沙设施严重不足，泄流孔底槛偏高，同时又采用了蓄水拦沙的运用方式。因此，1960年汛期关闸蓄水后不到一年时间，库区泥沙淤积，在渭河入库口形成拦门沙，回水倒灌威胁西

---

① 黄河三门峡水利枢纽志编纂委员会．黄河三门峡水利枢纽志［M］．北京：中国大百科全书出版社，1993：454.

② 陈枝霖，陈升辉，李国英．三门峡工程的历史回顾及国民经济初步评价［J］．人民黄河，1991（01）：8-12

安和关中平原。1962年春，水库运用方式改为滞洪排沙，又因泄流排沙能力太小，库区泥沙淤积量高达47亿吨，整个工程面临淤废的危险①。

1964年12月决定在枢纽的左岸增加两条泄流排沙隧洞，将原建的5~8号4条发电钢管改为泄流排沙钢管，简称为“两洞四管”。1969年6月又决定实施第二次改建，挖开1~8号施工导流底孔，1~5号机组进水口高程由300米降到287米，实行低水头发电。1990年之后，又陆续打开了9~12号底孔。随着改建、增建的进行，水库运用方式由“蓄水拦沙”改为“滞洪排沙”，之后进一步改为“蓄清排浑”，调水调沙控制运用，对水量和泥沙进行双重调节，一般年份水库可以达到冲淤平衡②。

黄河三门峡水利枢纽应对泥沙淤积的探索实践，为在多泥沙河流上修建水利枢纽提供了成功经验。特别是“蓄清排浑”调水调沙控制运用方式，对控制水库淤积部位、水库排沙的水沙条件、水库泥沙运行规律、库区水流输沙能力的调整机理、保持有效库容的基本条件、水库纵横向形态调整与水库排沙机理、异重流与溯源冲刷基本规律等方面的研究取得了较大的突破，发展了水库工程泥沙科学及水沙调节理论。“蓄清排浑”的运用方式已被黄河小浪底、万家寨、长江葛洲坝等多泥沙河流水利工程成功借鉴，也为长江三峡工程提供科学保证③。

3. 充分利用库区水土资源

三门峡水库不同于一般水库，它不是常年蓄水，而是汛期处于河道状态，一旦发生大水才滞洪运用。非汛期仅运用潼关以下库容，水位也比较低。这样，就可以根据水库水位变化的特点，利用库区大面积的滩地和水源。

每年汛期（7~10月），库区几十万亩滩地，几乎都可以耕种。特别是潼关以上库区的70多万亩滩地淹的机遇比潼关以下更少，非汛期蓄水只涉及潼关以下，因此一年四季均可种植。多年来，部分土地已为沿库群众所耕种，由于在水库控制运用的前提下，有大量土地可以利用，因此，组织移民“高处定居低处生产”，既不影响水库运用，也能充分利用水土资源解决移民生产生活

① 张华勇，穆兴民．三门峡水库存废之争：陕西与河南的权益博弈［N］．中国贸易报，2006-04-20（X03）．

② 焦居仁．对渭河“03·9”洪水与泥沙的几点浅识［J］．中国水利，2004（01）：46-49.

③ 谢守祥．三峡库区泥沙淤积怎么办［N］．中国水利报，2002-11-12.

问题①。

4. 提高施工水平和工程质量，培养水利建设人才

三门峡水利枢纽是新中国兴建的第一座高度机械化施工的大型水利工程，施工动力装配程度较高，改变了已往以人力施工为主的传统做法，实施了综合机械化作业。在截流、土石方开挖、大坝混凝土浇筑和发电机组的水涡轮焊接等方面都有突出的创新，总结出多项新技术、新工艺和新材料，枢纽工程的建设取得了质量好、工期短、投资省的成效。

三门峡大坝混凝土虽有少量裂缝，但数量较少，而且无严重贯穿缝。迄今国内外大体积混凝土坝的裂缝问题，并未完全解决，故20世纪50年代三门峡大坝的施工技术经验和取得的显著成效实属宝贵。

20世纪60年代中期的第一次改建（又称“增建工程”），在隧洞开挖中创造了导井爆破、扩挖井筒的新工艺；在隧洞混凝土浇筑方面研制成功钢模台车和利用锚杆砂浆固定顶拱混凝土模板等数项新工艺，对加快施工速度和提高工程质量等都有显著效果，且对水利水电工程和隧洞工程施工具有普遍的适用性。

20世纪70年代初期的第二次改建，水电站改为低水头发电，新改建的每台机组需在已建的坝体混凝土中于287米的低高程处重新开挖出一条直径10米的大孔洞，以便安装低高程的新发电引水钢管道。在已建成的大型水利枢纽的坝体内挖出一个大孔洞，且对开挖边缘四周的坝体混凝土又不造成明显或不可弥补的损伤，这项混凝土开挖技术在当时是绝无仅有的，使三门峡水电站改建得以顺利地实施。

20世纪80年代为实施泄流工程的二期改建，经过大量试验探索，于1984年研制成功深水钢围堰，可在不影响水库正常运用的情况下，为底孔二期改建创造施工条件，解决了施工技术难关。自1984年深水钢围堰成功应用以来，使濒临危机的溢流坝泄流工程起死回生，从而避免了从电站坝体实施“开膛破肚”的改建方案。深水钢围堰在40米高水头的作用下，结构稳定，止水良好，拆卸灵活方便，在国内外都是一项新创举。

三门峡水库的建设、运用和管理为我国乃至世界高含沙河流上的大坝设计、建设、运行和改造提供了一系列可资借鉴的直接或间接的经验。黄河三门峡工程的建设，锻炼、造就了一批水利水电工程技术人员，还为全国水利水电工程

① 黄河三门峡水利枢纽志编纂委员会．黄河三门峡水利枢纽志［M］．北京：中国大百科全书出版社，1993：462.

的施工单位培训了技工和学徒工 6957 名。上述各类人员的足迹遍及青铜峡、丹江口、刘家峡、葛洲坝等水利水电工地，为我国水利水电建设事业的发展做出了重大的贡献①。

① 上述内容参见黄河三门峡水利枢纽志编纂委员会．黄河三门峡水利枢纽志［M］．北京：中国大百科全书出版社，1993：251-252.

参考文献

一、档案

1. 中共陕西省委文件，全宗号 J001，目录号 2，案卷号 250，长期，潼关县档案馆藏档。

2. 中共渭南地委文件，全宗号 J001，目录号 2，案卷号 255，长期，潼关县档案馆藏档。

3. 潼关公社委员会关于移民工作的意见、会议纪要，全宗号 J001，目录号 1，案卷号 373，永久，潼关县档案馆藏档。

4. 省、专、县财务管理的通知、报告、批复，县财务工作总结、房屋造价表，全宗号 J020，目录号 2，案卷号 1，长期，潼关县档案馆藏档。

5. 1956 年技术经济调查表，全宗号 J020，目录号 2，案卷号 2，长期，潼关县档案馆藏档。

6. 1956 年三门峡库区清理工作初步设计与综合调查计划、意见，第一批移民情况与淹没居民点户口统计表、土地调查表，全宗号 J020，目录号 2，案卷号 4，长期，潼关县档案馆藏档。

7. 省、专一九五六年移民工作计划、报告、总结，全宗号 J020，目录号 2，案卷号 5，长期，潼关县档案馆藏档。

8. 1956 年本县第一期第一批移民花名册与冬季迁送移民家属花名册，全宗号 J020，目录号 2，案卷号 6，长期，潼关县档案馆藏档。

9. 1956 年本县机关单位物资迁运调查表，全宗号 J020，目录号 2，案卷号 7，长期，潼关县档案馆藏档。

10. 一九五七年移民社春、秋季移民情况表、省物资迁运任务表，安置区情况表，古槐社社员经济情况表，修建房屋造价表，修建物资堆放站合同综合表，全宗号 J020，目录号 2，案卷号 11，长期，潼关县档案馆藏档。

11. 一九五七年省三门峡库区主任座谈会议文件与县传达会议精神文件，全宗号 J020，目录号 2，案卷号 16，长期，潼关县档案馆藏档。

12. 省、专、县关于移民迁建、教师工资、拖拉站停办、信用社干部口粮、退职金发放、开放市场等问题的通知、请示、报告、批复，全宗号J020，目录号2，案卷号148，长期，潼关县档案馆藏档。

13. 渭南专署文件，全宗号J020，目录号2，案卷号162，长期，潼关县档案馆藏档。

14. 关于移民信访工作通知、报告、总结，全宗号J020，目录号2，案卷号178，长期，潼关县档案馆藏档。

15. 关于移民统计、财经等问题的通知、意见、报告，全宗号J020，目录号2，案卷号179，长期，潼关县档案馆藏档。

16. 省、专、县关于移民公房管理等问题的意见、请示、通知，全宗号J020，目录号2，案卷号180，长期，潼关县档案馆藏档。

17. 县人委关于新城镇移民房屋结算工作以及有关移民工作的请示、报告、通知、意见，全宗号J020，目录号2，案卷号210，长期，潼关县档案馆藏档。

18. 县人委关于棉花丰产单位和先进生产者代表大会、棉花生产、移民工作的通知、报告、总结提纲，全宗号J020，目录号2，案卷号214，长期，潼关县档案馆藏档。

19. 县人委关于计划生育、公费医疗和县移民局关于移民安置工作及城镇排水方案的请示、通知、报告，全宗号J020，目录号2，案卷号220，长期，潼关县档案馆藏档。

20. 省人委文件，全宗号J020，目录号2，案卷号227，长期，潼关县档案馆藏档。

21. 专区移民会议关于干部编制、印章刻制的通知与潼关县支援三门峡水库修建工程工作委员会移民工作干部名册、印章启用的通知，全宗号J020，目录号1，案卷号2，永久，潼关县档案馆藏档。

22. 潼关县人民委员会关于选择潼关新县城城址的报告、材料、图表，全宗号J020，目录号1，案卷号124，永久，潼关县档案馆藏档。

23. 有关并县人员编制、机构工作的安排意见，全宗号J020，目录号1，案卷号158，永久，潼关县档案馆藏档。

24. 三门峡水库区城镇移民财产处理暂行办法、通知、通告、报告，全宗号J020，目录号1，案卷号163，永久，潼关县档案馆藏档。

25. 潼关人民公社管理委员会关于居民迁移安置的方案及农林水牧事业单位干部花名册，全宗号J020，目录号1，案卷号181，永久，潼关县档案馆藏档。

26. 县人委关于三门峡库区移民安置和返库移民救济款指标的通知、意见、请示等，全宗号J020，目录号1，案卷号219，永久，潼关县档案馆藏档。

27. 潼关县人民委员会一九六二年移民工作总结、移民经费决算及六四年预算，全宗号J020，目录号1，案卷号238，永久，潼关县档案馆藏档。

28. 省人委、专署、县人委、县移民局有关移民安置、迁建经费的使用、管理、城镇房屋结算的报告、请示、批复、通知及西北设计院关于办公楼的加固设计函件等，全宗号J020，目录号1，案卷号243，永久，潼关县档案馆藏档。

29. 潼关县关于申请我县为边远山县、公社的报告，移民安置方案、集体房屋管理、城建规划、公路普修等文件，全宗号J020，目录号1，案卷号946，永久，潼关县档案馆藏档。

30. 潼关县人民政府有关民政、城建、信访、移民等问题的通知、报告、批复，全宗号J020，目录号1，案卷号975，永久，潼关县档案馆藏档。

31. 潼关县人民政府关于内迁移民返库的相关问题的报告、通知，全宗号J020，目录号1，案卷号999，永久，潼关县档案馆藏档。

32. 县三办公室有关固定资产暂付预付款项清单及移民善后工作总结，全宗号J071，目录号2，案卷号1，长期，潼关县档案馆藏档。

33. 关于古槐社农作物种植面积等情况表及迁安地区安排意见、移民工作情况报告等，全宗号J071，目录号2，案卷号2，长期，潼关县档案馆藏档。

34. 省支峡会关于主任座谈会议纪要及有关统计表等，全宗号J071，目录号2，案卷号3，长期，潼关县档案馆藏档。

35. 潼关县支援三门峡水库修建工程工作委员会1958年水库区及安置区调查表册卷，全宗号J071，目录号2，案卷号4，长期，潼关县档案馆藏档。

36. 有关移民及古槐社移民房屋清洁计划报告及有关问题的通知，全宗号J071，目录号2，案卷号5，长期，潼关县档案馆藏档。

37. 上级有关移民工作的通知、规划、安排、报告等，全宗号J071，目录号2，案卷号6，长期，潼关县档案馆藏档。

38. 吊桥乡公联农业社1957年冬季移民工作报告及公联社员移民城镇房屋补偿表，全宗号J071，目录号2，案卷号7，长期，潼关县档案馆藏档。

39. 1956年省、专、县移民宣传提纲，全宗号J071，目录号2，案卷号8，长期，潼关县档案馆藏档。

40. 省、专关于移民安置工作的批转、通知，全宗号J071，目录号2，案卷号9，长期，潼关县档案馆藏档。

41. 省人委、省、县移民办公室等关于移民财务处理的通知、报告、批复，全宗号J071，目录号2，案卷号10，长期，潼关县档案馆藏档。

42. 本局有关问题的通知请示及移民工作总结等，全宗号 J071，目录号 2，案卷号 11，长期，潼关县档案馆藏档。

43. 省人委、省三门峡移民委员会关于一九五七年移民、检疫工作计划、安排、指示、通知，全宗号 J071，目录号 2，案卷号 12，长期，潼关县档案馆藏档。

44. 一九五七年水库区移民宣传资料，全宗号 J071，目录号 2，案卷号 13，长期，潼关县档案馆藏档。

45. 有关移民迁安工作规划总结报告及物资登记清册，全宗号 J071，目录号 2，案卷号 14，长期，潼关县档案馆藏档。

46. 渭南县人委、支峡会的通知，全宗号 J071，目录号 2，案卷号 15，长期，潼关县档案馆藏档。

47. 关于 1961 年移民工作安排和移民建房等有关问题、城镇港口地区居民住房修建规定以及返陕移民花名册及干部登记表，全宗号 J071，目录号 2，案卷号 16，长期，潼关县档案馆藏档。

48. 有关移民方面的请示及房屋补偿情况统计表，有关报告、通知及迁房预算、财产处理明细表，全宗号 J071，目录号 2，案卷号 18，长期，潼关县档案馆藏档。

49. 渭南县支峡会有关文件，全宗号 J071，目录号 2，案卷号 19，长期，潼关县档案馆藏档。

50. 有关问题的请示、报告、安排、通知等，全宗号 J071，目录号 2，案卷号 22，长期，潼关县档案馆藏档。

51. 上级有关移民工作的意见、通知、批示等，全宗号 J071，目录号 2，案卷号 24，长期，潼关县档案馆藏档。

52. 有关移民安排意见、请示、通知等，全宗号 J071，目录号 2，案卷号 25，长期，潼关县档案馆藏档。

53. 潼关县移民安置局有关请示及批复等，全宗号 J071，目录号 2，案卷号 26，长期，潼关县档案馆藏档。

54. 潼关县移民安置局有关移民安置问题的请示报告意见等，全宗号 J071，目录号 2，案卷号 28，长期，潼关县档案馆藏档。

55. 潼关县移民安置局返陕移民代表会议总结报告，全宗号 J071，目录号 2，案卷号 30，长期，潼关县档案馆藏档。

56. 关于移民建房工作、新房结算及安置情况、有关干部介绍信及对张虎亭的复议决定，全宗号 J071，目录号 2，案卷号 31，长期，潼关县档案馆藏档。

57. 潼关县移民安置局有关移民安置工作等问题的报告、通知及六二年移民工作总结，全宗号J071，目录号2，案卷号32，长期，潼关县档案馆藏档。

58. 上级文件，全宗号J071，目录号2，案卷号33，长期，潼关县档案馆藏档。

59. 总结报告、合同及干部介绍信等，全宗号J071，目录号2，案卷号34，长期，潼关县档案馆藏档。

60. 关于张尧大队回水塌岸后靠移民经费清理结算等工作情况的请示报告，全宗号J071，目录号2，案卷号35，长期，潼关县档案馆藏档。

61. 关于各社安民队生产情况摸底表及有关通知、报告等，全宗号J071，目录号2，案卷号36，长期，潼关县档案馆藏档。

62. 有关返陕移民塌岸后靠移民经费清理结算等情况报告以及港口移民房屋核算表等问题，全宗号J071，目录号2，案卷号37，长期，潼关县档案馆藏档。

63. 移民代表会议记录及房屋结算等问题的请示报告，全宗号J071，目录号2，案卷号38，长期，潼关县档案馆藏档。

64. 关于六四年工作总结报告及移民迁安、经费清结计划报告以及六四年上半年工作报告等，全宗号J071，目录号2，案卷号40，长期，潼关县档案馆藏档。

65. 上级有关通知、请示、报告等问题，全宗号J071，目录号2，案卷号41，长期，潼关县档案馆藏档。

66. 有关返陕移民安排、建房经费清结等问题的请示批复以及安民队生产困难补助款发放报告等问题，全宗号J071，目录号2，案卷号43，长期，潼关县档案馆藏档。

67. 关于潼关县移民安置局的通知、请示以及有关批复，全宗号J071，目录号2，案卷号45，长期，潼关县档案馆藏档。

68. 县人委关于调整地基的通知、房屋结算、复查的通知等，全宗号J071，目录号2，案卷号48，长期，潼关县档案馆藏档。

69. 有关地区对白水移民所提问题的批复及本局对白水移民情况的调查请示报告等，全宗号J071，目录号2，案卷号49，长期，潼关县档案馆藏档。

70. 关于白水返库移民有关问题的情况、意见的报告等，以及1967年1至12月会计报表，全宗号J071，目录号2，案卷号50，长期，潼关县档案馆藏档。

71. 关于库区建房情况调查报告等及白水移民提出问题的答复意见等，全宗号J071，目录号2，案卷号52，长期，潼关县档案馆藏档。

72. 关于水利、自耕户、迁移村庄，追回杨志安多领移民经费、良种殖育场、棉绒厂等问题的决定报告，全宗号J071，目录号2，案卷号54，长期，潼关县档案馆藏档。

73. 移民工作总结报告及古槐公联社移民房屋补偿表等，全宗号J071，目录号1，案卷号1，永久，潼关县档案馆藏档。

74. 有关移民干部问题的批复及花名册、移民登记册等，全宗号J071，目录号1，案卷号2，永久，潼关县档案馆藏档。

75. 潼关县一九五六年移民工作计划、报告、总结，全宗号J071，目录号1，案卷号3，永久，潼关县档案馆藏档。

76. 有关移民工作情况报告计划及城市工商业财产情况调查表，全宗号J071，目录号1，案卷号4，永久，潼关县档案馆藏档。

77. 本会一九五七年移民工作计划、安排、报告、总结、布告，全宗号J071，目录号1，案卷号5，永久，潼关县档案馆藏档。

78. 县、社与本会有关工作计划、安排、请示、报告总结及迁建规划等，全宗号J071，目录号1，案卷号14，永久，潼关县档案馆藏档。

79. 潼关人民公社移民委员会关于移民迁建工作总结、报告、汇报、安排等，全宗号J071，目录号1，案卷号26，永久，潼关县档案馆藏档。

80. 潼关人民公社移民工作有关记录清册、调查、统计表等，全宗号J071，目录号1，案卷号30，永久，潼关县档案馆藏档。

81. 省、专、县有关问题批复、安排、通知及潼关县移民安置局总结、请示、报告、重要资料等，全宗号J071，目录号1，案卷号34，永久，潼关县档案馆藏档。

82. 有关一九六三年移民工作计划及移民工作汇报等，全宗号J071，目录号1，案卷号40，永久，潼关县档案馆藏档。

83. 城镇移民结算工作安排意见报告、港口标房评价及塌岸移民经费结算等材料，全宗号J071，目录号1，案卷号55，永久，潼关县档案馆藏档。

84. 潼关县移民安置局有关由宁带回返陕移民在宁房屋结算等资料，全宗号J071，目录号1，案卷号59，永久，潼关县档案馆藏档。

85. 一九六五年移民工作总结、安排发放生产困难补助费等通知报告以及行政干部花名册，全宗号J071，目录号1，案卷号62，永久，潼关县档案馆藏档。

86. 关于下达1967年行政管理费支出预算的通知和预算表及港口地区调查报告、调查表，全宗号J071，目录号1，案卷号65，永久，潼关县档案馆藏档。

87. 关于城镇机关居民移民房屋结算、经费清结、复查汇报、汇报表、核对卡片及经费拨付分类统计单等，全宗号J071，目录号1，案卷号66，永久，潼关县档案馆藏档。

88. 港口公社返陕移民经费清理结算卷，全宗号 J071，目录号 1，案卷号 71，永久，潼关县档案馆藏档。

89. 1967 年工作总结及 1968 年前半年工作任务纪要，全宗号 J071，目录号 1，案卷号 74，永久，潼关县档案馆藏档。

90. 代字营公社返陕移民经费清理结算卷，全宗号 J071，目录号 1，案卷号 76，永久，潼关县档案馆藏档。

91. 高桥公社返陕移民经费清理结算卷，全宗号 J071，目录号 1，案卷号 82，永久，潼关县档案馆藏档。

92. 政协潼关县委员会．潼关移民档案［M］. 北京：中国文史出版社，2016.

二、志书

1. 渭南县志编纂委员会．渭南县志［M］. 西安：三秦出版社，1987.

2. 潼关县志编纂委员会．潼关县志［M］. 西安：陕西人民出版社，1992.

3. 黄河三门峡水利枢纽志编纂委员会．黄河三门峡水利枢纽志［M］. 北京：中国大百科全书出版社，1993.

4. 渭南地区地方志编纂委员会．渭南地区志［M］. 西安：三秦出版社，1996.

5. 渭南市水利志编纂委员会．渭南市水利志［M］. 西安：三秦出版社，2002.

6. 陕西省三门峡库区管理局．陕西省三门峡库区志［M］. 北京：中国水利水电出版社，2007.

7. 渭南地方志办公室．渭南市志：第三卷［M］. 西安：三秦出版社，2009.

8. 潼关县地方志编纂委员会．潼关县志（1990—2005）［M］. 西安：三秦出版社，2012.

三、专著

1. 田方，林发棠．中国人口迁移［M］. 北京：知识出版社，1986.

2. 王化云．我的治河实践［M］. 郑州：河南科学技术出版社，1989.

3. 沈益民，童乘珠．中国人口迁移［M］. 北京：中国统计出版社，1992.

4. 赵志仁．三门峡大坝的观测与分析［M］. 天津：天津科学技术出版社，1993.

5. 李德滨，石方，高凌．近代中国移民史要［M］．哈尔滨：哈尔滨出版社，1994.

6. 潘家铮．千秋功罪话大坝［M］．北京：清华大学出版社，2000.

7. ［美］何炳棣．明初以降人口及其相关问题 1368—1953［M］．葛剑雄，译．北京：生活·读书·新知三联书店，2000.

8. 宋子然．四川水库移民史［M］．成都：巴蜀书社，2002.

9. 佐斌．迁移者的心灵——三峡库区移民的社会心理研究［M］．武汉：华中师范大学出版社，2002.

10. 徐素环．三峡移民就业与库区经济发展研究［M］．重庆：西南大学出版社，2003.

11. 罗平汉．大迁徙——1961—1963 年的城镇人口精简［M］．南宁：广西人民出版社，2003.

12. 黄河水利委员会．民国黄河大事记［M］．郑州：黄河水利出版社，2004.

13. 水利部黄河水利委员会．人民治理黄河六十年［M］．郑州：黄河水利出版社，2006.

14. 侯素珍，王平．三门峡库区冲淤演变研究［M］．郑州：黄河水利出版社，2006.

15. 曾建生，黄美英，曹建新．广东水库移民理论与实践［M］．广州：华南理工大学出版社，2006.

16. 李良玉．李良玉史学文选［M］．合肥：合肥工业大学出版社，2007.

17. 包和平．工程的社会研究——三门峡工程中的争论和解决［M］．呼和浩特：内蒙古教育出版社，2007.

18. 贾福海，夏其发．黄河三门峡水利枢纽工程地质勘查史［M］．北京：地质出版社，2007.

19. 刘国辉．三峡重庆库区人口分布变化与人口布局研究［M］．北京：中国人口出版社，2007.

20. 王茂福．水库移民返迁——水库移民稳定问题研究［M］．武汉：华中科技大学出版社，2008.

21. 李丹，郭万侦，刘焕永，等．中国西部水库移民研究［M］．成都：四川大学出版社，2010.

22. 李良玉．李良玉史学文存［M］．合肥：合肥工业大学出版社，2010.

23. 聂晓晴．三峡库区城市居住空间重构研究［M］．南京：东南大学出版社，2011.

24. 胡英泽．流动的土地——明清以来黄河小北干流区域社会研究［M］．北京：北京大学出版社，2012.

25. 景军．神堂记忆：一个中国乡村的历史、权力与道德［M］．福州：福建教育出版社，2013.

26. 冷梦．黄河大移民［M］．西安：太白文艺出版社，2013.

27. 靳怀堾．悲壮三门峡［M］．北京：作家出版社，2013.

28. 王瑞芳．当代中国水利史（1949—2011）［M］．北京：中国社会科学出版社，2014.

29. 嵇雷．非自愿移民社会学研究［M］．武汉：湖北人民出版社，2014.

30. 赵筱侠．苏北地区重大水利建设研究（1949—1966）［M］．合肥：合肥工业大学出版社，2016.

四、论文

1. 陈枝霖，陈升辉、李国英．三门峡工程的历史回顾及国民经济初步评价［J］．人民黄河，1991（01）：8-12.

2. 王茂福，罗天莹．水库移民返迁与社会关系［J］．中国人口科学，2002（05）：49-55.

3. 谢守祥．三峡库区泥沙淤积怎么办［N］．中国水利报，2002-11-12.

4. 景军．移民、媒体与一位农村老年妇女的自杀［J］．中国乡村研究，2003（02）：173-196.

5. 王洪军，王茂福．水库移民返迁的后果［J］．华中科技大学学报（社会科学版），2003（02）：99-103.

6. 高峻．新中国治水事业的起步（1949—1957）［D］．福州：福建师范大学，2003.

7. 周文斌，张蕾，王保纯．生死判决 依据科学——关于三门峡水库的争论［N］．光明日报，2004-01-06.

8. 焦居仁．对渭河“03·9”洪水与泥沙的几点浅识［J］．中国水利，2004（1）：46-49.

9. 王茂福，史铮．制度变迁背景下的水库移民返迁——人口迁移动因的推拉理论的完善［J］．华中科技大学学报（社会科学版），2004（03）：34-38.

10. 小坡．从“三门峡去留争议”看科学决策［J］．中国改革，2004（04）：

27-28.

11. 张建国．慎言放弃三门峡水库［J］．水利发展研究，2004（05）：29-31.

12. 田宜龙，朱殿勇．三门峡水库存废之争有定论［N］．河南日报，2005-04-29.

13. 杨飏．三峡移民适应状况研究——对宜昌市猇亭区移民适应状况的调查［D］．武汉：华中师范大学，2005.

14. 包和平，曹南燕．“规划”的失误及其对三门峡工程的影响［J］．自然辩证法研究，2005（09）：89-92.

15. 陈阿江．非自愿移民的自愿安置——市场经济条件下农村水库移民安置策略研究［J］．学海，2006（01）：107-114.

16. 张华勇，穆兴民．三门峡水库存废之争：陕西与河南的权益博弈［N］．中国贸易报，2006-04-20.

17. 曲文江．迁徙自由视野中的三峡移民问题［D］．济南：山东大学，2006.

18. 王辉．中国当代水库移民政策比较分析——以三门峡与三峡水库移民政策为样本［D］．武汉：华中师范大学，2006.

19. 王茂福，柯尊勇．水库移民的安置目标：基于福利经济学的分析［J］．人口与经济，2009（06）：73-78.

20. 赵冰．三峡移民的习俗文化变迁研究——基于湖北省S村的田野调查［D］．武汉：武汉大学，2012.

21. 邱建斌．三峡移民的文化适应研究——以山东曲阜移民安置点为例［D］．重庆：西南大学，2013.

22. 范晶晶．外迁三峡移民社会融入研究——基于山东省淄博市张店区的调查［D］．淄博：山东理工大学，2014.

23. 田蕊．新家园之他者：陕西省三门峡库区移民研究（1956—1966）［D］．上海：华东师范大学，2017.

24. 赵倩．三峡移民集体记忆的媒介建构——以《湖北日报》为例［D］．武汉：中南民族大学，2019.